1.368坪的等待

徐自強的無罪之路

1.368坪是一個死囚的房間大小，他以二十年的人生等待無罪二字。

李濠仲 著

目次

前言

推薦序

附錄

前言

沙漠開江河——十五年的徐自強救援奮鬥

林永頌／民間司法改革基金會董事長

如有被誤會與含冤的經驗，也許可以比較瞭解徐自強當時的心境。沒有犯的錯硬加在自己身上，一定感到不舒服，誣陷徐自強的是他的表弟及朋友，被自己人出賣的感覺，更是難受。徐自強需要的是被理解及被接納，希望被信賴、被支持。徐媽及家人提供這樣的基礎，讓徐自強可以走進法庭，判決確定後，得以繼續堅持。

共同被告為保護手足或減輕自己罪責而進行不實指控，徐自強所要面對的不是單純不被信任，而是會被判刑，甚至極刑，心中的憤怒及恐懼難以言喻。徐自強擔心被警察刑求逼供，與妻子決定逃亡。當其他共同被告被判死刑後，自認沒有犯罪應該沒有問題，相信法官是公平的，會為他平反，因而選擇走向法院，面對司法，但法官不聽他的辯解，要求他認罪，並裁定羈押禁見，徐自強的希望幻滅了，溺水中抓的浮木，竟然變成鱷魚，咬他一口。

五年的審理期間，歷經地院及高院更審五次，法官都有罪推定，沒有法官願意傾聽被告或辯護人的辯解或論述。共同被告誣陷徐自強的陳述，充滿矛盾又不合理，法官竟然相信不疑，對被告有利的證據或理由，法官不予採信，辯護人請求調查有利證據，法官亦視若無睹。法官只是表面完成一定程序，行禮如儀，徐自強深深感到自己的冤屈，有口難言，百口莫辯，真相石沉大海，無人關心，反正你就是共犯，法官心證已定。

最高法院四次發回更審，第五次拍板定案，死刑確定，徐自強突然覺得「輕鬆」，再也不用出庭，在期待與落空中掙扎。但是思念父母、兒子及其他家人的親情難以割捨，等待死刑執行的每個日子，又是那麼恐懼、焦慮、難熬，沒有明天的日子，是多麼死寂、空白與麻木。

二〇〇〇年判決確定後，慌張的徐母及其他家人請求司改會救援，司改會於是急著與徐母等家人召開記者會，立即去監察院陳情，唯恐沒有機會。我們其實沒有把握，但我們認為冤案應該盡力救援，尤其是死刑案件。在我們展開救援時，徐自強在看守所寫下給雙親及兒子的遺書，因為那時他認為死刑確定哪有可能平反，司改會只是在作秀。

檢察總長依監察院的報告提出數次非常上訴，最高法院只為維護「司法威信」，沒有反省司法的錯誤，不顧人權，不講道理，通通駁回。那時我們真的不知該怎麼辦，但我們不放棄，我們想要努力突破，經過律師團腦力激盪，邀請學者進行本案的判決評鑑，並聲請大法官解釋，同時邀請其他團體共組廢死組織。最嚴峻的死刑冤案，在最困頓的處境，因著徐自強的受苦，卻發展出廢死聯盟，以及大法官五八二號解釋。前者讓國人開始思考死刑的存廢，後者使以後的案件共同被告的證詞如果未經交互詰問，不得做為證據，真是在沙漠開江河，在曠野開道路。

依大法官五八二號解釋，徐自強案重回高院，律師團抱著期盼的心情進行更六審程序，可是承辦法官心存偏見，不依法律程序進行，後來維持死刑判決，本可預期。更七審法官態度誠懇，相當用心，律師團、被告與家人心中期望可以就此平反，當宣判無期徒刑時，徐母哭倒在高院大門臺階，哭聲中訴說著：連這麼好的法官都無法還我們清白，我們該怎麼辦？更八審法官草草審理，他們只擔心徐自強羈押超過八年尚未確定，依速審法釋放，徐自強是否會逃亡？更八審無期徒刑的宣判，當然在預料之中。

更八審判決後，徐自強走出土城看守所，他沒有逃亡，他來司改會當志工，到處分享他的故事，期盼司法可以改革進步。高院更九審進行時，我們心中有不少憂慮，因為理由及證據前審業已提出，沒有新的證據或理由，我們不知如何說服法官，除非法官改變觀念，不要有罪推定，而且無懼得罪前面判決死刑或無期徒刑的前輩法官。

更九審拜科技法庭之賜，我們以投影的方式，逐一呈現共同被告每一份筆錄互相矛盾，與客觀證據不符，有違經驗法則、論理法則之處，讓法官及每一位旁聽的志工充分瞭解。二〇一五年九月一日案件發生二十年後的早上，更九審宣判。不僅旁聽席坐滿八十名志工及關心者，樓下高院大門外也有超過百人在等候宣判的結果，當法官宣判徐自強無罪的那一剎那，在場的人歡呼、尖叫撼動整個法庭，很多人都流下感動的眼淚。法庭上一向處之漠然的徐自強，這時也激動得哭了，因為這個冤屈實在太痛，平反的感動又是那麼強烈，他過來跟我們三個辯護律師擁抱，十五年的救援奮鬥終於有了結果。

二十年來徐自強站在法庭接受司法審判，但司法在這個案件也接受審判。面對有爭議的死刑案件，為何這麼多法官有罪推定？為何草率審理及判決？為何對矛盾百出的共同被告陳述仍然採信，對於被告的有利證據視若無睹或不予調查？而沒有給予公平對待？審理誤判冤判的案件，為何法官欠缺道德勇氣，不敢平反？為何害怕得罪前輩法官？這樣醬缸的司法文化如何漸漸改變？

雖然這樣，我們仍然看到一線司法曙光，更九審法官無視數十位前輩法官曾經判過死刑，堅持無罪推定的原則，判決徐自強無罪，這樣判決雖然是應該的，但在目前的司法文化，這三位高院法官的道德勇氣值得肯定。最高法院也不再堅持確定判決不會有錯，不再固守表面的司法尊嚴，面對司法誤判冤判，願意改判，這樣的精神就是司改的開始。

辯護律師團感言

尤伯祥

在威權統治時期，司法是黨國的鎮壓工具，是法律人至今不敢面對的不堪真相。在那段歲月裡，刑求逼供而後順藤摸瓜，株連無數，是除惡務盡之鎮壓思維的自明之理。冤獄裡無望的哀號，暗夜裡家屬壓抑的啜泣，只是追求秩序與安全所須付出的小小代價。徐自強被兩名共同被告攀誣定罪，幾乎命喪刑場，正是習於鎮壓的司法所製造的典型悲劇。而其跌宕起伏波瀾壯闊的平反過程，也就是司法終於開始自我救贖的見證。

辯護律師團感言

陳建宏

二〇一二年五月十九日的凌晨，在雨夜的微光中望著徐自強從看守所中走出來，雨水之中難以分辨什麼是真實。回想第一次在看守所見到年紀相仿的徐自強，他眼中盡是迷惘，接下來的律師接見、開庭，幾乎都是在期待與失望中輪替。曾經在死刑判決確定時，彷彿所有希望都將熄滅；而在經由非常上訴發回更審時，似乎希望的微光再現，但之後的死刑跟無期徒刑，讓一切又變得渺茫。而在現實與虛幻之間，竟然已經過了十六年的看守所歲月。

終於，二〇一五年九月一日法院改判徐自強無罪，今年又迎來了最高法院無罪定讞的好消息，回想二十年前準備投案的徐自強，應該無法想到他將要經歷的是這麼曲折的人生與磨難吧？

推薦序

無罪推定原則的土壤

李茂生／臺灣大學法律學院教授

一九九五年，徐自強因涉嫌與其餘三名共犯共同擄人撕票而被起訴。此案嫌疑人之一黃銘泉，逃亡後死於泰國，其餘二人陳憶隆、黃春棋均被快速判處死刑定讞。徐自強本來逃亡在外，於其他被告一審被判死刑後，一九九六年由律師陪同投案。往後長達二十年間，徐自強一直堅持自己無罪，直到二〇一六年十月，終於等到了最高法院駁回高檢署的上訴，無罪定讞。

徐自強案從一九九五年到二〇一六年，整整纏訟了二十一個年頭，而徐自強本身，從一九九六年投案到二〇一六年，也虛耗了二十年的人生，其中更有十六年是被羈押於看守所，如不是速審法通過，可能會被羈押更久的時間。整個案件共提起五次非常上訴、一次釋憲、更審九次，除更七審與更八審判處無期徒刑、更九審判決無罪外，其餘都是判處死刑。以上這些客觀資料有許多都破了我國司法史上的紀錄。

本案最特殊的地方應該是二〇〇〇年更五審仍判處除自強死刑，三審定讞後，辯護律師在二〇〇三年聲請釋憲，而大法官亦於翌年作出釋字第五八二號解釋，認為共同被告不利於己的自白應經嚴格證明程序後始得採為證據，且不得為認罪的唯一證據。然而，在其後二〇〇九年的更六審仍不顧大法官的解釋，採用拒絕出庭接受相互詰問的共同被告自白，在僅有租屋與租車的補強證據的情形下判處徐自強死刑。其後的更七審與更八審，就殺人的部分因無任何補強證據，所以沒有認定罪責，但就擄人勒贖的部分，則仍採共同被告的部分自白，在有出租房間予共同被告，以及租車供共同被告擄人勒贖等補強證據的情形下，判處徐自強無期徒刑。直至更九審時，法院始否定共同被告的自白的效力，且認為無任何直接證據得以證明徐自強參與了擄人勒贖的犯行，據此作出無罪判決。

民間司法改革基金會甚早就接獲陳情，除組成律師團外，另於二〇〇三年發表了由三位學術界人士（包含我在內）所撰評鑑報告。猶記當年無數的晚間，大家一起聚集在臺大舊法學院的第四會議室，一方面飽受蚊蟲叮咬，一方面熱烈地討論案情，並於最後幾次會議中決定由兩位辯護律師就此案提出釋憲聲請。說實在話，以當年的氛圍而言，與會者的大多數人都沒抱持多大期待。當釋字第五八二號解釋公布後，除了驚喜外，更多的是錯愕的感覺。果不其然，兩名共同被告，其一一直都拒絕出庭進行交互詰問，而另一名則是在二〇〇〇年時曾經以書面向徐自強家屬承認，誣陷徐自強只是為了拖延程序苟延殘喘，這名被告出席了更八審的辯論庭，不過仍舊對關鍵情事回答不記得了而已。縱然如此，到更九審之前，徐自強仍舊是被判死刑或無期徒刑。這件事情足證於刑事司法的審判中，偏重自白（包含共同被告的自白）的習性仍舊很難破除，什麼無罪推定，認定事實應憑證據，嚴格證明程序等，都僅是教科書上或課堂上的事物，於真實人生的審判舞臺上，有罪推定仍舊是鐵則，自白仍舊是證據女王。

多年前我寫過一篇關於自白的結構的文章，去年又擔當了日本前法官森炎所著《冤罪論》一書的監譯，其中有關透過自白產生冤罪的敘述簡直就是深得我心，然而多年來，這類的論述還是活在象牙塔中，絲毫都沒有走到世間。這次徐自強案更九審的法官是不是已經將教科書中的意境拿到現實的情境中使用，我不知道，我只知道徐自強這個個案因為某法官堅持無罪推定與證據法則而作出了無罪判決，而這是牽涉到人命的個案。其他更小的、更不足以引起社會關注的案子呢？承審法官是否也能夠將教科書的原則拿到實際的案例中予以使用？法官也是人，要求其違背「人性」而作出判決一事，是否過於嚴酷？讓維護原則作出違背「人性」判決的法官承受媒體與大眾的非難一事，是否強人所難？

這一切的一切都讓我產生了無限的悲哀。終究臺灣的社會文化與環境，似乎仍舊是無法成為醞釀無罪推定原則的土壤。屆臨退休的我，仍然感受到當初回國任教時的悲哀，這到底是我的錯，還是我的宿命。我真的不知道。我只知道在臺灣的社會中，有些唐吉訶德仍舊在對抗風車怪獸，而這本書應該可以製造出更多的唐吉訶德吧。

使徐自強活下去

李敏勇／詩人

文化，是使人活下去的東西。

從文化角度，人不能剝奪人的生命。但是從政治角度，以結構為核心，兼具秩序、安全與正義的要素，人似乎可以剝奪人的生命。戰爭中的敵我，制敵於死是英雄事蹟，得到獎勵。以法律之名，對某種犯行處之以死，即便在文明社會，死刑仍然存在。

世界有些國家已廢止死刑，但仍有些國家維持死刑。死刑並無法遏止人類的極端惡行，但報復主義仍然深植人心，認為殺人償命是符合公義。問題是，如果執法錯誤呢？是否有人因此而冤死？

臺灣社會有某種力量推動廢除死刑，但每當發生殺人事件，凶手被要求處死的呼聲就會形成反廢死的輿論。死刑，被認為是一種有效的法律工具。

一九八〇年代，臺灣人權促進會成立之時，我參與了關懷政治良心犯的事務。後來我曾經在一首詩，以「詩人／以語言的擔架／從刑場領回政治受難者／並為他施洗」比喻詩人的政治關懷。也參與了蘇建和等人冤案的救援。在獄中的蘇建和成為我的讀者，那時他讀我一本詩集《傾斜的島》。其中，有一首詩以死刑做為視點。

死亡記事⊙李敏勇

報紙上／刊載著死刑犯槍決的消息
在微亮的清晨／響起了槍擊聲
倒下了身體

血流在人犯倒下的土地
那血跡／迅速被行刑的人掩蓋
但血已滲透入土裡／溶入土地

在那位置／已不斷槍決了好幾個死刑犯
他們流下的血淤積著／使土地變成赭紅色
並饑渴地等待下一次槍決的人的血

因這麼想／我的手顫慄起來／報紙摔落
我好像看到血從報紙流出
淤積在地板

在地板的血的幻影裡／等待誰的血呢
我這麼自問著／但冰冷的地板若無其事
只是擱著報紙無言無語

（一九九一年）

蘇建和等三人沉冤未雪前，於人本教育基金會在長老教會濟南教會戶外前庭舉辦的一場活動，我公開朗讀過這首詩。人沒有權力剝奪另一個人的生命。以法律之名，以公義之名的死刑判決若是誤判呢？不是更嚴重嗎？

蘇建和等三人案，拖延多年終於無罪獲釋，三人免於冤死。蘇建和在臺權會與人本教育基金會投入心力的形影，讓人感到欣慰。

徐自強案是另一個被救濟的例子。

歷經二十一年拖延，七次宣判死刑，兩次無期徒刑，九次更審，五次非常上訴。在臺灣高等法院更九審判無罪，經臺灣高等法院檢察署再提上訴，已由最高法院駁回上訴，無罪定讞。這又是一個把無辜者從死刑救回的事例，司改會在徐自強案的救濟行動承擔了重要角色，鍥而不捨的努力在槍口下救回一個人的生命。

我也曾在臺北市松江詩園，司改會舉辦的救援徐自強晚會朗讀過〈死亡記事〉。那時候，徐自強在外候審也參加活動。一個平凡的卡車司機與檳榔攤小販，生死仍繫於司法判決是否因不當的取自相關罪嫌的自白。二十年的司法煎熬中，落寞的身影勉強有一些表達謝忱的微笑。在晚風中，但見公園裡的樹搖曳著枝葉，我試圖尋找樹梢是否掛著星星，但見閃耀的是霓虹的光。

徐自強案的無罪定讞是遲來的喜訊。但對徐自強來說，雖遲來仍是喜訊。他的人生虛耗了二十一年，從死裡活出。司改會的朋友們在司法救濟和生命救援的漫漫長路留下了心影。

這樣的心影是一種心路歷程，是徐自強案的故事——一個平凡人如何捲入一起綁架殺人案，人生因此而破碎。十六年的監牢生涯，以及其後五年受惠於被告羈押不得超過八年的規定，得以暫時自由在外度過等待判決的日子。這個故事、這種心路歷程值得關心，因為這既是一段司法的進程，也是人命救援的樂章，顯示某種文化形貌，實踐著想使人活下去的心。

自由的空氣

陳以文／舞臺劇《死刑犯的最後一天》編劇・演員

《1.368坪的等待》清楚描述了阿強整個冤案過程，看著阿強的家人窮盡所有方式證明清白，幾年的努力不足以把一樁錯判的案件翻轉，後來再透過律師翻案，但過程中即使更審法官看出問題也無法改變，其間因為習慣性地不尊重「無罪推定原則」和以嫌犯自白做為唯一證據的辦案便利，以致後來經過監察委員介入、多位學者分析、大法官釋憲、民間司改會推動與其他聲援者的努力，又再耗費了十多年，才使這樁早就發現冤情、卻因為積習的司法文化無力解決的案件，重新得到最基本的公平審判。

曾經，有多少積習已久的司法過程被大眾所忽略？那麼多專業人士、那麼長時間的努力，二十年才把阿強從那條荒謬難纏的軌道裡拉出來。這樁徐自強冤案之外，不難讓你我看到司法過程中必然還有的不公平，傾斜的天平下，出身平凡的民眾不經意間成為百口莫辯的司法受害者。那麼現今呢？司法的運行能讓不是達官貴人的平凡百姓得到公平正義嗎？

我是默默埋頭的戲劇、電影創作者，解救阿強的過程我沒有半點功勞，在這本書面前，僅能描述有限生命機緣裡我認識的阿強……

與阿強認識起因於二〇一五年我寫的一齣舞臺劇《死刑犯的最後一天》，我決定要親自演出「死刑犯」的角色。除靠自身摸索的揣摩外，我透過友人林欣怡的介紹和協助，二〇一五年夏天，拜訪了他們舉辦的廢死教育工作坊，當天他們與中、小學教師們進行交流活動時，徐自強、蘇建和、陳龍綺三椿不同案件的冤獄受害人當天也受邀，陳述他們面對冤獄官司的經歷。那天是我初次拜訪徐自強，由於當天在師範大學的活動以「教師們瞭解司法冤案形成的過程」為主，不適合我另從戲劇創作或人物心境打開話題，因此簡短拜訪、會談聆聽後，期待能與阿強擇日再約，瞭解他在看守所內的生活及那段心路過程。

一個多月後，舞臺劇排練進行時，我們約了阿強來排練場深聊。記得那次相約前，阿強司改會的同事們知道聊天內容與他的監獄生活和內心感觸有關，而他們在平日工作裡，雖然對阿強的案情熟悉，但也沒有多餘的時間聽到阿強內心的感受，所以有三位同事也自願跟隨來排練場旁聽。那天阿強分享他不堪回首的感觸記憶，雖然只是短短的下午，卻直接跨入了一種熟識友人才觸及得到的隱密世界。

聊天內容有些至今對我仍印象深刻，阿強在那段待死的四年裡，每天晚上只要聽到囚房的大鐵門一道一道被打開，表示不是一、兩個人要進來，而是一群人要進來，代表今晚有人要被押往刑場執行槍決。因為沒有人事先知道被押的是誰，阿強就會趕緊穿上母親為他準備的新衣服（希望告別生命的時候至少體面一點），直到那些腳步聲帶著被執行槍決的人離去，大鐵門又傳來一道一道關起的聲音，舍房的燈暗了，阿強就默默把新衣服換下收好，這時他才知道自己明天又能多活一天。另外，阿強也跟我們聊到死囚牢房裡的一天時間是怎麼被安排的，記得排練場裡有人問到他，囚房裡會不會很髒亂？阿強說被關在裡面沒事做，閒不住就清潔，不可能髒亂。記得也問到阿強，被限制自由的時間裡，最想幹什麼？阿強說，失去自由的人想要的，是有自由的人根本不會意識到的東西。問他那是什麼？他說都很簡單，比方，會很想和家人坐在同一張餐桌上吃飯；或是看到外面下大雨，很想衝去淋淋雨；也會很想走走路，在樹蔭下散步……。

二〇一五年九月一日，我們的舞臺劇演出前一個多月，我發現那天是阿強在高等法院更九審的宣判日期，我決定前往聽取法官們的判決，那天現場座無虛席，但座位有限，法院外還集結著一群手舉「自強無罪」鮮花的人群。當法官宣判徐自強無罪那一刻，現場有人壓住激動立刻衝到樓下，告訴場外的人群，「徐自強無罪！」而場內的阿強、母親、友人、律師等都含著眼淚，這場惡夢終於有機會醒來（那天離該案案發日期整整二十年），接著還有未知的等待，等著最高法院如何宣判。

同年十月，阿強依約受邀來看了我們的演出。後來在某次聚餐時，我問阿強有沒有想去哪裡走走或是去旅行？阿強平靜地說：「我沒有想那麼多，覺得相處在一起人比較重要，人對了不管在哪裡都很開心，旅行不旅行都可以，沒想過，我只想把每天認真活好。」（阿強已是認真活在當下的智慧之人）

閱讀這本書，我看到更多事情的原委與細節，這些來回訴訟的反覆過程和漫長等待的切身感受，其中不免幾度難忍，那是憤也是悲。特別在看到阿強數次冤獄判死後寫下的家書「父母親大人膝下……」及「吾兒永年……」，信中再多的真情都形容不完那種不知如何解釋的委屈；還有他十六年後因速審法而能走出看守所，卻在臨行之前內心湧上不知如何融入這個長久斷絕關係的社會而莫名惶恐。

二〇一六年十月最高法院駁回檢察官上訴，宣判徐自強無罪定讞。

至今，我仍為阿強獲得了自由而喜悅，終於他可以輕快地呼吸、走路、安心睡覺（想淋雨就走進雨中），幾面之緣的我也欣慰阿強離開監獄後有機會留在司改會工作，至少他不需要面對其他行業加諸的心防，期望他現在的忙碌是開心平靜的。阿強用他慘痛的生命教訓才換得的無價經驗來造福大家，為仍然傾斜不公的司法盡一份監督改善的心力，對於阿強和他司改會伙伴們的工作，我心裡存有一份感激。如果我們認同公民社會代表的是每一個分子想法、意願、價值的總合，那麼面對司法長久留下的惡習，那些誤謬和不公在絕大多數人的生活中被忽略或遺忘，卻有些人一肩扛起「要求威權修改革新」的困難工作，還總要在誤解和謾罵中奮力為民眾爭取最基本的公平正義司法對待，難道我們不該給這些為改善傾斜司法天平而努力的人一些感激、鼓勵或掌聲嗎？

我無法想像「十六年的含冤入獄、四年在死牢裡夜夜待死、直到二十年後才還以清白的遭遇」要怎麼被彌補才叫公平？怎麼做能把傷痕撫平？除了依法賠償金額外，生命的歲月還能得到什麼償還？我們難以想像能為這些冤案受害人做些什麼？我想社會公民在日常生活中至少要還給他們一個除去異樣眼光的對待、一種沒有預設立場的心態。不要忘了，他們是有權利為自己高興的，他們更應該為迎面而來的自由空氣而高聲歡呼。

二〇一六年十一月十日於臺北

審判的公正基石

蘇建和／司改會工作人員・蘇建和案當事人

當無罪與死刑兩個極端需要在一個秤上衡量，我們會用什麼樣的心態去看待？是嚴守無罪推定及嚴格的證據法則；還是，只要有自白就能定罪？看了徐自強的故事，我那沉潛的恐懼不禁再次寒顫浮現，冤案如何成形的輪廓也愈見清楚了。在徐案或蘇案都看到了同案的共同被告供述其他被告犯罪的情形，並且以此定罪，兩案最終雖然得以無罪確定，但已是茹苦含辛過了二十一載。而過去有多少無辜，因為單憑自白或共同被告自白而成為冤魂，值得省思。徐自強的冤案我們必須瞭解，法律人更應該一閱，因為若去除了「徐自強」這個名字，當任何人都有可以套用變成此案的被告時，我們是否能接受這樣的法律準則？這是一件非常恐怖且嚴肅的事情，徐自強燃燒自己的青春歲月，很明確地告訴我們，遇到公正的法官並能「自證無辜」是目前死刑冤案平反的唯一出口了。

一九九六年徐自強遭指控犯罪。同案被告指控徐自強參與了擄人勒贖並殺人，先行遭逮捕的同案被告並在警訊時將罪責推給他。當時徐自強正在苦思有什麼證據可證明清白，他總算想起一九九五年九月一日，當此案被害人遇害時間，他人在桃園郵局第五支局領錢，在逃亡躲避其間，請家人遞狀陳報給當時承辦的檢察官，以證明自己根本沒有涉案。結果當時的承辦人員非但沒有積極去調查徐自強是否真的沒有涉案，例如去調閱徐自強所有通聯紀錄及清查當天行蹤，反而是承辦人員告知同案被告此事，結果是同案被告修改了原有證詞，導致徐自強開始了冤獄人生。

有了不在場證明，並有不在場人證，徐自強滿懷信心的「主動投案」，因為當時的他認為向法官說明並調查清楚，才是可以洗刷冤屈的最好方式，更重要的原因是，徐自強深怕同案被告若死刑定讞遭槍決的話將無人可對質。徐自強自己在法院審理時提出要求調查通聯紀錄，來補強自己的清白。試想，他如不是冤枉，怎敢提出此調查請求，法院不察，只以調閱不到徐自強的通聯紀錄而止於調查，然而當時所有的共同被告通聯紀錄是否有承辦人員去調閱過，不得而知，但是按照程序，承辦人員是會進行調查的，如果一開始就能調查清楚，就不會衍生後續諸多問題了，當時法院以有罪推定的方式心證，是再顯明不過了。可以說徐自強在死刑定讞前，看不到任何法律的原理原則。

我國於二〇〇三年二月六日公布修正了《刑事訴訟法》第一五六條第二項。大法官於二〇〇四年七月二十三日公布釋字五八二號，更進一步闡述：「刑事審判基於憲法正當法律程序原則，對於犯罪事實之認定，採證據裁判及自白任意性等原則。刑事訴訟法據以規定嚴格證明法則，必須具證據能力之證據，經合法調查，使法院形成該等證據已足證明被告犯罪之確信心證，始能判決被告有罪；為避免過分偏重自白，有害於真實發見及人權保障，並規定被告之自白，不得作為有罪判決之唯一證據，仍應調查其他必要之證據，以察其是否與事實相符。」這是徐自強及眾多法律人用他們的青春與努力換來的進步！但十三年前我國已在法的部分做了更完善的修正，卻只能減少，還是無法遏止冤案持續在發生著。

徐自強的平反，證明司法能真正做到「嚴守無罪推定及嚴格的證據法則」。近年來我們的司法真的是不同了，我們的司法正在進步！我們的司法人員也是！與過去相比截然不同的如今，我總是更加期盼，我們的法律不再是六法裡冰冷的教條，而是能真正落實在審判制度裡的公正基石！也懇請繼續加油！將那些正在拖延的疑案也能調查清楚，我想這也是眾人的盼望！

第一幕　火速破案

炎熱潮溼的泰國芭苔雅，臨海而立，風光旖旎，即使進入十二月最涼爽的月分，每日最高溫仍有達攝氏三十度以上的可能。此處市集車水馬龍，沿途海濱度假酒店林立，長年門庭若市，因而素有「東方夏威夷」之稱。一九九五年十二月，芭苔雅正值觀光熱季，遊客熙來攘往，徐徐海風讓人心曠神怡，卻有人無視這座城市綺麗多姿的景貌，心起殺機。一位名叫「張保羅」的男子，當月十六日即遭人縊死在下榻飯店的浴室內。

他的死狀奇慘，透露潛伏在案情裡的深仇大恨。飯店人員發現張保羅時，他的雙手、雙腳均受到綑綁，凶手同時再以床單撕成的繩子纏繞住他的頸部，最後張保羅整個人且被懸吊於浴室的氣窗前，仿若一場警告意味濃厚的私刑。一個人若欲尋短自盡，其實根本不必這麼大費周章。透過泰國警方蒐證資料顯示，現場不僅有兩人以上搏鬥跡象，張保羅的臀部還有清楚受人在地上拖行的紅腫傷痕。

就在飯店業者因為這起血腥凶案惴惴不安之時，泰國警方卻在張保羅的房間內發現一本中華民國護照。護照的照片和死者面容相符；但英文的署名和他登記住房的「張保羅」名字大有出入。泰國警方隨即將採集的指紋傳真到臺灣的刑事警察局請求協查其身分。經過刑事局指紋室比對，赫然發現張保羅竟是同年九月，犯下內湖房屋仲介商黃春樹綁架撕票案的主嫌之一——黃銘泉。

這項消息經臺灣媒體披露，原先似已真相大白的綁票案，進而再掀波瀾。主要因為這起案件，當時除已被逮獲、正關在看守所裡的兩名同夥，以及在泰國橫死的黃銘泉外，尚有一名綽號「阿強」的嫌犯在逃。警方因此懷疑，黃銘泉是和阿強一起潛逃泰國，之後因為彼此利益擺不平而起衝突，結果引來不測。如今非得將本名徐自強的阿強緝拿歸案，否則綁票案的來龍去脈何以水落石出。更何況，警方數月前宣告偵破這起綁架案時，甚至是以「主謀」身分對徐自強發出通緝。

兩嫌被逮，黃銘泉已逝（幕後原因迄今未明），新聞媒體大篇幅報導的汐止山區富商遭撕票案，自九月間發生數月後，徐自強仍不見蹤跡。他的下落不明，讓警方火速偵破的擄人勒贖事件徒留一條大尾巴。

擄人勒贖唯一死刑

內湖房屋仲介商黃春樹遭綁架撕票的年代，尚是臺灣擄人勒贖必處唯一死刑的年代。不過，極刑的威嚇性，好像也無法確保利慾薰心或被逼上絕路的普通人不會變成惡棍，年年還是有綁架案發生。一九八七年底，新竹市東區東門國小四年級學生陸正，自補習班下課後失蹤，從此音訊全無，此一早期幼童綁架案大舉震驚了臺灣社會；一九八八年，另有曾成山因積欠債務無力償還，綁架撕票表哥的三歲稚子；一九八九年，則有張木火、卓三貴共同犯下多起綁架案，並殺害肉票；一九九〇年底，新光集團少東吳東亮被胡關寶犯罪集團綁票，歹徒一開口就是索討一億元贖金，名人效應加上天價贖金，使得此案益發喧騰；一九九一年，「反共義士」卓長仁綁架了當時的國泰醫院副院長王欲明之子王俊傑，勒贖五千萬，是為英雄人物最大的嘲諷；一九九二年，無業的郭金村、蕭素貞，被控共謀擄掠年僅三歲的韓小弟弟，而後向其家人勒贖且撕票；一九九三年，吳欽明、吳火土兄弟因經濟拮据，共同駕計程車綁架撕票乘客；一九九四年，王禎耀將三名債務人擄走，並活活燒死於車內……綁匪之中，有尚在獄中等待槍決者，有已遭槍決者，從舉國矚目的陸正案開始，前列歹徒的下場和遭遇，似乎沒有帶來必然的警醒作用。一九九五年九月，內湖房屋仲介商黃春樹也就因此難逃一劫。

清晨，電話鈴響

一九九五年九月二日清晨四點鐘左右，富甲一方的黃健雲，於睡夢中被一通電話吵醒，對方連名帶姓指名要找他，卻不待黃健雲回神，就把電話給掛了。由於兒子黃春樹前一天上午離家後即不見人影，黃健雲直覺這通電話可能和兒子的行蹤有關，最不希望的事情難道發生了？隔了五、六分鐘，家裡同一支電話再度鈴聲大作，四下靜謐無聲的大清早，聒噪的電話聲格外讓人感到不安。

對方說話了。但一開口，吐出的就是一把利劍：「你兒子現在在我手上，趕快準備七千萬做贖金，不可以報警。」不待黃健雲問個究竟，對方立刻又掛斷電話。歹徒反覆來電，倉促結束通話，也許是害怕被警方監聽，或者擔心被家屬識破犯局的機靈反應，但也可能純粹是心虛，因為心神緊張的下意識表現。

九月初，盛夏末盡尾聲，兩通電話，卻足以讓黃健雲背脊發涼。二十年前，黃健雲放棄彰化家族世代承襲的農務，北上改經營汽車材料行。乘著當年房地產熱潮，黃健雲順勢將手頭積蓄投入臺北縣（今新北市）汐止一帶的土地，土地交易獲利遠勝過汽車材料買賣，愈加激勵他改為投身房地產生意。很快的，他從一介鄉下農夫，而後一名小小汽車材料商人，轉眼財富三級跳，最終成為一間知名建設公司的大老闆，在地方上已非泛泛之輩。只是，沒想到世間常理，果真禍福相倚，他的兒子黃春樹也是因此招致歹徒的覬覦。

通話結束，黃健雲拿起話筒，立刻轉撥電話給黃春樹的妻子黃玉燕，告知她的先生被人綁架了。黃玉燕原以為先生只是和平常一樣，偶爾在外應酬沒有回家，未感覺出反常跡象，這下才知道事態嚴重。

清晨五點半，歹徒再度來電。黃健雲早睡意全失，他必須振作精神，以應付接下來一連串和歹徒之間的糾纏。電話那頭，傳來的內容和前一通如出一轍，再也沒有任何僥倖的可能，黃健雲陷入的就是一場不折不扣的擄人勒贖案。

自接到歹徒第一通電話後，黃健雲當天上午七點不到，立刻前往自家附近的警察局報案，他明快地要把營救兒子的行動交給警方。事後證明，黃健雲起初並未考慮私了，自行和歹徒周旋應對，確實是正確的選擇，如此警方才得以立即成立專案小組，短短二十八天就將嫌犯之一逮捕，再循線掌握同謀，一舉破案。不過，一個月內即可讓歹徒現形，某種程度，或者也要歸因歹徒作案手法未必縝密無失，甚至還處處留下讓警方得以布局收網的線索。

歹徒為了逃避追蹤，多次仿效電影情節，每每來電和家屬對話，都盡可能精簡通話過程，及至察覺所使用手機已被掌握，便改以公用電話聯繫，不過，此時警方早已全程守在黃家，逐一監聽每一通來電。

也就是在事發兩個多禮拜後，黃健雲在一次和歹徒的對話中，為判斷兒子的生死，要求歹徒說出黃春樹女兒的生日，結果對方支吾其詞，沒有給出答案，那麼，已遭撕票的機率為之大增。逝者已矣，縱然再抱一線生機，此時則以逮人為首要之務，至少錢不要再落入歹徒口袋。在敵暗我明下，黃家人持續和歹徒針對贖金討價還價，價碼一度從原本的七千萬降至一千五百萬，後因為歹徒認為黃家和警方合作，導致他們取贖難度增高，一氣之下，再把贖金提高至一億元。來來回回，最後是黃春樹的妻子黃玉燕苦苦哀求，雙方才以一千六百萬說定。

嫌落網，火速破案

綁匪終至落網的最大敗筆，是負責撥打勒贖電話的歹徒之一，於九月二十三日星期六和黃健雲聯繫時，竟然沒有打鐵趁熱，立即於隔天星期日進行取贖，而是相約九月二十五日星期一才展開行動（根據事後偵訊筆錄，因歹徒星期天要接女友上下班），如此一來，反給了警方二十四日一整天充分的時間，可在取贖地點周邊沿線的公用電話亭布線埋伏，並先行沙盤推演。最後透過監聽鄰近每一支公用電話，在關鍵時刻鎖定犯嫌，於其步出公共電話亭時，一舉將他逮捕。

第一個就逮的綁匪就叫黃春棋。他和黃健雲的兒子黃春樹並無任何親屬關係。名字只差一個字，實是平添唏噓的巧合。也因為黃春棋的落網，整起綁架事件也才出現大致輪廓。

這起事件成了一九九五年臺灣初秋最重大的社會新聞，各報對警方偵辦該案件時表現出的精準俐落無不報以好評。時任臺北市長的陳水扁，還特別頒發獎金二十萬給破案有功人員。同獲表揚的還有當時的市刑大大隊長侯友宜，當黃春棋於犯案現場重建犯罪過程時，侯友宜也是全程在旁目睹的主要人員之一。

從當年新聞檔案可以看到警方智擒綁匪的本事，以及針對案情鉅細靡遺的報導，內容十足英雄最終擊潰了惡棍的典型破案故事。同時細數白手起家，在建築業嶄露頭角的黃健雲，怎樣忍痛和歹徒周旋；人質家屬於過程中，究竟如何和警方合作，從而營造破案關鍵，樹立打擊綁匪的良好模式。現場挖屍、祭拜，透過一則又一則，一段又一段的新聞畫面，訴說的豈止淒淒哀哉的悲情血淚。黃春棋為了千萬元賭債鋌而走險，堪為毫無疑義的理想加害者。當他在電視鏡頭前潰堤，既悲且悔地說出「阿強，陳憶隆，出來啦，沒關係啦，敢做敢當啦」時，便又適時地營造出社會大眾所期盼的，對犯罪者的制裁感，同時感佩警方的心血，說不定還會對其他心懷不軌者造成警示作用。除卻在逃共犯，這番結局對一希求安居樂業的社會來說，已足堪告慰。

不過，在電視機前的民眾情緒隨新聞畫面跌宕起伏，進而因為犯案者最終束手就擒而寬心舒坦之際，實際案情卻又和媒體上所描繪的犯罪情節有著不小出入。儘管媒體呈現的內容，已符合社會大眾對於真相大白的需求；但假設真相是條通往正義的道路，那麼，欲求抵達黃春樹綁架撕票案的正義之丘，顯然還有一段距離要走。不僅尚有共犯在逃，甚至，真相之所以未明，問題就在所謂的「共犯」身上。

一人落網，案情輪廓浮現

黃春棋落網後，他是唯一最鄰近這起案件的當事人。因此他的說詞，幾乎很輕易就為整起事件定下主調。根據警方反覆取供後，從黃春棋一方得來的說法是，九月一日，黃春樹在大直自家住宅前遭到包括他在內的三名綁匪擄走，直接載往汐止新山夢湖廢棄的產業道路，由於黃春樹企圖反抗，被擄走當天綁匪就把他殺害，屍體就埋在新山夢湖附近的山溝中。

犯下這起案件的，總計有三個人。黃春棋之外，另外兩名分別為綽號小胖的陳憶隆和綽號阿強的徐自強。除黃春棋已經落網，其餘兩人則聞風逃竄。陳憶隆曾在臺北縣（今新北市）開設電動玩具遊樂場，徐自強因為常在遊樂場進出而與陳憶隆熟識，徐自強且為黃春棋的表哥。三個人之間的連帶關係，愈加坐實彼此互為共犯的合理性。警方在借提黃春棋時，取得他的口供，掌握了案情的原委，亦即黃春棋和陳憶隆、徐自強在綁架黃春樹幾個小時後，因為黃春樹想逃走，陳憶隆和徐自強就把黃春樹殺了，接著再就近埋屍。

黃春棋就逮，除了咬出共犯，最重要的是，他還引導警方順利找出被害者的屍體。至此，有屍體，有犯案過程，而後，犯案動機呢？依照黃春棋所稱，他先前在桃園一處賭場被黑道設局訛詐了一千六百多萬元，因被逼債需錢孔急才鋌而走險。於是，過程看似毫無破綻，那麼，誰是主謀？同樣的，也是出自黃春棋的說法，一開始，陳憶隆提及黃春樹和自己有債務糾紛，要他和徐自強出面幫忙催討，因為大家都熟，所以他沒有多問，就一起計劃綁架黃春樹。

犯案當天，他們是以預藏的藍波刀和手銬，強押黃春樹上車，並立即開往汐止汐萬路的山區，到了現場，因為黃春樹想掙脫，結果陳憶隆和徐自強就朝黃春樹的脖子一砍，隨後氣絕身亡。黃春棋驚覺事前議定不是只是要討債？怎麼變成殺人？手足無措下，他便先行離開前往停車處，約莫一個鐘頭後，陳憶隆和徐自強才前來與之會合，告知他已把屍體埋在山溝裡了，而且還淋上汽油，點火毀屍滅跡。

於是，陳憶隆可為主謀，殺人者則為陳憶隆和徐自強。加上黃春棋說他們綁架黃春樹之前，即已預備汽油、圓鍬、手銬等工具，警方因此認定是預謀撕票的前奏，並非臨時起意。也就是他們幾人計劃綁架的同時，就決定先撕票再勒贖，行徑益加罪無可赦。此番見解脈絡直至開庭審理期間，猶為檢方求刑的依據，認為黃春棋等人預謀勒贖，擄人當天即滅口，手法殘酷，泯滅天良，有與社會永久隔離之必要（指死刑）。

還有第四名歹徒

就在黃春棋落網，看似僅需把在逃的陳憶隆、徐自強緝拿歸案，整起事件即可圓滿落幕。問題就在於近一個月後，躲藏在雲林的陳憶隆被警方逮到，他除了和黃春棋一致口徑，證稱徐自強為共犯外，卻又供出其實另有一人才是真正的綁架撕票主謀策劃者，那人就是黃春棋的胞兄黃銘泉，也就是不久後慘死泰國的那位張保羅。因為陳憶隆的出現，黃春樹綁架案一度峰迴路轉，檢警原本腦中的犯罪輪廓，不得不因為陳憶隆的說詞，再次做出修正。

根據陳憶隆的說詞，黃春樹是在桃園仲介工地生意時，結識了黃銘泉，兩人相交頗深，黃春樹多次介紹生意給黃銘泉，還替黃銘泉找過房子，結果黃銘泉卻恩將仇報，策劃綁架撕票案。而他自己則是因為經營電玩店不善倒閉，積欠債務，才接受黃春棋的提議參與作案。在著手進行綁架前，黃春棋和黃銘泉就已計劃綁架後撕票，再向被害者家人勒贖，所以兩人才會在綁架黃春樹的前兩、三天，帶頭前往汐止山區棄屍地點，先行挖坑準備埋屍。

針對陳憶隆所言，黃春棋事後也在檢方偵訊時坦誠不諱，辯稱是因為袒護自己的哥哥，怕家中老父知道兩兄弟一同涉案會受不了打擊，才隻字未提黃銘泉。而陳憶隆亦在偵訊時，表示他對黃春棋為了保護自己兄長，把所有責任全往他身上推，感到相當氣憤，不過這回，卻又換成陳憶隆把所有罪過推給黃銘泉。

九月二十八日，警方將黃春棋帶往棄屍地點模擬當時殺人棄屍行動時，黃春棋曾對同在現場的被害者家屬表示歉意，似是悔不當初，但就在他涕淚縱橫的當下，卻仍警覺地閃避了自己哥哥黃銘泉的角色，對著電視鏡頭僅要徐自強、陳憶隆出面投案。若非陳憶隆被追捕到案，有整整一個月的時間，警方其實完全沒有掌握案件的真實面貌，甚至認為可按照既有劇本讓本案順利了結。至於黃銘泉，則早在黃春棋取贖被捕之前的九月十六日，就隻身潛逃泰國去了。

如果一件原本漂亮偵破的案件，在黃春棋落網時，可形塑出一套犯罪版本，在陳憶隆遭逮後，又可出現另一套犯罪版本。那麼，當時仍舊在逃的徐自強，又會有怎樣迥異於這兩人的說詞，他又會對案情帶來什麼樣意外的發展？黃銘泉已命喪泰國，任誰都已無從得知，關於這起綁架案，從他口中又會出現什麼樣的未知情節。

第二幕　山腳村

「老師，我請問你們，難道你們都不會遲到嗎？」阿強的媽媽護子心切，知道學校體育老師又因為上學遲到的理由，要阿強每節下課都到教室外頭半蹲，在連續被處罰四天之後，阿強的媽媽終於忍不住親赴學校一問究竟。

阿強就讀的山腳國中，就位在桃園縣（二〇一四年改制為直轄市）的山腳村。山腳村在臺灣地圖上是個名不見經傳的小村落，大古山是村裡頭唯一能夠和外縣市風景區一較高下的地理指標。但它的海拔也不過一百五十一公尺，完全比不上東部山脈的壯闊挺拔。

阿強念國中的那個年代，大古山似乎還不叫大古山，而另有「大崙尖」之名，名稱應該是取其外形而來，或者因為諧音不雅，才改成大古山。因為周邊平坦沒有其他高山遮蔽，大古山向西不僅可遠眺臺灣海峽，復又鄰近桃園機場，經常可見飛機在頭頂上橫越起降。登至山頭的遊客，除有機會目睹偶爾盤旋天空、恣意飛翔的老鷹外，他們其實也想體會飛機轟然凌空而過的感受。

大古山因為地形獨特，加以視野廣集八里、觀音山，傍晚時分，另可遙視遠方的夕陽，極具觀光潛力。不過，直到二〇〇七年，地方政府投入資源大舉鋪整大古山步道，它才成為一處名符其實的觀光景點，從而招引商機，相繼有景觀咖啡館進駐，大古山有很長一段時間，一直是默默無聞地靜躺在山腳村的一隅，與世無爭，較之臨近已然發達的南崁，當地人的生活方式幾謂雞犬相聞、自成一格。

那是阿強自小成長的環境，一九九五年九月二十九日，警方以在逃共犯之名，將阿強的照片曝光於媒體上，頓時他便成了山腳村街談巷議的熱門話題。環繞在阿強身上的重大犯罪事件，彷彿是從天際之間，朝山腳村敲擊出的一聲巨雷，搖撼了這座淳樸的小村莊。

曾經理著小平頭，一天到晚被老師罰站在教室外的小男生，怎麼想都沒想到，原本平凡無奇，和大古山相依為伴的人生，十多年後，竟然會為了一起綁架撕票案，從此一路波瀾起伏。不過，最難以置信的還是阿強的媽媽。比起日後心疼兒子入監坐牢，浪擲青春，當年她跑到學校找老師理論，不捨孩子被罰半蹲的心情，不過像是根針扎到指頭而已。

「老師，可以不要再處罰他了嗎？或者，換個方式好不好？比方說讓他去掃地、撿垃圾都好，每節下課都要半蹲，他如果想上廁所怎麼辦？」阿強的媽媽平常忙著做生意，少有時間時時刻刻盯著小孩在學校的表現，這回非得去學校一趟，絕對不是一時興起。只是，又好像不全然是為了替自己的兒子說情，那也不像阿強媽媽的作風，她是個意志堅強、吃苦耐勞慣了的傳統臺灣婦女，更何況上學遲到有錯在先，（那個年代）被懲罰天經地義。生活在山腳村，每個家庭都得為了三餐溫飽窮於生計，誰有那個閒功夫去寵溺子女。

生為么子，阿強並不是個愛惹事端、經常搗蛋的調皮鬼，他只是沒興趣讀書而已。倒是對媽媽麵攤的工作非常感興趣。小時候，阿強的哥哥、姊姊每每要拉著阿強一起上樓寫功課，他卻總是寧可留在樓下攤位幫忙洗碗筷、擦桌子。他的勤奮全用在付出勞力，坐在書桌前打開課本，只會讓他感到昏昏欲睡。阿強的姊姊每天放學回家，就是等著弟弟搶過她書包翻東翻西，拿走裡面的零食後，便一溜煙跑走不見人影，她從來沒看過阿強對書包裡的任何書籍感興趣。

國中還沒畢業，阿強就很嚴正地告訴自己的母親：「我國中畢業以後就不要再唸書了，我要去臺北學功夫（指一技之長）。」一九八〇年代，臺灣經濟景況呈現快速發展的狀態，中小企業雨後春筍地冒出頭，臺灣甚至被冠以亞洲四小龍的封號。山腳村所依屬的桃園縣蘆竹鄉，原是個不起眼的農村，如今仰賴中山高速公路開通，遂成交通要衝，工地、廠房躍然而立，百業欣欣向榮。若要在當地謀得一份養活自己的工作，似乎不是難事，讀書升學不見得是唯一出人頭地的管道。尤其對不喜歡唸書的阿強來說，外在形勢一片大好，國中畢業便形同解脫，離開校門，他便不需被綑綁在令人窒息的課堂，可以堂而皇之走出山腳村，一睹外頭的花花世界。

那段時間被老師天天處罰半蹲，起因在有好幾個晚上，阿強下課後就直接到媽媽店裡幫忙，有時忙過頭直至深夜，早上起不來，才會老是上課遲到。他十分樂於待在麵攤幫媽媽洗碗，遠勝於在書桌前兩眼無神地發呆，何況哥哥、姊姊總是忙著寫功課沒時間多理會他。他勤於勞務，不喜歡唸書，和兄姊之間有著截然不同的成長模式。鄉下人家像這樣小本生意家庭的子女，有一類或者希望藉由苦讀改變生活，另一類則很可能是在耳濡目染下，反而擅長在苦作、實作中尋找生活樂趣。

阿強便是屬於後者。性向上的差異，結果就是讓他成為學校老師眼中頭痛的孩子。當然，不愛唸書，尤其國中畢業後就未再升學，很容易讓人聯想到這個人是否就會把空下來的時間用以為非作歹？幼年單純平實的生活，或許給人直覺阿強並非出身扭曲、變態的家庭，長大後不至於出現思想偏差，讓自己走上歧途；但是，不愛讀書，僅僅國中畢業的學歷背景，不出事則已，一旦稍有差池，這些符碼又往往會導致外界對他產生劣等評價，好像這樣的人，就恰好是個社會需要的負面教材。

幾次睡過頭，阿強一到學校就是遭老師嚴厲訓斥。後來只要有遲到之虞，阿強就直接跟媽媽說他那天不想上學，實則他是害怕被懲罰，不敢上學。阿強的媽媽起初安慰他，「沒關係，你上學睡過頭，是因為幫我忙，又不是跑去玩，老師知道原因後，一定會原諒你的。」結果，老師不僅沒有原諒他，還天天罰阿強半蹲。及至成年，阿強因為被控參與綁架撕票而被關入大牢，阿強的媽媽總是不由自主又回想到這一段過往，因為力勸阿強出來投案的就是她，當時她也是對著阿強說：「只要不是你做的，沒關係，就去投案吧，去跟法官說清楚，法官知道了，一定會還你清白。」結果，事情發展當然也是未如其願。

對於阿強因為在麵攤洗碗忙到三更半夜，結果早上睡過頭而被老師處罰，阿強的媽媽心疼不已，最後找上學校訓導主任，期盼校方能夠網開一面。訓導主任聽完阿強媽媽的敘述，馬上主動拿出阿強的在校表現紀錄，直說阿強獎懲單上登載的都是記功、嘉獎，不可能被罰半蹲。到底是誰處罰你？訓導主任問阿強。「是體育老師。」阿強回答。那名體育老師正好就坐在訓導主任對面，聽到阿強的媽媽和訓導主任之間的對話後，體育老師起身承認：「是的，就是我處罰他的。」「本來打算連續處罰他一個禮拜呢。」此時，原本不相信阿強會被連續處罰半蹲的訓導主任，話鋒一轉，竟和體育老師站在同一陣線，回過頭勸說阿強的媽媽：「反正已經罰了四、五天了，那就讓阿強再半蹲兩天就好。」接著就匆匆把阿強的媽媽打發回家。

阿強的媽媽親赴學校替孩子說情，在當時社會氣氛下，某種程度確實略帶點挑戰權威的味道。她是個鄉下小吃攤的老闆娘，一所學校訓導主任的身分和地位，和阿強媽媽相較，在鄉里之間彼此誰高誰下顯而易見。為了兒子上學遲到被老師罰半蹲，而前往「興師問罪」，恐怕會被認為正是學識不足的村姑愚婦，因為溺愛么子所做出典型的無知反應。不過，阿強的媽媽挺身而出又並非全是無理取鬧。畢竟，替家裡麵攤洗碗收拾，以致太晚上床睡覺，造成隔天睡過頭，上學遲到，難道不算情有可原？阿強媽媽一番說詞和理由，就不能稍稍緩和老師意欲透過懲罰而達矯正目的的念頭？

訓導主任一開始態度多是和顏悅色，且主動翻出阿強學校表現紀錄，認定阿強不是個愛找麻煩的調皮鬼，及至發現他被處罰半蹲確有其事，又瞬而轉向站在體育老師那方，要阿強繼續完成未完的懲罰，且不由分說，就將阿強和他媽媽一併請回。那名體育老師之前其實常來阿強家吃麵，自此而後，阿強家的麵攤就未再見到他的身影。

這段回憶之所以深刻烙印在阿強媽媽的腦袋裡，也許不盡然只是為了凸顯個人的委屈，去稀釋、淡化自己兒子長大以後為非作歹的可能性。一個人出生後普通無奇的童年，本來就不足以保證必將永保單純沒有惡念。誰說平庸的人就不會幹出邪惡的事情？就像二次大戰期間，那些犯下姦淫婦女罪孽的軍人，他們在從軍變成惡魔之前，許許多多不也都是來自鄉下的老實農家子弟。出身背景和日後的行為反應，除非真能有嚴謹的科學驗證分析，否則往往沒什麼直接關聯。

但是這段過往，又不盡然僅僅具備表象呈現的畫面——一個不愛唸書的小孩，因體貼母親自願幫忙收拾店面，而後睡過頭、上學遲到，結果被老師懲罰，接著母親替兒子出頭，未果，最後悻悻然鎩羽而歸。阿強媽媽之所以對當初的細節如此印象深刻，正因為那似乎是一段預告式的前奏，預示徐家人接下來更為嚴峻的挑戰；又或者是日後阿強和母親共同面對臺灣司法，一路抵禦而落得傷痕累累的序曲。數年過去，阿強媽媽改而迎戰的是法庭上飽讀詩書、滿腹經綸的法官，未減當年面對訓導主任時憨直的勇氣，她依然悍子無懼，只是此刻對阿強母子而言，法官實是一堵更加令人望而生畏的高牆。

命途多舛

民國五十八年次的阿強，出生那一刻，曾因臍帶繞頸差點沒命，甫離開娘胎，他的臉是白的，嘴唇是黑的，沉靜得沒有半點哭聲。阿強的媽媽為這個孩子，受到了第一次驚嚇。及至九個月大，阿強又不小心得了肺炎。阿強的媽媽抱著阿強四處在山腳村找醫生，但情況危急，一般小診所都不敢貿然接手。阿強的媽媽帶著三個小孩，姊姊和哥哥分別只有五歲、三歲，愣愣地跟在兩旁，氣若游絲的阿強甚且環抱在手上，母子四人邊走邊哭。爸爸在工廠上班愛莫能助，阿強的媽媽只好請左鄰右舍幫忙，鄰居建議她，最好帶阿強前去臺大醫院求診。

對民國六十年左右的山腳村村民來說，臺北是個高不可攀和遙遠的地理名詞，它是一座實際存在的城市，卻因為彼此間高度的差異性，使它又顯得不夠真實。它和山腳村的差距不僅在於兩地相隔的距離，還有人文景貌上的天差地別。臺北是個不折不扣的繁華大都會，它的街道、人文、建築，林林種種，豈是一個幾如遺世獨立的鄉下婦人可以應付，更何況她還得同時帶著三名幼子。

以二十一世紀的眼光，當下的山腳村因有著海風強勁、風光明媚的大古山，彷彿城中之人假日的後花園，遊客經年絡繹於途；然而半世紀前，阿強出生的年代，那裡僅是個乏人問津的小鄉村。上臺北看醫生，說得倒容易，山腳村民皆心裡有數，要阿強的媽媽這麼做，確實有如天方夜譚。當地人對大都會，因為疏離、陌生，經常會興起一種油然而生的莫名恐懼。因而阿強的媽媽即便為母則強，當時心裡想的卻是，「怎麼可能啦，我根本不知道路，我要怎麼去臺北，去了臺北，我又怎麼找得到臺大醫院？」也許搭計程車吧，但那是山腳村，誰會把計程車開到這地方攬客？那時麵攤收了，阿強的媽媽改做起家庭代工，就算招得到計程車，她恐怕也付不出車資。幾個月前，她才因為兒子出生時臍帶繞頸嚇過一回，這一次，阿強的媽媽又被染上肺炎的阿強嚇出一身冷汗。

不過這一路以來，徐家人儘管厄運連連，卻又貴人不斷。鄰居終究找來一名醫生，這名醫生開了藥方，讓阿強的媽媽到藥房拿完藥後，再由他替阿強注射。那段時間，阿強的媽媽一天工資是二十元，藥劑一針卻得花五百元，開銷極為吃力，所幸，針打下去後，阿強慢慢回溫。關關難過關關過，阿強的媽媽又撿回兒子一命。只是誰知道死神的捉弄原來只是起始，好戲還等在後頭。

在媽媽眼中，阿強從小體質奇差，狀況百出，還經常在學校升旗典禮時暈眩昏倒。老師鼓勵他參加田徑隊，結果因為早上外出練跑，不敵鄉下清晨刺骨寒風，反而一天到晚感冒。官司纏身之前，阿強另有段意外插曲。十九歲的阿強尚未入伍，某日和朋友出遊，卻不慎出了場大車禍，讓自己的一條右腿骨頭斷成三截，入伍時大腿還插著一根鋼釘。看著車禍摔斷腿的阿強，阿強媽媽第一時間的反應則是啞然無語，感慨萬千，自己的兒子怎麼從小到大劫數如此之多。

原本以為，阿強退伍後也已娶妻、生子，一切都會時來運轉，沒想到退伍後三年不到，綁架撕票案就發生了。從小幾度從鬼門關走回，求學過程不甚順遂的阿強，突然之間變成了綁架撕票案的通緝犯。阿強的媽媽這才知道，阿強一生中最大的災難，現在才拉開序幕。

在成為綁架撕票案通緝犯之前，阿強為了養家活口，曾考取大卡車駕駛執照，收入穩定，足以還掉向岳母借支買卡車的錢。但因為工作時間日夜顛倒，且經常被迫超載砂石，每天都在意外風險中度日，為顧及妻小，阿強最後把卡車賣了，岳母於是讓出在龜山鄉一間原本自己顧守的檳榔攤，由阿強夫妻一起經營。他們沒有雇用穿著性感薄紗的檳榔西施，而是夫妻兩個人一起看店，每天上午六點固定到檳榔攤幹活，直到晚上十點收攤。終於捱過從前斷斷續續的人生波折，開始進入一段平靜無波的愜意時光。

也就是在那段時間，阿強的表哥黃銘泉，自泰國回來聯繫上阿強，因為他在國外事業經營不順，得知阿強賣掉卡車後有一筆存款留在身邊，因而向阿強開口借錢。阿強不僅大方借錢給表哥，還情商岳母清出一間名下的屋子讓黃銘泉借住。黃銘泉大阿強三歲，從小就是表哥屁股後頭的小跟班，阿強第一次抽菸，就是黃銘泉教的。至於在綁架撕票案中，第一個被逮捕的表弟黃春棋，由於比阿強年紀小三歲，兩人小時候較少往來。如果，當初前來借錢的是黃春棋，也許阿強就不會這麼大方慷慨。既然是從小玩到大的黃銘泉，兄弟有難自當解囊救急。只是阿強哪裡料想得到，自己的一生倒頭來竟然會栽在最親近的表哥手上。

第三幕　大禍臨頭

一九九五年九月二十九日，各大報的社會新聞版面，全被內湖房屋仲介商遭綁架撕票的事件填滿，情節跌宕起伏，有血有淚，同時還顯露了專案小組的膽識和機智。指揮辦案的臺北市刑大大隊長侯友宜為求慎重起見，特別找了兩位高階警官擔任臥底，躲在被害者家屬預備交付贖款的車子行李後車廂內。刑事局偵一隊人員則依照歹徒勒贖電話追蹤，過濾了近萬通電話，逐步縮小範圍，鎖定綁匪位置，最後順利逮捕犯嫌之一黃春棋。警方非但智擒狡匪，且成功突破心防，很快地就找到慘遭埋屍的富商之子。

涉案重嫌黃春棋像是甕中之鱉，被警方一舉逮獲，本起綁架撕票案等於前後只花了二十八天就宣告偵破。案情充滿戲劇張力，無辜的受害者令人不免感慨世態炎涼，幸賴英勇的警察和堅忍的被害者家屬通力合作，終將萬惡的綁匪緝拿歸案。每一處環節轉折，都和完美的犯罪情事若合符節。接下來，就剩繼續追捕另外在逃的兩名共犯了。

阿強的姊姊徐沛晴因為忙於會計工作，平常很少有閒功夫去關注電視或者報上的新聞，也許她對那些雞鳴狗盜、男盜女娼的情節確實是漠不關心。話說回來，那些事本來就和她八竿子打不著。儘管舉國為了一起綁架撕票案鬧得沸沸揚揚，她也完全無暇理會當中故事的來龍去脈，反正那不過又是件讓人看了不舒服的社會凶殺事件而已。但她想都沒想到，這回新聞報導的主角卻是自己的親弟弟。

一九九五年九月二十九日那天上午，她準時進了公司，就像平常一樣，馬上認分地埋首在成堆的會計文件中。自從接下手邊工作，她每天都忙得焦頭爛額，還得經常加班至三更半夜。直到老闆出現的一刻，她才意會過來，那天不僅是她進這家公司以來最難熬的一天，還是她往後人生愁雲慘霧的開始。

「哎呦，怎麼會有這麼可怕的擄人勒贖事情發生啊！」徐沛晴的老闆才踏進辦公室，就扯著嗓門迸出這句話。「你們都看到新聞了嗎？真是夭壽。」這不是老闆上班面對員工慣有的打招呼方式，因此引來徐沛晴的好奇。她隨手拿起老闆留在桌上的報紙閱讀，看到「徐自強」三個字，她頓時整個人都傻掉了。

當下的衝擊確實太過超脫現實。新聞報導裡的每一字、每一句，都讓她完全摸不著頭緒。當然，徐自強是她親弟弟，這層關係使徐沛晴不曉得對著眼前如此重大、殘酷的新聞，她該以什麼樣的態度做出反應。就像我們開車出門，突然遭後方來車追撞，即使毫髮無傷，撞擊的瞬間不免會一閃而過「不會吧，真的發生了嗎？」的念頭，還得要再藉由外在的真實情景，把短暫抽離、不可置信的我們拉回現實，才能百般不願地下車處理善後。

徐沛晴前一刻才在統計公司年度會計收支，桌上滿是雜亂紛飛的文件，下一秒，她覺得整個世界突然變得空無一物。老闆口中那個「夭壽」的擄人殺人犯，竟然是她弟弟。原來這幾天依稀耳聞的新聞事件，自己的弟弟也牽涉其中，甚至根據新聞報導所述，弟弟還是策動這起綁架案的主謀。當下，徐沛晴沒有難過，也沒有憤怒，更沒表現出任何歇斯底里的情緒，那是一種說不上來的心理狀態。她沒有覺得事件很荒謬，畢竟弟弟和自己已經有好一陣子沒有聯絡，難道生活上出了什麼困難，才會鋌而走險？但除非弟弟完全變了一個人，否則實在找不出任何蛛絲馬跡，去推敲他涉案的可能性。「報上新聞說的人真的是他嗎？」這是徐沛晴第一時間腦袋裡唯一的想法。

供出主嫌

九月二十六日上午八點，警方抓到黃春棋的隔天上午，再一次對他展開偵訊。「你是否要選任辯護人，或委託義務辯護人及家屬到場？」黃春棋答，「不用。」

警方問：「綽號『阿強』、『阿宏』、『憶隆』（第一次筆錄供出的共犯）的詳細年籍如何？」

答：「『阿強』約一百七十公分，瘦小，捲髮，二十來歲。『阿宏』約一百六十五公分，瘦小、捲髮，二十來歲。另外『憶隆』約一百七十公分，胖胖的，腹部突出，留短髮，他們三人的年籍我不知道。」

問：「他們三人使用的車輛如何？」

答：「『阿宏』我不知道，『憶隆』開一輛黑色飛雅特轎車，另外『阿強』約在兩週前，在桃園市三民路一間車行，租用一輛天王星藍色轎車，這兩天，則租了一輛March（裕隆）轎車，這是阿強去租，然後告訴我的，我也有駕駛過這兩輛車。」

問：「阿強有無說明租車用途？」

答：「因為他黑色雪佛蘭的車故障。」

問：「阿強住在哪裡？如何聯絡？」

答：「阿強住在桃園縣立體育館附近，我知道地方，但不知道地址，他的電話是××××××，另外呼叫器××××××××，他的老婆在家附近開檳榔攤。」

問：「警方提供之口卡片，是否為陳憶隆本人？」

答：「是的。」

問：「右述是否實在，及是否在自由意識下所為？」

答：「完全實在，且出於自由意識下所為。」

警方繼第一次偵訊從黃春棋口中取得共犯名字後，進一步要求他吐出共犯更詳細的背景。很明顯的，徐自強和陳憶隆已為警方鎖定的目標。至於「阿宏」，在接下來的辦案過程裡，則被認定是黃春棋信口虛構的人物。警方之所以先行拿口卡片要黃春棋指認陳憶隆，主要基於自九月二日起，被害家屬報案後，警方已掌握到陳憶隆撥打勒贖電話的監聽紀錄，因而當時在逃的陳憶隆，是除黃春棋之外，另一個被警方認為幾乎是罪證確鑿的綁匪。透過接下來一連串的偵訊，徐自強在這起綁架案中的角色，似乎也愈形關鍵。

徐沛晴完全沒料到自己的弟弟會被警方鎖定為綁架撕票案的共犯。她很難接受報紙上所說的一切，當晚回到家裡，她才想起一、兩天前，舅舅似乎有跟媽媽說，警察在找阿強，媽媽轉而跟她提起這件事時，全家人都是一頭霧水。

如果阿強從小到大就是個經常惹是生非的人，徐沛晴的衝擊也不會這麼大。不過坦白說，一開始她確實一度懷疑自己的弟弟是否因誤交損友才走上歧途。自從多年前離家嫁作人婦，她一直是安分守己的上班族，從小也一路按部就班、循規蹈矩。一板一眼的成長背景，使她不覺得應該懷疑報紙的內容。尤其當自己想到已經有很長一段時間沒和弟弟住在一起，因而不斷自我反問，是不是分開久了，沒有察覺阿強的交友變複雜了。那個小時候不愛唸書，卻又勤於家務、憨直可愛的弟弟，是否在某個人生的轉折中，不小心變質了？

徐沛晴每天的生活重心就是公司和家裡，人生所求無非平穩過日子，對司法、對警察，她都抱持著一份尊敬，因為他們的職責，不就是為了確保社會和諧，保障奉公守法國民的日常生活不被為非作歹的惡棍破壞。警察是維持秩序的一方，他們只會抓壞人，保護好人，這不是理所當然的道理？果真如此，那麼阿強是不是就如報上所說，真的是犯下這起綁架撕票案的主謀？記者難道會亂編故事？徐沛晴的心裡滿是疑惑，她難以相信自己的弟弟會做出這種事，卻又無從質疑警察、記者的權威性。尤其報紙的報導鉅細靡遺，讓人看不出任何破綻。假如報上說的通緝犯不是自己的弟弟，她難道不會對警察、記者所說的話照單全收？

遮住「徐自強」三個字，又或者將其換上另一個與自己完全不相干的人，一個在鄉下地方賣檳榔，前一項工作是開砂石車，學歷只有國中畢業，當兵前就當了爸爸的年輕男子，怎麼看都不像是品格高尚、行為端莊的人物，根本不需要任何複雜的心理辨證，誰都會輕易相信他就是報上所說的大惡徒。對徐沛晴來說也是一樣。當老闆說犯下這案件的人真夭壽時，在還沒親眼看到報紙字裡行間的文字前，徐沛晴可是沒半點質疑警察和記者是不是誤會了什麼人。

那個年代的砂石車司機為求短期內的高額盈利，經常超載、超時工作，行車又總是不守規矩，幾如路霸，其他人車見到砂石車從旁呼嘯而過，無不退避三分。我們討厭砂石車殺氣騰騰、橫衝直撞的模樣，更討厭裡頭的駕駛，簡直沒一個好東西。砂石車肇事撞死人的新聞時有所聞，益加在我們腦海中建構出關於他們的惡劣形象。更何況這個人不開砂石車後，卻什麼工作不好做，改賣起檳榔。種植檳榔樹造成山坡地濫墾濫伐，破壞水土保持，早被批評是環境殺手。尤其有些檳榔愛好者非常不具公德心，隨地亂吐檳榔汁，不僅有礙市容，還連帶損及外國人對我們的觀感。老外誤以為臺灣人非常英勇，可以邊吐血邊開車，我們縱然可以當這是一則自我調侃的笑話，但無論如何，就是很難對和檳榔有所牽連者心生好感。

只是不若陳憶隆，警方實已掌握他撥打勒贖電話的監聽紀錄，且經由陳憶隆家屬確認無誤，電話那頭打電話議定贖款的就是陳憶隆本人，關於徐自強的犯罪事實，警方初期其實並無任何斬獲。但既然落網歹徒黃春棋自己提到徐自強，而徐自強的條件背景，似乎也不至於違逆這起案件可能的共犯模樣，那麼，有什麼理由不去推測、拼湊徐自強參與本案的可能性。

再者，徐自強和落網者黃春棋之間有親屬關係，和有賭博前科的陳憶隆也往來密切，就算黃春棋曾在警察局瞎扯出一個不存在的「阿宏」，但阿強卻是具體實在、確有其人。司法辦案，貴求證據，這起事件一旦曝光在媒體上，則社會大眾僅需靠著刻板印象，加上媒體大篇幅的報導，徐自強便已被大眾視為有罪之人。那是多數奉公守法者最普遍的直覺反射。就像徐沛晴自己一樣，她不會去懷疑一個不相干的人是不是被警察冤枉，還是遭人誣陷。報紙上的白紙黑字，加上那段時間每節電視報導不斷重複播放的新聞畫面，徐自強注定已難置身事外。

黃春棋在警局供稱，是陳憶隆提議要將被害者黃春樹押到海邊殺害棄屍。他們三個人（黃春棋、陳憶隆、徐自強）且輪流打勒贖電話。九月二十五日當天，也就是他自己被抓到那晚，勒贖電話就是徐自強打的。徐自強在這起事件中，另外被分配到的工作，就是尋找綁架後禁閉被害者的空屋。

自被害者黃春樹的父親黃健雲向警方報案，警方立即成立專案小組，開始過濾監聽那段時間所有和黃家的來電，同時針對黃春樹的交友、經商網絡，明察暗訪可能涉案的人物。只是，在上萬通的監聽紀錄裡，卻無一和徐自強有關，亦即是在黃春棋落網後，經由黃春棋的供詞，警方才知曉案情背後還有徐自強這號人物。而這一切主要推測的基礎，都是來自黃春棋的自白。

作案過程浮現

經由黃春棋口說，這起綁架案出現了第一層的輪廓。最早，是由徐自強邀約黃春棋，共同前往綁架被害者黃春樹，主要目的是為了討債。黃春棋說，大約是在綁架黃春樹十天左右，他們三人才開著徐自強的車子，把黃春樹押往海湖附近的濱海公路，由徐自強和陳憶隆兩人把黃春樹帶下車，最後以開山刀加以殺害，再用汽油焚燒，接著拿出準備好的沙鍬，挖洞把黃春樹埋了。提議殺人的是陳憶隆，負責準備殺人棄屍工具的則是徐自強。於是，這就是一起不折不扣的預謀綁架撕票勒贖案。

在徐自強、陳憶隆將黃春樹殺害後，他們要求黃春棋出面打勒贖電話，如果不從，東窗事發，就要把他拖下水。黃春棋受形勢所逼，只好答應。但由於他口語溫吞、唯唷，無法恫嚇被害者家屬就範，之後才改由陳憶隆打電話索討贖金。期間，黃春棋曾打電話給黃健雲，告訴他黃春樹的一根手指已被他們剁下，就丟在高速公路南下五十八公里處，以此取信黃健雲他的兒子就在他們手中。而這一布局，就是徐自強教黃春棋的。徐自強原本要求黃春棋向對方家屬要求三千萬贖金，最後幾經討價還價，黃春棋與被害者太太黃玉燕達成一千六百萬交款放人的協議。

過程中，被害者的父親黃健雲曾依照黃春棋三人的指示，開車上高速公路，準備交付贖款。黃健雲在高速公路上，忽而被要求北上，忽而被要求南下，三人疑似故布疑陣，要以此擺脫警察，而黃健雲在黃春棋指揮下，輾轉來到一處加油站，黃春棋要他拾起由徐自強預先放置好的一支無線電對講機，以等待聽從徐自強後續安排。但黃健雲推說沒有發現這支對講機，黃春棋再要求他直接把贖款丟在高速公路某處涵洞，並由躲藏在涵洞附近的徐自強和陳憶隆負責取贖。不過，黃健雲因為懷疑兒子已遭不測，終究沒有照辦。接著，徐自強就打電話要黃春棋回到桃園龜山住處會合，商議二次取贖的對策。

直至九月二十五日當天，黃春棋等人才改由指揮被害者的太太黃玉燕交付贖款。方式是要求她從桃園火車站出發，搭乘南下火車至中壢火車站附近，在預置地點丟款，由陳憶隆出面拿回。徐自強當天的任務，則是在桃園火車站監視黃玉燕是否有如實搭上他們指定的車班。時間一分一秒過去，黃玉燕並沒有坐上原本預定晚間九點三十分出發的火車。約莫晚間十點左右，陳憶隆將黃春棋留在桃園市文化路附近一處公用電話亭後，再自行驅車前往中壢火車站附近，準備拿取贖金。直到晚間十點三十分左右，黃玉燕告訴黃春棋，她不敢上車，害怕會遭遇不測，因而希望有其他家人陪同，此時，徐自強緊急電告黃春棋，火車就快要駛離了，黃春棋便透過公用電話，不斷催促黃玉燕上車就範，最後落下一句「不敢上車就回家去」，也就是在掛下電話不久，黃春棋才剛走出電話亭，就被事先埋伏的警察逮獲。站在被害者家屬的立場，一段驚心動魄的支付贖款驚魂記，終於可告落幕。

這段過程堪稱黃春棋初步自白之大成，也是九月二十九日當天上午，阿強的姊姊徐沛晴在報紙上看到的大致內容。只是沒想到，黃春棋並沒有老實和盤托出，甚且避重就輕，將主要罪責全推給陳憶隆和徐自強。警方想要緝凶，被害者家屬也希望儘速將所有參與此案的人一網打盡，阿強的姊姊則等待一線希望，心裡暗自期盼，是否有可能還給自己的弟弟最後清白。

沒想到，整起事件在新聞報導餘波蕩漾一個月後，等逃到臺灣南部的陳憶隆遭逮，案情又出現另一套警方事前全無掌握的版本。涉案者原來還有第四人。之前黃春棋的犯罪陳述，皆因陳憶隆的落網而有必要再重整排序，此一變化雖不至於讓徐自強就此脫身，但環繞在他身上的謎團卻也像一抹暈開的顏料，在既有的畫布上浮現出一幅讓人費解的圖像。

第四幕　大逃亡

埋伏在公用電話停附近的警察很快地就將黃春棋逮獲，過程似乎比警方原先的沙盤推演還要順利。不過當晚，就在電話亭附近，他們隱約察覺似乎另外有個人趁亂逃跑。根據警方掌握的監聽紀錄，他們懷疑同一時間跑掉的那個人，就是亦曾打電話向被害者家屬勒索贖金的陳憶隆。

事發隔天中午，阿強接到一通陳憶隆的來電。阿強直覺，因為賭博電玩生意屢屢被警方查扣的陳憶隆，這回八成又是要開口跟他借錢。阿強的太太卓嘉慧平常除了和阿強一起照顧檳榔攤的生意，之前還曾在陳憶隆的電玩店打工，阿強去店裡接太太下班時，偶爾會到店裡順便玩上兩把，因為多了層主雇關係，阿強進而結識太太的老闆——陳憶隆。阿強有時會邀請他到家裡玩牌，那段時間，他們的牌搭子就是黃銘泉和黃春棋。因為手頭經常短缺，經濟狀況相對穩定的阿強，便多次成為陳憶隆調頭寸的對象。

民國八〇年代，賭博性電玩以其迷幻人心的誘惑力，吸光了多少人的青春和財富。遊藝場裡只要擺著幾臺賽馬機、水果盤、十三章麻將和吃角子老虎，天天都有人捧著大把鈔票上門。賭博性電玩的樂趣從來不只為了追求贏錢的快感，那是一種「癮頭」，讓人純粹沉溺在機率做主的靡想之中。即使一天下來浪擲千金，僅開了一次「役滿貫」（為日本麻將最高級的牌型，達成條件相當困難），還是有可能鼓舞你明天重返現場再接再厲。

當時賭博性電玩皆是非法營業，就像色情業者一樣，必須躲著陽光牟利。於是每隔一段時間，就會有業者遭警方查扣的消息出現。一九九四年陳水扁當選臺北市長，曾雷厲風行掃蕩城裡的電玩業，一併阻斷了賭博性電玩的後路。此舉評價有好有壞，但營業場所總是龍蛇雜處，客人出入背景少有單純，因而在生活平實規矩的市民眼中，至少算得上是某種程度的德政。

陳憶隆即在賭博性電玩時興、尚有鑽營空間的年代，於桃園縣內屢仆屢起。一九九四年被以賭博罪判刑五個月，易科罰金執行完畢，隨即再犯，之後又被以賭博罪另外再判了五個月。直到一九九五年，也就是在參與綁架黃春樹之前，他再因賭博罪名，遭處有期徒刑七個月，是個不折不扣的累犯。每每被查扣賭博電玩機臺，陳憶隆就得再找門路籌措資金，好讓自己東山再起，因而前前後後向阿強借了數十萬元。阿強原本以為可以從中收取一些利息，誰知為了這點蠅頭小利，日後竟讓他付出無比慘痛的代價。

阿強直覺不對勁。陳憶隆那回除了再向他情商現金周轉外，還沒頭沒腦告訴他，警察早上曾經找上門，剛好他不在家，警察於是留話給他太太，說是要找他自己和阿強。難不成又是電玩店被查扣，要被判刑罰錢？陳憶隆已是前科累累，刑期說不定會更重。不過，警察找陳憶隆本來就不是什麼新鮮事，指名要找阿強，又是為了什麼？阿強追問緣由，陳憶隆卻始終支吾其詞，說自己也不知道原因，便把電話掛了。滿心狐疑的阿強之後回撥了一通電話給陳憶隆的太太，想問清楚到底警察找他做什麼，陳憶隆的太太又說警察根本沒提到他的名字，只拿走了家裡一本寫得密密麻麻的電話簿。只是，那本電話簿裡阿強的名字剛好也在其中。

更加詭異的是，就在陳憶隆來電沒多久，而阿強拒絕再次拿錢出來幫忙應急後，輪到黃春棋打電話給他。電話那頭，黃春棋問阿強人在哪裡，阿強說自己正在檳榔攤。「喔，這樣啊，那我等一下去找你。」黃春棋話一說完就匆匆把電話掛斷。接連兩通讓人摸不著頭緒的來電，阿強其實心裡有數，這兩人一定惹出了什麼麻煩。當時已遭逮捕的黃春棋，顯然是受警方指示，被要求打電話給阿強，探一探阿強的動向，且謹慎小心不要打草驚蛇，讓這位黃春棋口中的「綁架撕票案主謀」不小心給跑了。

結束通話，阿強轉身離開檳榔攤，回到鄰近向岳母承租的公寓，愈想愈不對勁。約莫下午兩點鐘左右，租屋處的電話響起，這次是岳母打來的。岳母跟他說，「有一群人現在在檳榔攤外面，說是要找你。」阿強當時心想，黃春棋還沒來，檳榔攤外倒是圍著一群彪形大漢，會不會是他前不久曾出面替黃春棋租車，才讓自己惹上麻煩？如果找他的是警察，是不是因為黃春棋尚有別的案子通緝在案？如果找他的是黑道分子（那群彪形大漢其實是便衣警察），又是否是為了黃春棋欠下的賭債而來？從阿強的租屋處探頭往外看，數十公尺外，剛好可以撇見平常他們夫妻看顧的檳榔攤。看著好幾個來意不善的陌生男子，在檳榔攤前左顧右盼，阿強一陣背脊發涼，自覺在這節骨眼上，恐怕還是不要貿然露臉，否則真不知道會有什麼意外發生。接著，阿強小心翼翼不被那群人發現，躡手躡腳地離開租屋處，打算在搞清楚狀況前，先到臺北閃避風頭。之後阿強的媽媽曾和阿強通過電話，並問他，為什麼警察要到家裡找人。阿強說，「我就真的不知道發生什麼事情啊。」

從避鋒頭變成逃亡

此時此刻要離開山腳村前去臺北，已不若二十多年前阿強媽媽那般躊躇不前。年代不同了，山腳村和臺北之間的差異，因為時空變化而拉近了不少距離。不久前，阿強才帶著太太去九份玩，在那裡住了一個多星期，這回索性在抵達臺北後，阿強立刻又轉乘客運，避走九份。

住在九份那一天，阿強和媽媽持續保持聯絡，大家都不知道究竟怎麼一回事，為什麼警察要找阿強？以及為什麼又會有一群「凶神惡煞」也在問阿強的下落？阿強的媽媽勸告阿強，不如就在外頭再待個幾天吧，總之先避一避。他們只是住在鄉下地方的平凡人，不可能和誰結下深仇大恨，阿強和太太每天都忙著檳榔攤生意，阿強的媽媽已改行從事家庭理髮，這樣的生活背景，實在沒道理替自己惹禍上身。

隔天，眼看什麼事也沒發生，一頭霧水的阿強傍晚又回到了桃園，返底家門，卻覺氣氛仍讓人不安，阿強的媽媽又一次勸告阿強去外頭待個幾天等情況明朗一點再回來。阿強這回乾脆帶著太太一起匆匆離開，夫妻兩人二十八日便決定搭乘夜車南下高雄。那時的心情也許還不至於帶有

「逃亡」的感受，只覺得是不是因為黃春棋的關係，自己被莫名所以的事件拖下水。果真如此，也許外出避個一兩天，鋒頭一過，一切就可重回軌道。

黃春棋有案在身，麻煩不斷，還積欠人家賭債，難不成是債主找黃春棋討債不成，轉而要他這個表哥代償？阿強愈想愈心煩意亂，卻又理不出半點頭緒。到了高雄，已是九月二十九日清晨，才下車，他和太太疲累不堪，以致玩興全無，加上這趟旅程，總是夾雜著一股不安的情緒，哪有心思規劃玩樂的路徑。（南下高雄前，他們其實先去了一趟九份，隨即再又搭車南下。）剛從桃園到九份，再從九份搭夜車抵達高雄，兩人在不知作何是好下，立刻又買了火車票，準備前往花蓮。也或許確實有那麼一絲絲心神不寧，他們才會有如此反常的舉措出現。

那年阿強才二十六歲，太太卓嘉慧年紀更小，一對兩小無猜的年輕男女，先是未婚生子，及至登記結婚，阿強退伍回來，也幸好阿強的媽媽適時挺身而出，願意替他們照顧幼子，兩人才得以一起出外賺錢養家。因為孩子那時留在阿媽家中，生活瑣務有阿媽打點，阿強和太太這趟避鋒頭之旅，才能了無牽掛。

但這只是驚心動魄的逃亡前奏。他們益發感到事有蹊蹺，但又不知道自己應該為了什麼事情覺得不安。就在高雄火車站大廳，準備搜尋前往花蓮的車班時，阿強看到一旁書報攤販賣的報紙，隨手一翻，赫然驚見自己的照片被登在其上，而且還被指為是一起綁架撕票案的主謀，阿強立刻翻搜自己的口袋和行李，把身上任何可以證明自己身分的證件全部撕毀丟棄。他們被報上的新聞事件嚇傻了，卻不是因為其內容多麼驚悚恐怖、駭人聽聞，也許自己從小不喜歡唸書，沒有過什麼值得稱道的偉大事蹟，但也從來沒做出什麼傷天害理的事情，那麼，自己又有什麼樣天大的本事，可以和人共謀擄人、勒贖，最後還將之撕票？

整起綁架事件雖非縝密嚴謹而至萬無一失，阿強又有什麼自信自己可以全身而退？他不就是山腳村一間檳榔攤的老闆，之前頂多做過卡車司機，他沒混過幫派，不是與人打打殺殺的料，有什麼理由會讓自己如此手段凶殘，犯下殺人毀屍滅跡？缺錢嗎？他還有能力借錢給朋友、親戚。雖說狗急也會跳牆，阿強又沒什麼事情被逼急。若是利慾薰心，當初又怎麼會因為不願開每一趟都超載的砂石車，而把砂石車賣掉，轉做檳榔攤生意？被自己的表弟一口咬定涉案，實在是晴天霹靂。原來真正的逃亡才即將展開。至於若真的沒做那件事，阿強又為什麼要逃？

擔心警方「曉以大義」

「因為怕被警察打到招認做了這件事。」這是阿強之後所說決定「逃跑」的理由。當初，阿強的媽媽也是以此建議阿強暫時先不要出面。阿強的媽媽因為在自家從事家庭理髮，客人進進出出，因而聽聞不少街談巷議。有個店裡常客的工作是到警察局送飯菜，只要來洗頭髮，她都會對阿強的媽媽如實轉述個人在警察局裡看到的情景。包括老是有人被打，或者哪個嫌犯因遭到警察拳打腳踢，哭著躲到桌子底下求饒。新聞報導出來，阿強媽媽的朋友紛紛前來關心，他們多數不相信平日木訥寡言的阿強，會是個如此心狠手辣的傢伙。於是他們七嘴八舌勸說阿強的媽媽，要她轉告阿強，如果沒做就先不要出來，免得被抓進去後，讓警察打到承認自己有做。阿強的媽媽心想，如果阿強沒有參與這起綁架撕票案，那麼躲起來應該也不算是犯罪的行為才對。想起小時候，阿強因為幫忙家裡洗碗，隔天睡過頭，上學遲到被老師體罰，阿強的媽媽為自己那個總是遭人誤解又不善辯駁的兒子，感到一陣心酸不捨。

「因為怕被警察打到招認做了這件事」而決定逃跑，理由很牽強嗎？多年以後，尤伯祥律師成了阿強這起官司的辯護律師之後，便經常有人向他問及，如果當初阿強沒有犯罪，又為什麼要逃亡？言下之意，似乎「逃亡」就必然是屬於犯罪者的專利。尤伯祥律師坦言，雖然他自始至終相信阿強並沒有涉案，但「逃亡」這件事，確實為阿強帶來十分不利的觀感。不過經過多年律師工作磨練，他終於理解，在當時那樣的警界文化中，「刑求逼供」不僅時有所聞，甚至還相當普遍，因此以他個人出身中產階級的背景，理所當然會認為「逃跑」就是心虛，是畏罪潛逃；可是，對臺灣屬於中下階層的族群來說，警察的面目有時是很可怕的。在他們的世界裡，警察會打人也會索賄，然後抓到就是打，打到你承認為止。阿強之所以會選擇逃跑並非沒有道理。只是我們的社會新聞，從來不會如實寫下某人是受到刑求招供才願意說出真相，讓一切水落石出。多半情況下，他們只會採用制式的表述方式，以「在警方『曉以大義』下，嫌犯終於坦誠不諱」一語簡單帶過。

話說回來，黃春棋被捕的隔天，不就在警察局遭到刑求了。九月二十七日，改由檢察官負責偵訊時，黃春棋便改口否認自己涉案。檢察官問他，既然如此，為什麼之前會在警局坦誠犯行，黃春棋則回答，因為他受不了警察刑求他。根據檢察官偵訊筆錄上的記載，黃春棋曾說，「警方借提時，把我眼睛矇住，吊起來灌水，還捏我奶頭，用不知道何物夾我手指。」雖然黃春棋一度翻供，並未對案情帶來轉圜，但我們不難推論，阿強如果沒有逃跑，下場可能也難逃被毒打一頓。那個年代，警局裡經常上演那樣的劇情。

警方尚且握有黃春棋涉案的監聽錄音帶，使得就算有刑求事實存在，黃春棋也難自圓其說，即使如此還得受皮肉之苦。那麼，換作是阿強呢？在警方未能掌握他參與犯罪的任何證據前，他更有可能被打到認罪，且坐實了刑求之下，何謂百口莫辯。只是這一切終究沒有發生。阿強沒有因此遭到刑求招供，但也因為偕妻逃亡之舉，徒然讓自己在社會大眾的眼光中成了一名畏罪潛逃、罪無可恕的大壞蛋。

阿強和太太從高雄又回到九份，這次住了十天，手邊盤纏幾乎用罄。於是改而移至臺北市，尋找租金便宜的套房。背著在逃共犯的身分，被害者家屬還公開懸賞一百萬，夫妻兩人這才體會到什麼是亡命天涯，一度有共赴黃泉的念頭出現。阿強成天不敢出門，只能靠太太每天搭公車，到數公里外的公用電話亭，打電話回家報平安，阿強的太太還臨時接了些手工，以為逃亡籌措生活費。

主謀黃銘泉現形

逃亡的同時，阿強努力回想，黃春棋等人指控他參與犯案的九月一日，他究竟做了些什麼。

就在阿強和太太藏匿於臺北市，約莫一個月後，因為陳憶隆的落網，這起事件再度成為熱門新聞話題。報上寫著：黃春樹撕票案，共犯陳憶隆落網，逃亡近一個月，栽在雲林，陳嫌供稱，主謀係黃春棋胞兄黃銘泉，目前二嫌（黃銘泉和阿強）在逃。

陳憶隆的供述迴異於黃春棋，雖然將主謀人選轉向黃春棋的哥哥黃銘泉，卻也沒有半點替阿強脫罪。根據警方提供給媒體的消息，警方曾在二十五日逮捕黃春棋後，立刻趕赴桃園圍捕阿強和陳憶隆，結果兩人先一步聞風逃逸。陳憶隆逃跑內情不得而知，倒是阿強這一方的理解，和警方認知略有出入。阿強認為當時自己並沒有逃跑的計畫，警方也沒有真正對其展開圍捕行動，純粹因為警方在檳榔攤「撲空」，才讓一切變得一發不可收拾。

經過警方初步偵訊，陳憶隆供出，黃銘泉才是策劃這次綁架案的主謀，並實際參與綁架且出手殺害人質。他自己則是因為經營電玩店不善倒閉，積欠債務，才接受黃春棋的提議參與作案。在著手綁架前，黃銘泉及黃春棋即計劃將黃春樹綁走後，隨即予以撕票，再向黃春樹家人勒贖。因此他們在綁架黃春樹的前兩、三天，就在黃春棋兩兄弟帶領下，前往臺北縣汐止山區棄屍地點，先一步挖好埋屍坑洞，待九月一日將黃春樹綁走，便直接將他帶到棄屍地點，逼問家裡電話後，就著手予以殺害。

陳憶隆所言，其實和黃春棋先前對案情的描述相去不遠。但失之毫釐，差之千里。原本黃春棋落網時，媒體曾根據他的說詞，把綁架案主謀的矛頭指向阿強，突然全部又轉而變成是黃銘泉所為。也就是說，陳憶隆若沒有說謊，那麼黃春棋就是把自己哥哥黃銘泉的犯行全部嫁禍到阿強身上，以此掩飾黃銘泉在這起案件中的角色。

事實上，黃春棋也把部分犯罪事實推到陳憶隆一方，這讓陳憶隆落網後，迭有怨言。陳憶隆其實也希望透過詳細交代案情，減輕自己的罪責。根據陳憶隆的說法，他是在八月中旬，於阿強家中，和黃銘泉、黃春棋兄弟，以及阿強一起謀劃綁架案，黃銘泉因為常到海外投資生意，同時也想幫自己弟弟還債，所以兩人就邀他入夥，他們兄弟都計劃好了，在人手不足下，且還缺一部車，才找上他幫忙，而他自己因為有資金周轉的需求，於是就爽快加入。阿強則因為是黃銘泉的表弟，也有車，聽到這件事也就參上一腳。

和黃春棋供詞出入之處，除了黃銘泉和阿強的角色之外，陳憶隆還說，阿強事先買了三瓶硫酸，準備滅屍；但黃春棋的說法是他們是以汽油燒毀屍體。但既然有硫酸的一段，則又更加證實這起犯罪是預謀殺人。阿強的角色儘管有黃銘泉頂替，卻也難逃擄人、殺人共犯之嫌。檢方於是再回頭訊問黃春棋，為什麼沒有老實供出黃銘泉，顯然是手足之情讓黃春棋扯了瞞天大謊。「之前我是為了保護我哥哥，怕我父母受不了，現在我想紙包不住火了。」在關於黃春棋的偵訊筆錄上，留有這樣一段文字。不過他還是緊咬著阿強不放，在同一份筆錄中，黃春棋說，「他（黃銘泉）告訴我他很後悔，就離開了（逃往泰國），他叫我不要打勒贖電話，但阿強（徐自強）說拿不到錢他不甘心。」這分明還是要把罪過加諸在阿強身上（根據陳憶隆的說法，黃銘泉殺害黃春樹之後，人都傻掉了，也許是因為害怕，才逃出國外）。

不過，黃春棋另外還補充說明，亦即因為阿強怕被害者家屬認出他來，所以從頭到尾都沒有出面打勒贖電話。此一說法，也吻合為什麼在警方掌握的監聽資料中，只有黃春棋、陳憶隆兩人和家屬之間的對話，從頭到尾都沒有阿強的聲音。看似言之成理，但在阿強投案之後，黃春棋這套說詞其實也不能說沒有破綻。

很快的，緊接陳憶隆落網，檢方一個月後，就對黃春棋、陳憶隆、黃銘泉和阿強四人求處死刑。檢察官認為，這起案件四名被告涉嫌預謀擄人勒贖鉅款，擄走被害人黃春樹當天即先滅口，再向家屬勒贖七千萬，贖金一度還增加到一億元，其手法相當殘酷，完全泯滅天良。四人正值青壯，觸犯重典，固令人惋惜，但因好逸惡勞，不思奮進，為謀不法之財，致人於死，本件犯行披露後，致人心惶惶，嚴重危害社會治安，罪無可逭，有與社會永久隔離的必要（指死刑）。

原本以為只要避避風頭，風波過了，夫妻兩人又可回到山腳村那處檳榔攤做生意，偶爾開車到城裡走走，又或者騎著摩托車買些小吃打打牙祭。沒想到，事情似是沒完沒了。他從一個砂石車司機，變成檳榔攤老闆，最後成了綁架撕票案的犯嫌，因而成了通緝犯，在被通緝的過程，因為他人的供述，一下又從主謀成為共犯，不過，卻又涉及了預謀殺人。

如果早知道等在臍帶纏繞、肺炎、車禍斷腿這些劫難後的人生是這樣，阿強自己會做出什麼樣的選擇，阿強的媽媽幾度將他從鬼門關救回，還曾為了阿強被罰半蹲，到學校跟老師理論，前一段人生的點滴，就只為了要把成年後的阿強送上刑臺？再逃下去，能躲到幾時？檢察官已經求處極刑，舉國民眾都確信阿強就是個十惡不赦、心狠手辣的歹徒。為逃避懲罰而四處藏匿，其心境不難理解。但是，自認根本沒有參與犯行，卻遭到警方鋪天蓋地的通緝，這一類的躲藏或許就少有人能夠體會了。

「心情沉澱下來後，你似乎也不認為那會是假的。」在阿強逃亡初期，和阿強夫妻、阿強父母同受煎熬的，還有阿強的姊姊。事過境遷，阿強的姊姊徐沛晴才終於敢在人前承認，自己當時確實一度以為自己的弟弟真的犯下此案。主要原因就是阿強跑掉了。徐沛晴每個禮拜都會回家探望自己的父母，看著淚流成河的母親，以及總是瑟縮在一旁的父親，徐沛晴內心有如刀割。母親篤信自己兒子的清白，一直說要找出證據證明阿強沒有犯罪，徐沛晴只能以回家看看自己父母的方式，讓他們感到身邊還有人可以安慰照應，卻又完全幫不上忙。她即使很想相信自己的弟弟，卻又拿不出隻字片語反駁報上所寫的那些東西。阿強想以暫時躲避的方式為自己尋找生機，卻無端拖累了一家人，他們同時也是那個時候，全世界唯一還對阿強的清白，抱持著最後一點信心的人。

第五幕　死刑定讞

阿強帶著太太逃離了山腳村，藏匿在臺北市一處小公寓內，兩人深居簡出，盡可能低調掩人耳目，畢竟，自己是一起綁架撕票案的通緝犯，被害者家屬甚且還拿出了一百萬元賞金，要給密報有功的民眾。不僅警察要抓他，恐怕也有不少道上兄弟覬覦他這塊肥肉。

不過那是個還不至於家家戶戶、街頭巷尾到處設有監視器的年代。儘管不久前新聞才鬧得滿城風雨，阿強的照片還在媒體上大幅傳送，但除非特別花心思詳記阿強的五官，並且時時刻刻提高警覺有無可疑人士與之吻合，又或者阿強自己大意暴露行蹤，否則一時三刻，黑白兩道並不容易找到他。唯有像陳憶隆這般「粗線條」的通緝犯，才會在警方急欲將他緝拿歸案的同時，還大剌剌公開跑到一家釣魚場釣魚，結果被周遭釣客認出，通報警方，最後讓人逮個正著。

雖然國中畢業後，阿強沒做過什麼稱頭的工作，倒也不是什麼偷拐搶騙之徒，檳榔攤的生意都是現金交易，收入穩定，開砂石車時，也曾一度月入十萬元。他從來沒有一夕致富的野心，也不是靠耍些小聰明過日子，那和他的個性不符；他的外貌並非一臉橫肉，當然也算不上什麼憨傻、剛正不阿或者紳士斯文的模樣，他不過是和山腳村絕大多數村民一般，習於一種做多少、賺多少的人生，既不會計較過去，也無暇放眼未來。雖然畢竟是血氣方剛的年輕人，有時會和太太發生口角，但也不曾動粗家暴，否則面臨如此驚天動地的大事，太太何以死心踏地，和他一起做對亡命鴛鴦。

躲躲藏藏那段時間，阿強成天盯著電視新聞，太太負責外出添購生活日用品，每隔一段時間還會輾轉換車，尋找數公里外的公用電話打電話回家報平安，同時探問消息，例如警察有沒有再找上門。半封閉狀態的逃亡生活，家人成了他們聽取外頭消息的窗口。有時，阿強的太太會帶回幾份報紙，搜尋相關新聞，這起事件畢竟還沒落幕，每一次案情的新發展都牽動阿強的每一根神經。

阿強從報上得知陳憶隆落網了，自己卻也沒有因此全身而退。之後讓他更驚駭莫名的是，就在逃亡將近三個月後，幾份報紙都同時披露了這起綁架案主要犯嫌之一黃銘泉在泰國死亡的消息。報上寫著：發生在今年九月的內湖仲介商黃春樹被綁架勒贖撕票案，在逃主嫌犯黃銘泉日前被發現陳屍泰國觀光區一家飯店內，雙手被綑綁吊死在浴室。我刑事局偵一隊獲悉後，十九日（十二月）傳真黃嫌指紋資料給泰國警方進一步確認身分，並積極追查與黃嫌一起亡命國外的另嫌徐自強下落……從死者身上搜獲的護照發現，可能就是黃春樹案在逃主嫌黃銘泉……黃春樹遭人殺害棄屍後，警方於交款時緝獲綁匪黃春棋等人，但主嫌犯黃銘泉和徐自強案後潛逃出境……

阿強看著新聞，一陣暈眩，雖然報紙關於這則消息只剩下巴掌大的版面，完全不及之前動輒半版、全版的報導，社會此時已另有關切焦點，但事情並沒有出現任何轉圜，一切還是在原地打轉，阿強仍是綁架撕票案的主角，而且現在還多了個因為內鬨，殺掉另名嫌犯的可能性。他感到有些反胃，並非出於報上說他逃亡海外的離譜情節，又或者似是有人買凶殺人，讓表哥黃銘泉橫死異鄉，而是自己怎麼還跟這綁架撕票案糾纏不清，還愈來愈像是有那麼一回事。

主動投案

持續躲了七個多月。一九九六年五月十六日，士林地方法院針對內湖房屋仲介商黃春樹綁架撕票案作出宣判，黃春棋、陳憶隆被以擄人勒贖重罪判處死刑。當年《懲治盜匪條例》還沒修法，無論涉案情節輕重，擄人勒贖皆是唯一死刑。繼黃銘泉在泰國上演一齣撲朔迷離的死亡劇後，眼看陳憶隆、黃春棋也將共赴黃泉，阿強立刻要太太打電話回家，而且一改先前說自己還得再躲一陣子的態度，決定放棄逃亡，主動出面向警方投案，否則，連黃春棋、陳憶隆也死了，一切都將死無對證，他恐怕一輩子都擺脫不掉綁架撕票案犯嫌的身分，尤其，逃得了一時，但逃亡能當一輩子的事？

黃銘泉在泰國遭人行刑式處死沒有嚇壞阿強，反倒是當黃春棋、陳憶隆雙雙被判處死刑，害怕以後沒人可以對質，阿強才感到事態嚴重。阿強請姊姊替他找了律師，律師倒也相當直率，告誡阿強，一旦現身，下場很可能也是會被判死刑。阿強決定賭一把，既然自認清白，也許到法庭上把事情說清楚，就能重新再回到山腳村，過著悠閒愜意的日子。

聯絡好家人，最後由阿強的姐夫開車到臺北和他會合，然後載著他直奔臺北市士林地檢署，因為案子已經移到法院，地檢署人員於是再請其自行前往士林地方法院。也就是在這段路上，阿強的律師又問了阿強一次，「真的想好了嗎？這是要判死刑的罪喔。」阿強說，「我一定要去跟法官講清楚。」一九九六年六月二十四日，在律師陪同下，阿強向士林地方法院投案。因為沒料想到這只是一連串牢獄人生的開始，當天在看守所裡，是逃亡近九個月後，阿強睡得最安穩的一晚。

阿強投案後沒多久，法官陳雅玲便立刻對他展開訊問。法官問：「有沒有前科？」阿強回答：「有賭博前科，尚未執行。」（以下偵訊內容稍有刪略）

問：「為何傳喚不到？」

答：「我害怕。」

問：「知道黃春棋、陳憶隆已經被逮捕？」

答：「知道，我有看報紙。」

問：「現在還害怕？」

答：「我現在不害怕了，我想要和他們對質。」

問：「民國八十四年初，是否因為電玩店被查獲，導致經濟有困難？」

答：「沒有。」

問：「八十四年七月間，黃銘泉是否邀約你綁架黃春樹，要向黃健雲勒贖？」

答：「沒有。」

問：「八十四年八月下旬，是否和黃銘泉、黃春棋、陳憶隆等三人跟蹤黃春樹？」

答：「沒有。」

問：「有無到汐止汐萬路三段新山夢湖山區挖洞？」

答：「沒有。」

問：「是否有和黃銘泉等人去買圓鍬？」

答：「沒有。」

問：「是否有到『第一家行』軍品店買刀、手銬等物？」

答：「沒有。」

問：「是否有在龜山買橡膠手套？」

答：「沒有。」

問：「八十四年八月二十九日清晨，是否有和黃銘泉等人試圖綁架黃春樹？」

答：「沒有。」

問：「是否知道黃銘泉、黃春棋、陳憶隆等人綁架黃春樹，並殺害他？」

答：「不知道。」

問：「是否和黃銘泉等人向黃春樹父親勒贖？」

答：「沒有。」

問：「黃銘泉何時出國？」

答：「九月中旬，他機票買好後才告訴我，他到泰國有打兩通電話回來，問我有什麼事。」
問：「『問有什麼事』，是什麼意思？」
答：「不知道。」
問：「八十四年九月二十一日，是否有向許世恩租借小客車？」
答：「有，黃春棋叫我租的。」
問：「做什麼用？」
答：「不清楚。」
問：「你有沒有參與綁架勒贖？」
答：「沒有。」
問：「既然沒有擄人勒贖，為什麼害怕？」
答：「黃春棋告訴我出事了，叫我趕快跑，因為車是我租的。」
問：「和黃銘泉兄弟以及陳憶隆有無仇恨？」
答：「沒有。陳憶隆八十四年八月間向我借錢（二十萬），說九月要還。最後他有先還我八萬塊。」

關於涉案情節，阿強一概否認，以一連串「沒有」、「不知道」答覆法官訊問，儘管也許有千分之一的可能，他真的是無辜的，然而當時的社會氣氛，相信絕大多數的人都會認為阿強只是純粹在耍賴、狡辯。

一來，即便黃春棋、陳憶隆已經落網，主嫌黃銘泉卻死於泰國，無法取得他的說詞；再者，阿強完全推翻黃春棋、陳憶隆對他的指控，但事隔九個月，所有證據只剩下黃、陳兩人的自白。法官要將阿強定罪，為今之計得以黃、陳兩人的自白為基礎，藉之拼湊出天衣無縫的犯罪事實，那麼，阿強的強辯也就無濟於事了。

阿強的現身，原本以為他不承認犯行，加以在他身上找不到一如黃春棋、陳憶隆來自監聽紀錄的鐵證，一切看似將陷入膠著且有利阿強脫身。但法官同時又掌握了黃春棋、陳憶隆兩名被告白紙黑字的自白，這兩人最清楚整件事情的來龍去脈，又是犯罪當事人，由他們指控阿強參與其中，自當也是另一種有力的證明。

事後看來，阿強的辯駁完全像是一個人的夢中囈語，全未被法官當一回事。唯一可以慶幸的是，這起案子已移到法院審理，阿強得以免除在警察局遭刑求的可能，換句話說，他確實有機會在完全自由意識下陳述個人的意見。只是儘管如此，他所面臨的下場，其實和被屈打成招沒什麼兩樣，頂多少受些皮肉之苦而已。

法官宣判——死刑

一九九六年十一月二十三日，臺灣士林地方法院針對阿強所涉及的擄人勒贖事件，對他作出死刑判決。最終，根據法院判決，這起發生在一九九五年九月一日的綁架撕票案，在三嫌被逮，一嫌死亡下，總算塵埃落定。故事的劇情、環節，也在案發十四個月後，因為一紙法院宣判，第一次讓人看到了它完整清楚的輪廓（以下為判決書摘錄）：

緣黃春棋於八十四年年初積欠賭債約新臺幣二千萬元，為黑道分子逼債甚急；而黃春棋的哥哥黃銘泉（於八十四年九月十六日搭機赴泰國曼谷，並於八十四年十二月十六日在泰國芭苕雅旅館遇害身亡，業經另案判決不受理確定在案）曾從事土地買賣仲介，亟於籌措資金前往泰國投資經商，表兄徐自強也逢電動玩具店為警方查獲賭博情事，經濟狀況亦不甚順遂，均急於取得現款以解決目前之窘境。

八十四年七月間。黃銘泉巧遇三、四年前與徐自強合夥從事不動產買賣仲介業時結識，目前亦仍從事不動產買賣仲介業之同行黃春樹，對於黃春樹之父黃健雲為建築商人，財力豐厚等背景極為明瞭。三人竟萌擄人勒贖之意圖，遂著手策劃擄獲黃春樹再向黃健雲勒贖，惟因人手不足及欠缺交通工具，乃邀同曾與徐自強合夥經營電動玩具店亦急需資金之陳憶隆共同參與。

同年八月中旬起，黃銘泉、徐自強每次均以電話召來黃春棋，並以呼叫器（B.B.Call）聯絡陳憶隆。四人遂齊聚桃園縣龜山鄉自強西路，也就是徐自強租屋處，謀劃作案過程。幾經商議，因黃春樹與黃銘泉、徐自強二人均認識，為免取得贖款後因黃春樹指認而受員警追捕破獲，及勒贖期間與黃春樹家屬周旋耗時，惟恐黃春樹趁機脫逃，因此大家一致決議擄得黃春樹後，不計一切手段逼迫黃春樹說出其父住家或公司之聯絡電話，再予以殺害滅口並以硫酸毀屍滅跡。因黃春棋有賭債二千五百萬元必須償還，其餘三人每人決定拿一千五百萬元，合計贖金為七千萬元。

黃春棋、黃銘泉、徐自強及陳憶隆隨後分頭進行掌握黃春樹行蹤、勘察作案地點及購買作案工具等預備工作。因黃銘泉對黃春樹較為熟悉，且曾在松山、汐止一帶從事土地買賣仲介業務，對於附近地理位置極為熟稔，乃自同年八月下旬起，由黃銘泉帶領其餘三人跟蹤黃春樹，每次或由陳憶隆駕車，或由徐自強附載另外三人，前往臺北市北安路黃春樹住家附近，或到黃春樹負責銷售業務的臺北縣汐止鎮「臺北新東區」建築工地附近守候，觀察黃春樹上下班之作息時間，前後跟蹤了七天，合計有四次之多。

這段期間，並由黃銘泉指引其他三人駕車前往臺北縣汐止鎮汐萬路三段底新山夢湖山區一帶的山窪勘察，擬尋找一無人跡到達之荒僻地點做為逼問黃春樹供出家屬聯絡電話，再即刻予以殺害掩埋之處所。四個人跟蹤途中在汐止鎮某一間五金行購得圓鍬，一同攜往決定作案的地點，利用它在山壁邊挖出一個足以埋屍的坑洞。黃春棋、陳憶隆、徐自強另外在臺北市「第一家行」軍品店購買小長刀、手銬、透明手套、膠帶等作案工具，以及打算毀屍滅跡用的硫酸。因為徐自強的車子較大，不利犯案，於是推由黃春棋負責行竊另一輛車做為綁架的交通工具。

八十四年九月一日清晨五時許，四人再度從桃園縣龜山鄉徐自強租屋處出發，由陳憶隆駕車，附載黃春棋，將小長刀、膠帶、手套預留在車上。另外黃銘泉駕駛黃春棋竊得的贓車搭載徐自強，並在車上放置硫酸和手銬，一同驅車前往黃春樹住家。四人尋得黃春樹停在路邊的座車後，陳憶隆將自己的車停在它的前方予以圍堵，黃銘泉則坐在贓車裡，於後方巷子等候。

接著，由徐自強、黃春棋持小長刀將黃春樹左前車輪刺破。直到上午八點四十分左右，黃春樹準備駕車離去，發現自己的車子前輪洩氣，正打算開後行李箱取備胎更換時，黃春棋、徐自強及陳憶隆隨即一擁而上，將黃春樹押上黃銘泉的車子，陳憶隆立刻開著自己的車為前導，黃銘泉尾隨在後，火速往汐萬路開去。

不過，車行一、兩分鐘後，黃銘泉警覺黃春樹車上可能留有其他三人的指紋，隨即鳴按喇叭要陳憶隆停車，再指示徐自強下車返回現場，將可能的指紋擦拭乾淨，並要他自行返回桃園龜山鄉住處，以免兩輛車在路邊久候，讓往來的人發現異狀。

近十點多，陳憶隆、黃銘泉、黃春棋三人將黃春樹強行押到新山夢湖的山窪內，陳憶隆拿膠帶纏緊黃春樹口鼻和雙腳，三人開始逼問黃健雲的聯絡電話。黃春樹此時認出其中一人是黃銘泉，一再懇求黃銘泉將他釋放，哀求如果願意放了他，可以馬上去提領一、二百萬。黃銘泉等人不予理會，見黃春樹不願吐實黃健雲的電話，於是開始毆打黃春樹，不堪痛楚的黃春樹終於說出父親住家和公司電話，見已得逞，黃銘泉便拿起預先準備的小長刀，刺進黃春樹前頸喉頭處，一刀刺斷氣管，黃春樹立刻斷氣倒下。其死亡時間，約當日上午十一時。

黃銘泉於是一邊搜出黃春樹身上的二萬塊現金和勞力士金錶，再指示黃春棋、陳憶隆把屍體丟到預先挖好的坑洞，然後潑灑硫酸，以破壞屍身上之指紋，再用圓鍬將之埋妥。三人迅速分坐兩車下山，將贓車棄置在汐止伯爵山莊大門口，三人共乘陳憶隆的車子，於下午兩點鐘左右，回到桃園縣徐自強租屋處，並打電話到徐自強的檳榔攤，將其召回。

四人開始分配向家屬取贖工作。因為黃銘泉和徐自強認識黃春樹，擔心聲音被家屬認出，遂安排由陳憶隆、黃春棋負責打勒贖電話。黃銘泉自殺死黃春樹後，心魔作祟，終日惶惶不安，恐懼之感日甚一日，乃決定隻身先赴泰國，惟於出國前即指示取贖大致過程，九月十六日，他便搭機避往泰國，之後仍透過電話參與取贖工作。及至九月二十五日，黃春棋首先失風被逮，陳憶隆、徐自強獲知此事，便分頭逃竄。陳憶隆於同年十月二十二日下午兩點左右，在雲林縣一處釣魚場被捕，徐自強逃逸無蹤，嗣經法院發布通緝始自行到案。黃銘泉於八十四年十二月十六日在泰國遇害身亡……

據上結論：判決如主文：徐自強共同意圖勒贖而擄人而故意殺害被害人，處死刑，褫奪公權終身，扣案使用過之膠帶乙條、手銬乙付、〇六〇二六一八三九呼叫器壹只均沒收。

阿強二十五歲開始逃亡，遭判死刑時為二十七歲。自主動投案那天起，阿強日後有機會不必再隔著鐵欄杆仰望窗外的天空，已是十六年後的事了。

第六幕　不在場證明

這是怎麼一回事？為什麼在阿強一審的死刑判決中，關於事件始末的紀錄，會有這麼一段像是天外飛來一筆的描述。假設我們從一九九五年九月底，自新聞媒體披露這起綁架撕票案後，就持續關注它的發展，便不難發現當中事有蹊蹺。

根據媒體描繪出事件的梗概，大致是犯嫌之一的黃春棋，因為取贖失風首先被捕，另有綽號大胖的陳憶隆和綽號阿強的徐自強，當下聞風逃逸。繼之，逃跑的陳憶隆在隔月，於雲林一處海釣場就逮，並供出事件幕後真正主使者實為黃春棋的哥哥黃銘泉。警方那時研判，主謀阿強和黃銘泉已雙雙逃往海外。沒想到，一九九五年底消息傳來，黃銘泉在泰國遭人殺害，死因不明。最後，在逃亡九個多月之後，阿強主動向法院投案。

被捕的被捕，投案的投案，且逝者已矣，全劇總算可以宣告落幕。問題是，若就媒體報導所言，黃春棋最早指稱是阿強將黃春樹殺害後就近埋屍，直到陳憶隆落網，案情才急轉直下，出現新的發展，原來黃春棋是為了掩飾自己哥哥黃銘泉的罪行，才把黃銘泉過程中的所作所為，全部推給了阿強，一開始就誤導警方，以為阿強就是主謀。不過，陳憶隆雖然供出黃銘泉是主謀，卻也沒有替阿強開脫，和黃春棋一樣，始終緊咬阿強就是共犯。

弔詭的是，除卻已魂斷泰國的黃銘泉，警方從接獲被害者家屬報案，到逮捕黃春棋、陳憶隆兩名涉案人，及至案發九個多月後阿強主動投案，都完全沒有阿強涉案的任何具體證據，唯有黃春棋和陳憶隆兩人的供詞，他們一口咬定，阿強從頭到尾參與其中。於是，判決書中那一段突兀的敘述，就益加讓人玩味了。

接著，由徐自強、黃春棋持小長刀將黃春樹左前車輪刺破……黃春樹準備駕車離去，發現自己的車子前輪洩氣，正打算開後行李箱取備胎更換時，黃春棋、徐自強及陳憶隆隨即一擁而上，將黃春樹押上黃銘泉的車子，陳憶隆立刻開著自己的車作為前導，黃銘泉尾隨在後，火速往汐萬路開去……車行一、兩分鐘後，黃銘泉警覺到黃春樹的車上可能留有其他三人的指紋，即鳴按喇叭通知陳憶隆一同停車，並指示徐自強下車返回現場將可能的指紋擦拭乾淨，並要他自行返回桃園龜山鄉住處，以免兩輛車在路邊久候，讓往來的人發現異狀……（判決書簡述）

這段判決書裡的「事實」，除了陳述阿強並未置身事外，其實還透露了另一件事，也就是當眾人隨後於新山夢湖山窪處殺害黃春樹時，阿強原來並不在現場。意即，阿強縱有參與綁架案，卻沒有涉及撕票行為，因為他當時被指示回現場擦拭指紋，後又自行返回桃園住處，沒有隨同其他綁匪一起前往新山夢湖。當然，阿強最後仍被判以死刑重罪，除了他是擄人勒贖共犯外，阿強另外被控事前購買硫酸，顯然早有預謀殺人的念頭。

如果阿強真的返回現場擦拭指紋，還自己想辦法從案發的大直回家，那麼單就殺人棄屍情節，阿強便有非常明確的不在場證明。在犯罪案件審理過程中，被告常會以提出不在場證明，反證自己不可能在那個時間點上作案，從而駁斥對自己不利的指控。律師若能證明被告當時不在場，往往就會成為被告獲判無罪的關鍵，不在場證明可以說是被告的救命仙丹，也是辯護律師能夠反敗為勝的主要利器。相反的，警察辦案，為追緝凶手，務必針對現場找出任何嫌疑犯，哪怕只是剛好在附近出沒的路人，因為他們都是潛在的凶手。一旦某個人的地緣性透露出和案情有所連結，那個人經常就會是被鎖定的目標。

只是，我們以為阿強「下車、重返擄人現場擦拭指紋、再自行回到桃園龜山住處，未現身新山夢湖殺人現場」的描述，是陳憶隆被逮捕後，警方才從他口中得知的細節。事實上，早在陳憶隆遭緝捕歸案的三個禮拜前，警方就已確知當時歹徒決意撕票的時候，阿強根本就不在現場。而且阿強的家人早就把「不在場證明」送交警方了。只是，因為阿強躲了起來，而且遲遲不出面應訊，警方、檢察官、法院始終認為阿強是「畏罪情虛」，因此就算有不在場證明，也難以洗刷共謀擄人勒贖的罪名。

黃春棋被逮，整起綁架撕票案「真相」曝光的日期，是一九九五年九月二十九日，也就是在那一天，阿強成了警方全國通緝的對象。自他開始逃亡，躲在臺北一處小公寓，每天都為了一件事想破頭。到底，黃春樹遭到自己表哥和朋友綁架的九月一日，他那天到底在做什麼？

關鍵的郵局側錄帶

炎炎夏日，阿強和太太仍照例起了個大早，稍事梳洗，便相偕前往住家附近的檳榔攤，準備開門做生意。那幾乎已是兩夫妻生活的例行公事，是工作，也是每日生活的主要內容。如果長期以來，日子就是這麼稀鬆平常且日復一日，突然你必須回想一個月前某一天的某一時段，人在哪裡，做些什麼，反倒不是件容易的事。因為那太平凡了，平凡到你不會特別注記自己那一天的行蹤。如果你是為了無關痛癢的事情，去回想自己某個時間點的動向，因為記憶模糊，以至於無法具體描述，或許也無傷大雅，頂多就是多了點因為急欲想起某件事，又怎麼也想不起來的沮喪感。但事關自己生死大事，你必須清楚記起自己數十天前人在哪裡、做了什麼，且不光得想起它，還要有十足充分的證據去證明它，那就會變成一件十分浩大棘手的工程。逃亡初期，阿強腦子成天閃現著同一個日期，九月一日、九月一日、九月一日……每每想起某個重要片段，卻因無從證明而顯得徒勞。

阿強不是白領上班族，他不需要有一本日曆簿，記載自己每天的會議行程和工作計畫，他每天要應付的事情，就是把荖葉塗上白石灰，再包檳榔，或是將檳榔剖開，中間加上一塊荖花和紅石灰，兩相交替，千篇一律。如果沒什麼真正特別的事情發生，他其實沒有必要去額外標注自己的任何一天。更何況那還不是一個凡事電子化的時代，即使有些臨時抄記的事項，也是隨手寫在紙條上的某個角落，而那必然會是一張隨時就可丟棄、完全不起眼的紙張，事後一定再也找不到它。總之，要阿強找出任何足資證明自己九月一日那天，並沒有出現在新山夢湖殺人棄屍地點的證據，絕不如想像中簡單。

突然，靈光一閃，九月一日，是阿強當時八歲大兒子的小學開學日。他終於豁然開朗，因為阿強想起來了。那天他除了照例到檳榔攤做生意，中間還抽空去了一趟郵局領錢。因為阿強的媽媽上午打了通電話給他，要他幫忙到郵局償付當月的房屋貸款。就是這件事，能不能保命全靠它了。法院要判他有罪，得找到鐵證如山的證據，他想脫身，亦需要一段強而有力的不在場證明。阿強立刻要太太打電話回家，請家人務必找出他九月一日上午，確曾前去郵局提領現款以及繳費的證據。

阿強的太太打電話回家，告知家人，若能證明阿強當天上午曾到郵局領錢，案情說不定可有石破天驚的轉變，且一併洗刷掉阿強通緝犯的頭銜，他們就可以結束逃亡的日子，回山腳進村繼續賣檳榔。接到阿強太太的電話，阿強的媽媽簡直欣喜若狂，因為她自己都忘了自己曾請兒子幫這個忙。

九月一日上午八點許，黃春棋、黃銘泉兄弟和陳憶隆正打算在黃春樹住家附近將人擄走。稍早，阿強的媽媽打了通電話給阿強，請阿強到臨近郵局幫她領錢繳房屋貸款。因為住在山腳村，要領錢還得走到南坎的郵局，不甚方便，因而阿強的媽媽偶爾若需要到郵局繳費，都會麻煩阿強代為辦理。阿強雖不至於稱得上事親至孝，三不五時替媽媽跑跑腿，倒也未有怨言，就像小時候自己自願幫忙收拾麵攤一樣，他和母親的關係，其實一直都是平淡中帶點溫情，他不是個善於表達自己情感的人，在母親眼裡，卻是個體貼、窩心的孩子。

接下來，就是請家人盡快前往郵局，調出監視錄影帶。雖然那不是一個家家戶戶都裝有監視器的時代，幸好郵局提款機早已設有隱藏式鏡頭，它會記錄下每一個前來提錢的客戶，並且將檔案存放在資訊室。阿強確信，自己當時領錢的畫面，就在那間郵局的電腦裡，只要紀錄還沒被刪除，他就可以洗刷冤屈了。

幾經波折，十萬火急下，桃園郵局第五支局主管終於找出了九月一日當天上午的監視紀錄影帶。阿強的家人圍在傳輸畫面的螢幕前，緊盯著每一分、每一秒，默默期待阿強趕快出現。終於，當螢幕下方的時間顯示來到上午十點四十分左右，透過畫面，阿強的媽媽看到阿強和他太太從不遠處緩緩走來。十點四十五分，阿強站在提款機後方，排隊準備領錢。十點四十七分，輪到阿強，他領錢所費時間，自十點四十七分四十七秒，至十點四十八分四十八秒，靠著這短短一分鐘，眼看就可挽救阿強的一輩子。阿強的家人立刻向郵局拷貝了這段畫面。看完這卷監視紀錄帶，阿強的哥哥、姊姊、媽媽、爸爸彼此相擁而泣，聚在一起抱頭痛哭，直說「阿強要回家了、阿強要回家了」。

阿強的媽媽事後再從家裡凌亂的收據堆中，找到一張當時從郵局匯至花旗銀行的八千多元房屋貸款匯款單。那就是她九月一日請阿強代為繳費的收據。阿強的家人隨後把匯款單據，加上這卷「石破天驚」、記有阿強提款影像的側錄帶一併送交警方。他們認為這是老天保佑，讓郵局監視器這段畫面尚未被消抹掉，否則，阿強的青春歲月也將永遠藏匿在黑暗之中。

阿強沒有殺人

這卷側錄帶的重要性即是要證明，當黃春棋等人於新山夢湖將黃春樹撕票的同時，阿強人根本沒有和他們在一起。況且位在汐止的新山夢湖，和阿強提領現款的郵局，兩者之間相距五十公里，阿強非得具備異於常人的本事，才有可能瞬間移動，在這兩處既殺人、又領現金。也就是說，有了這卷側錄帶，無論如何，黃春棋、陳憶隆都無法再指控阿強和他們一起殺了黃春樹。

當法官將阿強的「不在場證明」，轉告指控阿強是殺害黃春樹主謀的黃春棋，黃春棋一時語塞，對阿強人究竟有沒有在殺人現場，又如何解釋這段不在場證明，僅說「我不知道」，就不再表示意見。也許，黃春棋知道，有了這段不在場的側錄影帶，關於其胞兄黃銘泉的犯行，就無法再全部推給阿強。又或者，阿強確實從頭到尾沒有涉案，「不知道」只是對於自己編造故事將阿強拖下水，卻又無法自圓其說，某種直射反應的回答罷了。

不過，對阿強來說，這段不在場證明無疑是莫大遺憾。因為最終，這段不在場證明，完全沒有得到法院合議庭的採認。

阿強費盡苦思而來的一段不在場證明，乃至阿強家人歷經波瀾起伏才取得的側錄影帶，原以為終將還給阿強清白，讓他的生活回歸常軌，不必再繼續四處躲藏。以為一覺醒來，舉凡通緝、逃亡，不過是個倒楣鬼毫無緣由所平添的一段人生插曲，就像出生時臍帶纏繞、九個月大得了肺炎、小時候因為上學遲到被老師罰半蹲一個禮拜、入伍前車禍摔斷大腿，衰運連連，最後都會成為過眼雲煙。只是，這一回被控綁架撕票，並不只是場驟降即逝的午後雷陣雨而已。

不在場證明被推翻

自阿強家人把側錄影帶送交警方，約莫三個禮拜後，原本在逃的陳憶隆落網。陳憶隆的現身，除了供出黃銘泉為主謀外，他的說詞還使得那上窮碧落下黃泉才得到的不在場證明，頓時在法官面前失去了說服力。法院合議庭在對阿強作出一審死刑判決之前，曾實地模擬從擄人勒贖的發生地點（大直），開車出發到阿強桃園龜山住處所需要的時間。假若約莫上午十點鐘出發，加總塞車時間，大約一個小時可以抵達。在此之前，內湖分局員警也曾做過同樣的模擬行動，當時警方採行的是另一條路線，前後從大直開車回到阿強住家，更只需費時四十五分鐘。

亦即，法院雖然同意，阿強曾於綁架撕票案發當天上午十點四十七分，在桃園郵局第五支局自動提款機領錢，證明阿強沒有參與殺人，但「擄人」過程發生在同一天上午八點四十分左右。自眾人擄走黃春樹後，若依照陳憶隆落網後的供詞，他們一行人曾在車行一、兩分鐘後停了下來，因為黃銘泉唯恐黃春樹留在現場的車子沾有他們的指紋，於是鳴按喇叭，示意陳憶隆停車，再命令阿強返回原地擦拭掉指紋，而後再自己想辦法回桃園住處等候會合。因而，根據法院現場路線模擬，阿強上午八點四十分跟著一夥人擄走黃春樹，再返回現場擦拭指紋，然後再自己回到桃園，接著走到住家附近七百公尺外的郵局，於上午十點四十七分提領現款，時間上其實綽綽有餘，從而斬釘截鐵認定阿強仍為綁架共犯。在郵局的「不在場證明」，至多替阿強回避掉殺人罪嫌而已。然而當年擄人勒贖是唯一死刑，阿強最後還是獲判死罪。

另一方面，延續這一不在場證明，阿強其實尚有一人證，可以證明九月一日當天，阿強不僅上午沒和黃春棋等人一夥，及至下午，阿強也沒有如判決書所說，和他們會合共謀取贖。此人是當時在阿強母親所開理髮店打工的洪姓女學生。她曾告訴阿強的律師，九月一日中午，她親眼見到阿強陪著已放學回家的兒子在理髮店內玩，包括她在內，大家還一起吃了頓午餐。下午兩點到四點，也就是陳憶隆、黃春棋說他們在阿強住家，商議贖金金額和決定由誰撥打勒贖電話的時間，洪姓女學生並沒有看到阿強，阿強自己則說是出去修車與租車，之後又回到母親家中。只是法官認為，郵局提款的不在場證明和洪姓女學生的說法至多只能說明，阿強當天上午某個時段以及中午時候人都在家裡，無法反證他上午沒有前往大直共謀綁架，也無法證明他下午沒有與其他人商量取贖，進而阿強的辯護律師屢屢請求法院傳喚洪姓女學生出庭作證，都未獲允許。

陳建宏律師是阿強被判死刑後的首位辯護律師，關於洪姓女學生的證詞，陳建宏認為那應當是阿強有無涉案的關鍵，因為「擄人撕票的時間確實是在上午，但是，根據法院判決書，阿強當天下午曾和另外三人共謀勒贖，這也是犯罪的一部分」。如果下午的犯罪情節未如判決書所說，阿強根本就不在場，那麼整起犯行便出現了不連貫的故事。關於這一盲點，歷審合議庭卻都視而不見。法官心證既已形成，洪姓女學生的證詞，一如具有不在場證明意義的郵局側錄帶，在這件綁架撕票案中，原本應該是阿強翻盤的最有力工具，結果卻只顯得那般無足輕重。法院單靠路線模擬，加上數行文字解釋，就輕輕鬆鬆反將一軍。阿強一家再次陷入愁雲慘霧。

第七幕　冤獄雛形

「阿伯，我真的沒有做啦。」阿強對著死者黃春樹的父親黃健雲大喊。那是阿強主動投案後首次開庭，也是事發之後，他和黃健雲第一次在法庭照面。因喪子之痛餘恨未消，黃健雲從頭到尾對阿強視而不見，對他所說的話更是完全不予理會。

兒子已故，多說無益，何況自己依舊憤恨難平，幾個喪心病狂的綁匪，幾乎毀了黃健雲一家。黃春樹死後，妻子守寡，子女失怙，父親黃健雲白手起家，幾至家財萬貫，卻因此為兒子帶來殺機。死者死前一刻必然驚恐萬分，他的家人同樣也在這起事件中飽受驚嚇。電視上傳來黃健雲在模擬犯罪現場對黃春棋飽以老拳，而後涕淚縱橫、四肢癱軟的畫面；新聞報導黃銘泉在泰國遭人以行刑式的作風予之處死，死狀奇慘無比，因果應報，讓人不勝唏噓。但無論如何，黃健雲一家才是受害者，他們是整起綁架撕票案中最無辜的可憐人。兒子交友不慎，竟讓黃健雲一生的傳奇成了經商致富的警世教材。

負責打勒贖電話的黃春棋、陳憶隆，被捕當下不過分別二十三歲、二十四歲，持刀殺害黃春樹的黃銘泉，橫死泰國時也才剛滿三十歲。三人一念之差，大好人生便戛然而止。但那是他們自找的，很難得到旁人同情，黃春樹才真的是含冤莫白。臨死之前，他聲淚俱下懇求歹徒饒他一命，甚至願意親自到銀行提領兩百萬現金，以謝不殺之恩。腦海中這些畫面一日不退，便是黃健雲，黃玉燕（黃春樹之妻）一輩子的夢魘。殺人償命，無視阿強叫喊著他，黃健雲當庭對著法官，惡狠狠地請求：「只要有嫌疑的人，都要讓他死！」

那回開庭，對照同案被告黃春棋、陳憶隆，一副像是受到驚嚇的小動物，垂頭喪氣、瑟縮在一旁，阿強則全程擡頭挺胸，未有懼色。黃春棋、陳憶隆始終刻意迴避和黃健雲目光交會，阿強卻不斷向黃健雲喊話，因為他想證明，他也是這起綁架撕票案的受害者，他是被冤枉的。所以他無畏數步之外，正怒火中燒的黃健雲。檢察官的起訴書中說，阿強因為認識被害者家屬，所以不敢打勒贖電話，全案才完全沒有阿強的監聽紀錄，但阿強想說的是，自己根本不認識黃春樹，更不認識黃健雲和黃春樹的妻子黃玉燕，從而何來因為「怕聲音被認出，才沒有打勒贖電話」這回事。

阿強庭上的反應，仿若是要讓法官親眼見證黃健雲根本認不得他是誰，之後關於他不敢打勒贖電話的推論，自然大有瑕疵。事實上，日後當最高法院檢察署檢察總長盧仁發為阿強提起非常上訴時，這就是其一的理由。根據法院最初對阿強作出死刑判決的內容，陳憶隆和黃春棋均稱，阿強和被害者家屬熟識，唯恐聲音遭識出，才會只由陳、黃兩人出面向被害者家屬進行電話勒贖；但是，被害者的父親黃健雲第一次在庭上和徐自強有過照面時，已再三確認說明他和太太都不認識阿強，同樣的，被害者的太太黃玉燕也在法庭上說過，她只知道先生和黃銘泉相識多年，但她從沒聽過阿強的名字。由此可見，阿強和被害者家屬根本不認識，他根本毋庸擔心自己的聲音被識破，那麼，陳憶隆、黃春棋所言就有待商榷了。

只是，法院判決終究僅採信陳憶隆和黃春棋的說法。檢察總長盧仁發為阿強提起非常上訴時，進而特別強調法院怎麼可以無視被害者家屬的證詞，也不管證據上的矛盾，導致整起事件並沒有依照證據就認定阿強的犯罪事實。

當然，要讓法院採信阿強和被害者及被害者家屬熟識，也不光是靠陳憶隆、黃春棋兩人的偵訊筆錄。黃春棋的姊姊（阿強的表姊）在接受檢方調查時曾說：「我聽我男友說他們（阿強、黃春樹）因為仲介上的生意應該有認識……」黃春棋姊姊的男友在偵訊筆錄中的說法則是：「黃銘泉、徐自強好像在六、七年前合組仲介公司……或者因為黃春樹結束仲介戶而將一戶零星屋交給黃銘泉去賣而認識（黃春樹因而認識阿強）……」有了這兩人的補充說明，檢方更加確信黃春棋、陳憶隆說的就是實話。而檢方之所以積極想證明阿強認識死者及其家屬，無非是為了要為阿強何以沒有出面打勒贖電話，找到有效合理的解釋。

不過，證據並非都只站在法官和檢察官的一邊。首先，黃春樹的太太黃玉燕只說，她知道黃銘泉曾和自己先生因為合夥房屋仲介相識多年。事實上當黃銘泉和黃春樹合夥做生意那段時間，阿強其實是在別家公司擔任技術員，離職之後就轉而賣檳榔，根本沒做過房屋仲介業，也正因為如此，黃玉燕雖然曾從先生口中知道黃銘泉這號人物，卻對徐自強三個字一無所知。結果，法院判決還是僅僅納入黃春棋姊姊、其男友的推測之詞做為依據，認定阿強因為仲介工作結識被害者，擔心自己聲音被認出來，從頭到尾才沒有打勒贖電話。一連串的傳聞、猜測、推論和主觀認定，就把阿強逼上了死刑臺。在出面投案後，等阿強終於有機會當庭證明黃健雲和被害者的太太黃玉燕根本不認識他，並寄望以此反證黃春棋等人的供詞並不實在，但這段當庭對質，完全不足以影響法官已然建立的心證。

其實這就是整起事件最令人費解之處。從天空鳥瞰，它確實是一幅完整的綁架、勒贖、撕票案的案件圖像。有遭橫禍的被害者黃春樹，他的爸爸是個名號響亮的建商，綁架勒索這家人，非常合理。有加害者，包括黃銘泉，他在泰國經商需錢孔急，且和被害者熟識，狗急跳牆下盯上被害者，也說得通。另外，就是被黃銘泉召集入夥的親弟黃春棋和友人陳憶隆，他們的犯行根本毋須再多贅述，因為勒贖電話罪證確鑿，就是他兩人打的。撕票部分，黃春棋和陳憶隆聯手把行凶者推給死無對證的黃銘泉，但某種程度可以確認的是，被害者死亡當下，黃春棋、陳憶隆和黃銘泉皆在場，至少黃春棋、陳憶隆脫不了關係。

證據之王——自白

如此一來，阿強的角色就相當弔詭了。一來，因為阿強有郵局側錄帶，證明自己當時人並不在汐止新山夢湖的殺人現場，也就是當一夥人將被害者予以撕票的同時，阿強人正遠在五十公里外的郵局提錢。再者，當黃春棋、陳憶隆相繼向被害者家屬勒贖時，因為「擔心聲音被認出來」，阿強也沒有參與其中。任何粗心大意的人，再怎麼樣心裡應該也會出現這樣的疑惑，殺人當下，阿強不在現場，打電話勒贖的時候，阿強也沒打過電話，那麼檢察官、法官究竟握有什麼樣的證據，證明阿強就是這起擄人、勒贖、撕票案的共謀者。

其實自始至終，我們終將發現，阿強的犯罪事實，一切來源僅在同案兩名被告，也就是陳憶隆、黃春棋的自白。除了二人的「說詞」，根本沒有任何關於阿強涉及這起案件直接有力的證據，判決書內容洋洋灑灑，將阿強定之於死罪，多數都是以陳憶隆、黃春棋兩人的供詞為基礎，而後交相拼湊案情而來。

因為阿強的出現，讓整個綁架撕票案多了更多不確定性。既然阿強根本不認識被害者家屬，被害者家屬從來也沒從被害者口中聽過阿強的名字，那麼又何來因擔心聲音被認出來，才未打勒贖電話的情節。另外，若回過頭再一次檢視阿強提出的不在場證明，我們也會感到不寒而慄，原來法院要定一個人的罪，取證未必都會貼近常理。

法院為了抵消阿強不在場證明的力道，進行了一段現場履勘，發現從阿強住處到案發現場，車程只需一小時以內就可到達，進而反推，阿強有足夠的時間，在上午約莫九點鐘左右和眾人一起參與綁架，於一陣扭打後，將被害者綁上車，車行一、兩分鐘，再獲黃銘泉指示，步行返回現場，在大庭廣眾下，對著被害者輪胎被戳破的車子擦拭可能留下的指紋。接著，自己又想辦法從大直回到桃園縣龜山鄉住處，而後到檳榔攤和妻子會合，再一起走至七百公尺外的郵局，於上午十點四十七分時，現身郵局提款機前提領現金。

自二〇〇〇年起，開始擔任阿強義務辯護律師的林永頌，每每觸及這一段敘述，總是激動萬分，因為這實在有違我們對於人情常理的認知。一個人真的能如此從容不迫，在短短一個多小時的時間（上午九點至十點四十七分），動手擄人，然後再回到現場擦拭指紋，緊接著在不知使用什麼交通工具下，竟能不慌不忙再從大直奔回桃園，穿著拖鞋、T恤與居家褲，和太太前往郵局領錢，中午還若無其事回媽媽家跟兒子玩耍，又一起和家人吃中飯（洪姓女學生可證明）？法院和警方其實只模擬了行車時間，將一切化繁為簡，完全不計細節過程，不管阿強步行回綁架現場擦拭指紋到底花了多久時間，僅託言犯案現場臨近交通要道，不難取得交通工具回桃園，就簡單認定阿強能在一個小時內從大直回到自己桃園住家。

難怪林永頌律師願意替阿強義務辯護，因為那關乎到很可能在草率判決下，就平白消失了的一條人命。阿強已盡其所能，找到自己的不在場證明，從而為自己進行無罪辯駁，縱然此一不在場證明未至天衣無縫，但法院認定其參與犯罪的方式（開車模擬），則更是顯得粗陋無比。

情勢發展對阿強來說可謂始料未及。沒錯，事件爆發當下，他逃跑了，的確有「畏罪情虛」的味道，加上黃春棋、陳憶隆雙雙指認阿強參涉其間。在阿強主動投案之前，警方、檢方、法院其實都已認定他就是個有罪之人。只是阿強沒想到，在已被人定罪的情況下，他所提出任何關於有利於己的證據，所能發揮的抵禦能力，原來是如此脆弱不堪。

他明明沒有打勒贖電話，卻又有「聲音怕被認出來」的推論。而即便對凶手恨之入骨的被害者家屬，也都說不認識他了，法院還是置若罔聞。綁架案發生當天上午，他明明一如往常到檳榔攤看店，而後前往郵局領錢，且有郵局側錄帶為證，法院僅僅一趟（加上警方一趟）開車模擬，就據此反證阿強行走兩地，時間綽綽有餘。難怪阿強事後會說，那時真的好累，他得費盡九牛二虎之力，不斷證明自己根本沒有做那件事。

不對等的訴訟攻防

他只有國中畢業，智識平庸，工作經驗唯有開砂石車和簡短的工廠技術員，接著就是賣檳榔。他所面對的，則是一聲令下，就可完成現場履勘、開車模擬全程的國家機器，他卻要動員全家族，才能擠出那原以為是保命符的郵局側錄帶。法律攻防極不對等，然而雙邊的不對等，不光是可用資源的巨大差異，還包括證據認定的力道。阿強拿著郵局側錄帶想反轉法官的認知，說是螳臂擋車、以卵擊石，其實一點也不為過。

關進看守所後的阿強心想，就算他的不在場證明沒辦法還自己清白，他不認識被害者和被害者家屬的說詞，也完全不被法院採信，那麼，他和一夥人共同綁架黃春樹的動機又是什麼，為了錢嗎？結果，法院連犯案動機都輕描淡寫帶過。當時阿強根本沒有經濟上的困難，甚至還有餘裕可以借錢給陳憶隆和黃銘泉，撇開已故的黃銘泉，陳憶隆自己都承認案發前曾向阿強借了二十萬元。綁架案發生時間是一九九五年，以阿強一個檳榔攤老闆而言，二十萬臺幣絕對不是一筆小數目，他何來有經濟狀況不佳、急款紓困的道理？

尤其法官在訊問陳憶隆時曾問及，為什麼一九九五年九月八日，也就是他們犯下綁架撕票案過了一個禮拜，阿強要以呼叫器呼叫他十一次之多（諷刺的是，這份通聯紀錄還是徐自強主動提供）。陳憶隆當時答稱：「我不知道，我沒有回他的呼叫，我知道他在逼我還錢。」結果，到了法院判決書裡，這一段對話竟成了「……被告徐自強另所提出通話紀錄，顯示於九月八日曾呼叫被告陳憶隆十一次之多，適足以證明被告徐自強與陳憶隆之間確實有密切之聯絡甚明……」。法院據此認定阿強和陳憶隆等人往來密切，顯有參與本案之犯意聯絡。而這和當時法官的訊問對答，根本沒有因果上的邏輯性，至多是阿強在那一天多次呼叫陳憶隆，又怎麼能直接將阿強有參與黃春棋、陳憶隆等人犯下的綁架案交互連結？

況且，根據阿強之後自己的說法，他確實是急著要找陳憶隆，請他趕快還錢。關於這點，陳憶隆自己也早就證實了，阿強的急呼根本和綁架案無關。但偏偏法官在庭上對著阿強說：「沒有人會為了跟你借了二十萬，就陷害你啦。」（指陳憶隆指控阿強涉案）只是同理可證，假若阿強當時已和陳憶隆等人商議好要共同勒贖黃春樹家屬七千萬，又怎麼會為了區區二十萬，急著要陳憶隆還錢呢？

除此之外，讓法官認定阿強也是共謀之一的理由，即綁架撕票案發生當下，其中一部作案車輛正是由阿強出面向租車公司所承租，簡直就是鐵證如山。不過話說回來，黃春棋等人都還知道要先偷車，開贓車跟蹤被害者，以免遭警方尋車逮獲，何以阿強會天真地以自己的名字向租車公司租車，再和其他人等一起綁架黃春樹？這也是未盡合理的情節。當然，阿強不是沒有自己的解釋，只是同樣的，從來不被法官當一回事而已。

阿強說，陳憶隆請他出面代為租車，只因為了要還阿強錢，陳憶隆把自己的車子拿去典當，個人證件都押在當鋪，又剛好需要用車才請阿強幫忙。阿強見陳憶隆確實先拿了八萬塊出來還給他，於是便勉為接受其請求，租了部車借給陳憶隆。後來事件爆發，陳憶隆尚欠阿強的十二萬元餘款，也就不了了之。結果，因為這張白紙黑字的租車紀錄，阿強非但沒有拿回陳憶隆的欠債，還讓自己捲入這起綁架撕票案中。

要說陳憶隆是阿強的最佳損友，確實一點也不為過。陳憶隆落網後，曾向士林地檢署檢察官供稱：「九月十八日取贖的（綁匪第一次取贖）用的那支對講機，阿強有拿過，上面應該有他的指紋，那支對講機好像在我鶯歌的四樓空房內。」結果警方幾經搜索，並沒有發現這支對講機，當然也就沒有拿到足以讓阿強百口莫辯的指紋採證。

於是法院最後在沒有阿強電話勒贖監聽紀錄，也未尋獲可能沾有阿強指紋的對講機，且還以事後開車模擬，破除阿強的不在場證明下，以共同意圖勒贖而擄人且故意殺害被害者，對其求處死刑、褫奪公權終身。一樁原本堪稱火速破案的社會事件，卻在事隔近一年後，隱隱然讓人撇見了「冤獄」的雛形。

第八幕　待死現象

一九九六年六月底，初夏。阿強在姊夫開車，律師、媽媽陪同送行下，走進臺北市士林地方法院。阿強臉色凝重，一臉倦容，畢竟，逃亡了九個月，沒一天睡得安穩，事情且未告終了，走進法院大門，才是一連串風暴的開端。律師提醒他，他所涉及的是五年以上重罪，不能交保，應該會馬上收押。果然，在法官辦公室，幾句簡短訊問，阿強就被帶到士林看守所的候審室。候審室有人問他什麼原因被帶到這裡，阿強如實回答，對方一副老氣橫秋地說，「你死定了。」

他不是在捉弄阿強，也不是故意嚇唬他，他說的是實話，且是非常契合當時司法文化的判斷。一旦同案被告做不利於己的自白，通常就很難再翻案。你會被家人疏離、被社會唾棄，頓然失去所有的信任和支援，所有人很輕易地就相信，如報上所說，你是個十惡不赦的大壞蛋，你根本無法向所有認定你有罪的人出言辯駁，你只能孱弱地任由司法海嘯將你沒入汪洋大海。沒有人會為你掉淚，你完全不用奢想要重見天日，因為對你來說，那已經是下輩子的事。

只是阿強沒理會，他知道自己跟身邊那票被抓進來的人不一樣。雖然從小到大，不能說沒犯過一丁點小奸小惡，但他絕對不是亡命之徒。他是被誣陷的、是冤枉的，是主動到案說明的。他十分確信自己之後還能夠再走出去。雖然候審室的氣氛讓人感到不安，之後的看守所更是一處冰冷不帶溫情的牢籠。儘管法官對他的態度很差勁，對他總是疾言厲色、頤指氣使，他都深信這些只是黎明前的黑暗，忍一忍就過去了。

很快的，阿強意識到，事情沒有他想像的簡單。他以為他有不在場證明的鐵證，警方甚至查不到半點他實質參與這起綁架撕票案的任何證據，他怎麼可能脫不了身。他太看不清楚自己的處境了。那是一起舉國關注的重大社會事件，有兩名犯嫌已被逮捕，而且異口同聲咬定阿強參與其中。儘管他們的供詞時而矛盾、時而反覆，總不離阿強就是共犯的說法。阿強家人替他找來的辯護律師，老早就跟阿強表明，這案子恐怕還是會判死刑，官司只能之後再慢慢努力翻盤。

情勢發展完全沒有樂觀的本錢。唯有阿強相信一切都將雨過天晴，因為他知道自己根本就沒有擄人，更沒有殺人。阿強被收押，法院隨後極其有效率地，一星期內就針對此案開了第一庭，那一庭其實也等同於宣告阿強死罪難逃的命運。

死刑定讞

法官當庭要阿強不要浪費司法資源，趕快招供。或許法官認為案情再明朗不過，不必再有任何耽擱，所以法官連阿強的律師都沒通知，現場僅有法官和阿強兩人，這一庭就這麼開始與結束。五個月後，阿強被以擄人、勒贖、殺人罪名判處死刑。縱然最高法院曾針對此案四度發回更審讓案件遲至三年半後，到二〇〇〇年四月二十七日才告定讞，但死神倒頭來只是遲到，並沒有錯過。

*

在四次發回更審後，最高法院最終維持更五審判決，阿強死刑定讞。阿強終於體會到什麼叫萬念俱灰，一個人很少有機會能把這句成語發揮得這麼徹底。回想四年多前那天的上午，他不過和平常一樣，和太太到檳榔攤做生意，接著替媽媽去郵局領錢繳貸款，怎麼今天卻為了同一時間另一處地點，一個與他完全毫不相干的犯罪，就遭判死刑。他才三十歲，人生可能還只過不到一半，眼看瞬間一切就要莫名其妙草草完結。「監獄已經夠糟了，知道你根本不該坐牢，感覺更是糟上一萬倍。」這是美國一名冤案主角出獄後在自傳裡提及的一段話。阿強的心情想必更甚於此。殺人償命，步上刑臺猶有畏懼，如果自己根本沒有殺人，前方等著你的卻也是個劊子手呢？阿強這才想起候審室旁人一句「你死定了」。果然一語成讖，完全沒有半點商量餘地。

原本就不多話的阿強，此時更顯陰沉，他的情緒包含了因無助而來的怨恨。他氣朋友（陳憶隆）、親戚（黃春棋）為什麼要陷害他，其實他更憎恨的是法官。他篤信自我的清白，主動「到案說明」，卻在指控他涉案的證據相形薄弱下，還是難逃死劫。他對人失去信任，也不再相信律師有能力還他清白，他以為全世界都對不起他，簡直老天無眼，才讓他經歷這場無妄之災。充滿仇恨的日子，讓他的獄中生活益發難熬，看什麼都不高興，永遠找得到理由對任何事情做出負面解釋。

事實上，當案件走到更一審、更二審，高等法院仍維持死刑原判，阿強就放棄了。否則，之前他還曾想著，只要讓他走出牢門，他一定要找那些害他的人算帳。不過死刑定讞卻也意外平復了他原本忐忑不安的心情。只是那一種「平靜」，嚴格來說，更傾向於槁木死灰。他想著，死了也好，解脫了，就不用再折磨自己、折磨家人了。官司拖著，每一次上訴被駁回，其實都是一次打擊，死刑確定，放棄希望，反而可以不必再承受希望幻滅的傷害。就像他當初放棄逃亡，不用再每天過得有如驚弓之鳥，投案後可在看守所安穩入睡的那一晚。聆聽處死判決，亦有正面迎接大浪來襲，絕望等待海水將之隨順捲走的靜默感。

不再相信任何人

家人事後雖然為阿強找來司改會，準備再發動一波官司救援，哀莫大於心死的阿強，覺得司改會的人都在作秀，司改會律師申請到看守所看阿強，阿強理都不理，甚至還埋怨司改會，要他們不要再拖著自己的家人四處喊冤求情。每每從電視、報紙看到自己的爸爸、媽媽、哥哥、姊姊甚至祖母為了營救他，還得向人下跪哭訴，他就更加憤慨老天加諸在他身上的不公。就連監察院之後在司改會請託下，介入調查這起案件，阿強也毫不領情。

一個人關在看守所裡，其實很容易變得躁鬱不安，也許我們從來也不認為一個犯錯的人該享有什麼人道待遇。刑期是一種懲罰，牢獄生活自然沒有理由讓犯人感到舒適，那是個所有重刑犯在獄中，理所當然也需要套上腳鐐的年代。在看守所裡，人與人之間少有對話機會，腦部鮮有刺激，思考很容易因此出現停滯狀態，不過就是日復一日，等待刑期屆滿出獄（或者等待死刑執行），不讓受刑人動腦，他們說不定也可少惹事生非，監獄於是就可天下太平，如此還能有助監獄管理。只是，一般人可能無從理解，有多少人犯，看似面無表情、行屍走肉，實則內心波濤洶湧。稍有差池，他們可能因此醞釀出更多、更壞的念頭。

當然，這種環境條件下，也會刺激另一類人出現改變，就像阿強。他們也許學歷不高，卻開始要求家人有機會就寄書到獄中，讓他們打發時間。又或者，他們開始寫信，以做為一種舒解壓力的方式。很幸運的，阿強內心的憤恨沒有全然侵蝕了自己原來的面目。從小不愛看書的他，反而在獄中看起半文半白的武俠小說，那幾年間，多少補足了他僅有國中畢業的智識缺口。部分受冤枉者，有時會突然發奮求知，多是出於恐懼，覺得只要自己知道的愈多，就愈能確保自己不再受傷。阿強的表現，某種程度也是基於這般認知，尤其，當他看到很多學歷好的犯嫌，往往可以為自己提出更為有力的辯駁，此刻他的另一層體悟，即是老生常談幾至陳腔濫調的「書到用時方恨少」。

待死之人

因此你很難相信，一個僅有國中畢業，開過砂石車，賣過檳榔的死刑犯，他不但字跡工整有力，所寫書信內容，用字遣詞，甚至還能表現出超乎預期的通順。死刑定讞後的阿強，自知大勢已去，畏懼、憤恨隨著單調、乏味的獄中生活，漸漸消弭，他終於也如同其他受刑人一樣，提筆撰寫家書，安慰家人，也一併抒發自己幾年下來，鎮日累積抑鬱的情緒。

父母親大人膝下

六年前，我天真地以為司法是公平的。可是如今司法卻像一頭野蠻，嗜血的怪獸，它不管青紅皂白咬得我毫無招架之力。由於我對於它的誠實與信賴，它反而害我致命；我自己走進來到案說明，而如今，卻再也回不去了……

……我如果沒有再次非常上訴的機會，那麼，所有積欠下的恩情，我也只能來世再報？雖然案子疑點甚多，我也有鐵證如山的不在場證明，可是法官偏偏僅憑同案自白，硬要構我死罪！正義、公理到底在哪裡？羈押中多少個等待黎明的夜晚，我只能望著窗外星空想著您們身體好嗎？還有永年（阿強兒子）未來漫漫的日子怎麼辦？我真怕去想這些，因為每次想著、想著眼淚就要掉下來……。

如果有人問我這樣被判冤死，心裡會不會懷恨？其實我心中裝滿著您們給我暖暖的恩情，再也沒有空間可以容納對人間醜陋的各種印象了。媽！請您不要再自責了，好嗎？當初陪我來法院投案，您、我都沒有錯。因為我們比那些不敢面對事實的人勇敢，他們甚至連已經誤判而應該重審的道德勇氣都沒有！！

爸、媽，再次跟您們說聲謝謝，往後的日子千萬要保重自己。請阿媽不要再為不肖孫傷心難過，她年事已高，要靠大家安慰、照顧著，永年以後也要靠您們替我照顧，別讓永年誤交壞朋友而學壞，拜託您們了。

真的很抱歉，讓倚門相守的您們大家失望了，不肖兒不論在哪裡，心永遠跟家人一起連著。同時永遠默默祈禱您們：身體安康

不肖兒 自強叩首

91.3.26

這是阿強獲判死罪定讞後，轉至等待執行死刑的牢房時，寫給父母親的訣別信。這時關於自身的冤情，實已進入另一個層次。他以平實、懇切的文字，仿若向家人交代後事，阿強隨後也寫了一封信，給久未碰面的十四歲兒子。

吾兒永年：

好幾次差點衝動想想給你寫信，可是，說真的，爸爸不太會文筆方面的東西；再加上複雜的心情令我欲言又止，所以，想歸想，寫還是寫不下去。然而，就算衝動是可以暫時按捺得了的，可是，心中對家人長久以來的這份思慕，卻是綿綿不絕、永不止息的。

而今，時間節節逼近了，我不確定上蒼會不會再給我們一點時間，但是，官司不能平反，就算給我再多的時間也只是拖磨與無奈。成事在天，謀事在人，所以我想，如果連一封給兒子的信都來不及寫好，那就是我的不是了。我已經缺憾太多，再習慣對人沉默的話，我怕來不及表達，更何況，你是我血濃於水的親生兒子呀！

快七年了！人生裡的七年可以用來成就多少事？！它可以讓你從還沒讀書識字的小娃兒變成現在青澀的國中生。往後，如果你不會想，變壞了，它也可能讓你我會有意想不到的變化。

每個為人父母都希望自己孩子成長得比別人更強、更好。當爸爸的我那麼久的時間沒能陪你在身邊照顧你，這是我極為遺憾的事。我相信有一天你會明白這種心境，無論你諒不諒解，你至少可以領會我有多麼無奈與心酸……。

永年呀，身為一個男子漢一定要有擔當，有責任。對自己對家人對朋友，都要有各該負的責任，千萬不能糊裡糊塗混掉屬於你自己的一生。也許現在你年紀小，有一些大道理我也不適合講。但是我相信你是一個聰明的孩子，就算沒了爸爸在旁邊盯著你，管著你，你也可以照顧好自己，而且幫我把我們的家人都照顧好的，對不對？

行筆至此，覺得千言萬語傾訴不盡。官司問題我本已看淡，但是，看著你祖母他們為了爸爸聲淚俱下地四處陳情、哀求，你知道爸爸的心有多痛嗎！！男兒有淚不輕彈，只是未到傷心時，一切的一切，我只想歸納給你聽的是——

一定要孝順！答應我，你一定要做好。

書不盡意，只盼你好好做人

父字
91.3.27

爾後，阿強從受刑人監獄步入名符其實的死牢，那裡全是死刑犯。相對於一般牢房，這裡關得都是一群沒有希望的人。也正因為如此，再也沒有人為了細故打架鬧事，再也沒有人需要逞凶鬥狠爭當老大，所有人在死神面前一律平等。死刑犯的囚牢反而是監獄裡最平和的一角。雖然死牢裡的氣氛相對平和，但臺灣和日本執行死刑的情況類似，所有死刑犯直到執行前一刻，都不會有律師參與，只有執行當天本人才會收到通知，根本沒辦法跟外界聯絡說上最後一句話，就這麼直接被帶到刑場，他們甚至還要自己購買棉被，鋪在地上避免血跡直接濺撒到地板上。而在一些案件中，有些死刑犯雖然已被帶到處死的地方，但在最後一分鐘又會因故未被立即執行死刑，接著再被帶回牢房，其情形可能一再重複，這便會讓當事人因此產生極度焦慮和恐慌的心理，這即是所謂的待死現象（death row phenomenon）。當年的阿強，也有過如此折騰人的經歷。

阿強每天就在那一點三六八坪的房間等待，只要過了晚上九點，若沒有人來通知要將你帶走，即表示當晚你可以好好睡個覺，至少今天不會行刑了。星期假日也是心情最輕鬆的一刻，因為，從未有人在假日被執行死刑。

只是在這樣的氛圍下，稍有風吹草動，你都會警覺是否大事不妙。監獄主管在你面前不經意說了什麼話，你很可能以為他就是在暗示你今晚要有心理準備。死刑牢房表面靜默平穩，但關在裡頭的每個人，心頭皆有如時時刻刻受到電擊般緊張難耐。獄所人員下班前一個不明所以的眼神，都足以讓你感到頭皮發麻。阿強和其他死刑犯一樣，也忍不住主動問了監所管理員，「是不是就是今天晚上了？」管理員回答，「沒有啊，沒聽說。」「可是……你剛剛不是說……」「沒有啦，不要胡思亂想。」在那樣的情況下，怎麼可能讓人不成天疑神疑鬼。

偶爾，有些獄所長官會大發慈悲，不讓死刑犯從早到晚提心吊膽，便會私下偷偷告訴某個死刑犯，今晚就將親赴刑場。此時此刻，對成天等死的人來說，獄所主管提前透露死期未嘗不是件好事，那等於宣告自己終於可以解脫，不必再惶惶不可終日了。

被判了幾次死刑，直至定讞後，阿強益加瞭然於胸，早做好步上黃泉的準備。否則他也不必振筆疾書，要給家人寫訣別信。只是阿強的家人還沒放棄，他們找上了司改會，只要阿強命還留著，儘管已被關在待死的囚牢中，他們仍對翻案抱持一線生機。阿強的辯護律師雖然七度聲請檢察總長提出非常上訴，只可惜屢屢遭到最高法院檢察署拒絕（其中檢察總長盧仁發曾為徐自強提出三次非常上訴，但皆被最高法院駁回）。直至法律學者提出判決評鑑報告，乃至大法官針對此案做出憲法解釋，阿強總計在死牢裡待了四年有餘，這起綁架撕票案才終於出現急轉直下的發展。（學者判決評鑑和提出釋憲聲請後，當時的檢察總長又為阿強提出兩次非常上訴。）

二○○三年九月，負責救援阿強的司改會，一方面仍為官司絞盡腦汁，另一方面，則覺得死刑救援不能單以個案方式處理，應該拉高到制度面的改革，於是除救援律師之外，司改會另外又結合社運團體，組成了「替代死刑聯盟」，以推動廢除死刑為宗旨（因為阿強就是為死刑所困）；此外，同一時間，司改會事前委請國內三位刑事法學教授李茂生、何賴傑、黃朝義針對此案所做的判決評鑑於焉出爐，司改會遂據此又一次向檢察總長申請提出非常上訴，儘管檢察總長的第四次非常上訴再遭最高法院駁回，但救援律師們似乎在這一波波的動作下（組成「替代死刑聯盟」、學者判決評鑑、第四次非常上訴）看到了些微轉機。即至二○○四年七月，大法官針對此案作出憲法解釋，總計在死牢裡待了四年有餘的阿強，終於感受到一線生機，這起綁架撕票案可謂出現了讓人心情為之一振的發展。

二○○五年五月二十六日，最高法院裁定，徐自強案發回高院更審。這次檢察總長吳英昭就是根據釋字第五八二號提出第五次非常上訴，主要論及前審未就共同被告黃春棋、陳憶隆不利於己（徐自強）之陳述，依人證之法定程序予以調查，此理由係被最高法院採納，因此發回高院更審。加以民間司法改革基金會和法律扶助基金會為阿強共組義務辯護律師，由林永頌、尤伯祥、陳建宏擔任阿強的選任辯護人。自此，阿強的案子已不光是民間司改會的「救援」個案，還是其律師團正式承接的法律訴訟事件，惟仍是義務性質，但對阿強個人和他的家人來說，此發展意味了更加篤定有一群人會站在其身後，為阿強伸張正義。

阿強暫且腳步停在鬼門關前，此案在司改會發動聲援下，終究橫空出現另一段意想不到變局。但老天爺的玩笑，似乎還沒開完。

＊依照最高法院刑事判決發回更審理由，主為法官認為原判決理由多有相互矛盾之處，諸如在被害人黃春樹身上於犯案時取得的金錢、勞力士手錶，究竟是否屬於盜匪所得；原判決僅憑陳憶隆之自白，認定為黃春棋犯行主要證據，未採有利黃春棋的供詞；關於徐自強將車借予黃銘泉，以及車子因故障送修等情節，未詳查認定等等。

第九幕　菜鳥上場

遊走臺灣司法界，我們將發現，「犯罪者無不喊冤，自白者無不稱遭到刑求。」這一類的劇碼可謂司空見慣。經驗老道的法官、檢察官、律師，憑藉自己閱人無數培養出的長才，總認為自己很輕易就能戳破其中真偽。很可能是看多了凶狠狡猾的惡徒，事發當下或許有著不可一世的莽勇，被逮後卻又閃躲不敢擔當。因而多數情況，司法人員很少相信那些因某起刑案走進法庭的人，身上到底會存在什麼樣的冤情，覺得他們十之八九不是什麼好東西。

若是每個鳴鼓申冤，自稱受到刑求伺候的嫌犯，都能因此達到拖延訴訟的目的，那不啻平白浪費司法資源，而且還無端折騰被害者的情緒，公理、正義又何以有效伸張。因此，縱使冤情、刑求情事確實時有所聞，但鐵面無私、剛正不阿的法官們，通常多是不為所動，尤其面對前審關於重大刑案判決確定的案子，更少有因為當事人喊冤，就心生為其翻案的念頭。

案子自己會找人

阿強所涉及的綁架撕票案就是最典型的例子。最早陪同阿強投案的律師，老早就提醒他，結局必然死罪難逃。阿強一路喊冤，但就連其辯護的律師都看不出轉圜的生機。這件案子，遭撕票的被害者屍體被找到了，警方且握有黃春棋、陳憶隆撥打勒贖電話的監聽錄音帶，他們各自的家人在聽取錄音帶後，也都確認就是黃、陳兩人的聲音。主嫌黃銘泉雖然客死異鄉，但他和死者生前的關係，也都得到被害者家屬的證實。最後，就是阿強了。儘管警方沒有掌握阿強案發期間的犯罪證明，也確信他那段時間並未現身殺人現場，但是黃春棋、陳憶隆從頭至尾，對阿強涉案其中指證歷歷，加上阿強有「畏罪情虛」逃亡九個月的事實，那麼，阿強還有什麼好狡辯的。二〇〇二年《懲治盜匪條例》在立法院三讀廢止之前，意圖勒贖而擄人就是唯一死刑。就算沒有親手殺害被害者，阿強也難逃擄人勒贖共犯的行為，何來冤情之有？

「案子真的會自己找人吧。」這種說法確實有違現代化科學辦案的精神，但為什麼某個案子就是會在某個人手上出現意想不到的變化，冥冥之中總有些讓人說不上來的理由。法律講求證據，辦案訴諸的是科學方法，不過，法界中人偶爾也會借用一些形而上的想像，把案子擬人化，以為是它自己找上了某人，請其深入偵辦，還原真相。如果阿強是喊冤的典型，同樣的，他也許也帶有案子自己找人辦案的影子。

阿強一審被判處死刑後，仍未棄守投降，繼續硬著頭皮，為機會渺茫的翻盤尋找希望。一九九七年，更一審、更二審維持原死刑判決，阿強的官司，轉而交到了一名菜鳥律師手上。陳建宏初出茅廬，受雇於高等法院法官退休、後轉任律師的柴啟宸律師事務所，阿強的案子正是陳建宏「出道」以來，第一次承接到手的死刑案件。當時他還未滿三十歲，熱血青春，看到竟有死刑犯疾呼冤枉，他沒有同行老鳥對死刑犯的刻板印象，亦缺乏經驗老道律師的世故，於是以為這當中一定有什麼細節被忽略，否則一個已被判死之人（阿強當時已被叛過兩次死刑），怎麼還有臉自稱清白。因而，我們才會說案子似乎會自己找人，阿強的案子若非遇上一個類似陳建宏這般的菜鳥，很可能會出現完全不一樣的發展。

刑案的盲點

資歷淺薄，意味著陳建宏尚未遠離校園情境。他之所以選擇攻讀法律，不光是看上出社會後的律師生涯必然前途似錦，多少總還有點對於公平、正義的特殊感受。在校期間，他們這類法律系學生應該都看過丹諾自傳，丹諾所投射出關於法律人獨有的英雄氣慨，必然一定程度影響了他們，陳建宏就是其中之一。這位美國著名律師一生為無助的窮人辯護，他的名言是，「一個人在定罪之前，都是無辜的。」在接下阿強的案子時，陳建宏覺得丹諾其實距離他並不遙遠，因此他決定要從「一個人在定罪之前，都是無辜的」這句話，著手重新看待阿強。

年紀輕輕接觸重大刑案，陳建宏並沒有太多實務經驗協助他判斷案情細節，牽引他的，某種程度還是過往的法學基礎訓練。老律師柴啟宸將阿強的案子交給他，或許是心裡有數，阿強的案子相對單純，結局必然是死罪難逃，辯護律師至多為其提供可行的法律救濟，這起官司論斷已成，根本沒有什麼輸贏問題可言。

依照慣有的程序，一個律師打算進入某個全然陌生的案子之前，多是從起訴書當作開頭起點。

於是如此一來，他便不由自主地，會將犯嫌有罪的概念植入腦海，認為就是因為有罪，檢察官才會起訴。起訴書很快就會把我們帶入有罪的邏輯，而且只看得到不利於犯嫌的證據。任何客觀第三人以檢察官起訴書為切入點，便極難不朝有罪的方向推定。不過，如果一開始選擇接觸的是被告的辯駁，對於案情的想像便又會是另外一回事了。當然，如果撇開起訴書和被告的陳述，純就案件供給的物證下手，對於整起犯罪經過，則肯定也會在自己的腦海裡產生不同的樣貌。陳建宏對於課堂上法學教授的叮嚀，還依稀存有一些印象，所以他知道任誰看待刑案，都會有這些先天上的盲點，尤其，有罪的陳述永遠看起來更為引人入勝，那部分往往是比較容易讓人感到興趣且順理成章接受的事實，若再佐以素有「證據之王」之稱的自白，我們很輕易地就會閉上一雙可能瞥見冤情的雙眼。

因此，多數局外人突如其來接觸到阿強的案子，便少有人會同意這當中有什麼值得商榷之處。先後落網的黃春棋、陳憶龍，已相繼供出阿強就是共犯，時間、地點、犯案情節，皆可拼湊出合理過程，即使阿強有郵局側錄帶，做為個人沒有出現在棄屍地點的不在場證明，但也無法百分之百就此推斷他完全沒有參與綁架勒贖。一旦某個人被指涉有罪，尤其指涉他的人，還是同一案件的被告，那麼關於這個人事後否認的說詞，對旁人來說，都會形成一種徒然為了脫罪、卸責的「狡辯」，而直接排除了那才是實情的可能。「如果你沒有做，人家為什麼要咬你出來。」這是支撐自白成為證據之王的最堅實的論點。在陳建宏接手阿強案子的那個年代，仍可見這具幽靈巨大的身影，又或者他從來沒有一刻自臺灣的司法圈中消失。一旦中了這具幽靈的法咒，落入有罪推論心態，之後則任誰都很難粉碎關於阿強有罪的認知。

案件疑點浮現

因為「一個人在定罪前，都是無辜的」這句話仍在一個年輕律師的腦際中盤旋。陳建宏因而沒有先入為主，僅依循之前的判決，就認定阿強是個有罪之人。他看到了不一樣的事實，比方說，雖然他是菜鳥，從事律師這段時間，倒也沒聽過前輩提及，一個極可能被判處死刑的人，竟然會願意主動投案。而且就證據法則，阿強不僅有不在殺人現場的證明，法院也沒有阿強具體涉案的證據，關於阿強有罪的描述，全是間接推測，完全找不到任何直接物證。這就更加啟人疑竇了。陳建宏當時另外還做了一件事，也就是若把黃春棋、陳憶隆兩名被告的自白全部排除，那麼，依其餘可見的罪證，本起綁架撕票案居然完全看不到阿強的影子，他等於沒有犯下這起案件。難道這當中沒有冤情嗎？

走出看守所，陳建宏結束第一次和阿強面對面談話。過程中阿強多是沉默以對，要不就是吐出簡短的一、兩句話，草草答覆陳建宏的詢問，接著又低頭不語。當時阿強已被判了兩次死刑，他可能覺得誰也幫不了他，大家反正都只是對著事不關己的案子，例行公事行走法律程序，包括陳建宏之後每個禮拜一次的律師接見也是。對阿強來說，同一事實已從他口中反覆陳述不下百次，最終證明全是徒勞無功，這讓他益加變得沉默寡言。如今走到這般田地，居然是找來一個未滿三十歲，跟自己年紀不相上下的菜鳥律師擔任他的辯護人，不就更反映出自己已然了無希望。

不過，陳建宏當時並不這麼想。他的疑惑是，在判決有罪的架構下，為什麼每個重要的關鍵時刻都沒有阿強的身影。這麼浩大的一件犯案工程，包括擄人、殺人、勒贖、取贖，法院都沒有拿到阿強確實在場的明證，且他還是自行投案。從陳建宏的角度觀之，阿強不是絲毫沒有被冤枉的味道。雖然犯罪者無不喊冤，但只要有千分之一的可能錯判無辜，是否就不該讓他繼續承受牢獄之苦，更何況阿強被判處的還是死罪。

只可惜，陳建宏的熱血並未讓事件出現任何轉機。自一九九七年接下阿強的案子，辯護律師一路被壓著打，官司進行了三年，最終，二〇〇〇年四月二十七日，最高法院依舊維持更五審判決，判處阿強死刑定讞。

雖說這本來就是起沒有勝算的官司，已離開原本事務所，自行創業的陳建宏，卻還是放不下心中的疑惑。這也是為什麼，當阿強死刑定讞，阿強的媽媽死馬當活馬醫，要陳建宏再想想辦法時，陳建宏會又一次挺身而出。他同時建議阿強的媽媽去找司改會陳情，因為此時此刻，單打獨鬥的辯護已證明完全無效。隨後，在司改會介入下，陳建宏也一併加入了阿強救援律師的團隊，以謀他自認對這起案件的未盡之責。

第十幕　老鳥出馬

周峋山事件

一九九八年，十月。死刑犯周峋山*向最高法院提出上訴，結果遭到駁回，死刑定讞。周峋山當天在獄中收到了這份判決書，那等同宣告個人死期不遠。接下來，他會被轉至死囚室，隨時等待監所管理人員將他帶往刑場。依照古代律法，死罪人犯皆於秋季由刑部覆核定罪，在秋後處決，按照判刑確定的時節，周峋山無疑也將步上「秋決」之路。

臺北律師公會常務理事朱麗容律師當時被分派到義務辯護周峋山案，儘管案件已死刑確定，她卻覺得判決極不合理，於是立即聯絡司改會和臺灣人權促進會一起行動，希望法務部能夠槍下留人。可惜未盡全功，周峋山很快就遭到槍決。

周峋山遭槍決前，司改會出面協助救援周峋山的，即是年方三十八歲的林永頌律師。他已無新手律師的生澀，卻也是第一次遇到法務部如此火速執行死刑，過程轉折尤其讓人瞠目結舌，根本無從招架。

就在朱麗容律師擬定非常上訴訴狀的同時，臺北律師公會拜託當時的立法委員葉菊蘭居間協助，希望能盡快和法務部長城仲模見上一面，畢竟他是簽字執行死刑的最後一道關卡，如果他能夠暫緩執行，或許還可替周峋山再爭取到一些時間。雙方十三日（死刑定讞當天）商定，七天後，由林永頌（包括臺權會、司改會、臺北律師公會）等人親赴拜見城仲模，針對周峋山案請其暫緩執行。

十月二十日上午，依照約定時間，林永頌和城仲模相約立法院。林永頌等人能這麼快且順利與法務部長見上一面，端賴一旁陪同出席的立委葉菊蘭幫忙。由於直接見到了法務部長，林永頌遂認為，只要當面向城仲模說明周峋山案件的疑點，說不定能促其三思，那麼一切或許還有希望。

只是，面對林永頌一行人來訪，城仲模即開門見山說，「對我們來說，最高法院的見解是死刑，那十之八九就是有問題的。」林永頌不解的是，七天前才說好要當面聽取辯護律師的意見，怎麼才開口，就幾乎是不留餘地做出結論。溝通根本還沒開始，對話已可告結束。林永頌完全沒有想到，就在他正打算向城仲模說明周峋山案的疑點時，周峋山其實早在前一天就被執行槍決了。而眼前這位正誇誇其談的部長，就是最後簽署死刑執行令的人。

城仲模話才說完，他的祕書隨即從隔壁房間走了進來，直接湊到城仲模一旁附耳低言。語閉，城仲模轉過頭，對著包括林永頌在內的幾名律師，氣定神閒、若無其事地說，「啊，昨天我已經簽下周峋山的死刑執行令了。」

林永頌的脾氣在律師界是出了名的火爆，儘管對方貴為部長，林永頌也按捺不住驚駭憤慨的情緒。當下他的感覺是，眼前這個穿西裝、打領帶的傢伙，是個同意約見我們，說要瞭解案情疑雲的部長，怎麼會在我們約好來訪的前一刻，就先一步把人給斃了？為什麼不等我們前來說清楚？不是一個禮拜前才講好要當面溝通的嗎？簽下死刑執行令是部長的權責，但堂堂一名部長，可以前一刻答應和辯護律師溝通，下一秒就將人槍決？簡直完全沒有把律師放在眼裡，甚至，根本沒有把人命放在心上。

救濟死刑犯的時間

林永頌等於挨了城仲模一記悶棍。像個傻子一樣，申請非常上訴，約見部長，結果城仲模卻一副莫可奈何的態度。氣氛頓時有些尷尬，憤憤難平的林永頌，難掩火冒三丈。城仲模也許是為了替自己打圓場，便問了林永頌一句，「你知道我碩士論文的題目是什麼嗎？」「知道啊，就是寫廢除死刑啊。」林永頌氣呼呼地回答，他的態度、語氣和口吻，似乎已暗示了自己不想再壓抑內心的氣憤，要不是一旁的葉菊蘭適時給了個眼神，要他不要太激動，林永頌難保不會當場拍桌抗議。

此時，林永頌已經無心多聽城仲模不著邊際的話語，他知道，城仲模急於簽下死刑令的心態，就是不想讓周峋山變成蘇建和第二。那時民間團體正為聲援蘇建和、莊林勳、劉秉郎鬧得沸沸揚揚。蘇案的辯護律師幾個月前才為蘇建和案三名被告第二次申請再審，在此之前，臺權會還為那件案子舉辦了「死囚平反，讓無罪的孩子早日回家」大遊行，更早之前，司改會也才發表了蘇建和案的判決評鑑報告，報告內容顯然對法院原判決多所質疑。最高法院和蘇建和案的辯護律師幾至隔空開戰，間接動搖了司法的威信。城仲模身為法務部長，自然不希望再重蹈蘇建和案的覆轍，只是他的做法不是要求審判過程更加精準無誤，而是將待死囚徒早早送上黃泉，以免夜長夢多。

這次會面的最後，城仲模不明所以，要求與會律師不要把當天談話的內容說出去，口語間似是不希望律師們讓此事件節外生枝。走出立法院，葉菊蘭氣餒地說，本來還以為事情能稍有轉圜。怒火中燒的林永頌直說，「死了啦，沒了啦。」事後，林永頌不僅未依部長所言，對雙方會面內容封口不提，反而透過由他主持的民間司改會，於兩週後出刊的《司法改革雜誌》，以少見嚴厲的口吻撰文嚴辭抨擊城仲模。文章標題為〈十問法務部長——從周峋山案檢視死刑執行程序瑕疵〉，擺明就是在斥責城仲模這個人大有問題。

周峋山死刑槍決案最讓人吃驚之處，在於城仲模曾對外澄清，說明最高檢察署是在十月十四日呈請核示死刑執行，他於十五日核定，而十月十六日適巧颱風過境放假，十七、十八日又是週末，所以才會在十九日由最高檢察署收文，即轉高等法院檢察署執行，過程都是按照程序，並無不妥，同時以此解釋他並非明知律師要來說情，卻刻意趕在前一天下令將人槍決。

只是林永頌的質疑是，十四日才呈請核示死刑執行，一個部長豈能在一天內就完整審閱相關卷證，十五日就予以核定？事關人命，官式作業如何能如此神速，更何況面對死刑，法務部又不只是顆橡皮圖章而已。

林永頌事後重新回想幾起死刑確定案，發現其中居然有的案件，連律師都還沒有收到判決書就執行了，又或者收到判決書後可能還來不及聲請再審或非常上訴，死刑犯就速速遭到槍決。要不，即便提出聲請再審和非常上訴，檢察總長都還沒有決定判決是不是有違背法令的問題，正考慮要不要提起非常上訴，諸多案件也就先在一聲槍響下完結。另外，也可能是在檢察總長提起非常上訴期間，最高法院還沒有判決，法務部竟然也可以執行死刑。

因為周峋山之例，林永頌赫然發現，《刑事訴訟法》雖然有規定部長批示公文就可以執行死刑，但它並沒有規範說明，期間有多少時間可以為之進行非常救濟。直到因為這起周峋山事件，在各界律師疾呼下，一九九九年法務部才終於訂出「審核死刑案件執行實施要點」，當中規定了一個人被判決死刑後，有多久的時間可以提出再審和非常上訴，且如果案件尚在聲請中，法院亦未有判決的話，死刑犯就不會被立即執行，自此，臺灣死刑犯槍決過程，才有了一個明確的規範。

林永頌不僅身為律師，還自詡為一名人權工作者。一九九八年周峋山事件，之所以對他來說那般氣憤難平，正因為周峋山的火速槍決，亦代表臺灣長期以來人權工作的一大挫敗。

律師團作戰預備

林永頌律師生涯中，這應當是一段最難以釋懷的經驗。他不僅沒能讓周峋山免於一死，還被堂堂法務部長擺了一道。年近四十，林永頌已無菜鳥律師的稚嫩，卻也初嘗了他未曾體會過的江湖艱險。他必須以下一個案子，證明自己確實學到教訓。而阿強的媽媽，就在周岣山事件兩年之後，打電話給林永頌。

在聯繫司改會之前，阿強的媽媽其實還尋求過正在聲援蘇建和的臺權會幫忙，但因為臺權會幾乎已傾全部的人力在蘇案上，無暇他顧，和陳建宏一樣，不約而同地建議阿強的媽媽改找司改會相助。

阿強的案子似是自己又找到林永頌頭上了。簡單瞭解案情後，林永頌對阿強的媽媽坦言，死刑確定的案子將很難翻盤。阿強的媽媽則未有動搖，強調自己兒子遭遇到的就是一起冤案。有了兩年前周岣山事件的教訓，林永頌知道，死刑定讞的案子後續動作一定要快，當時他希望城仲模槍下留人不成，如今他一樣沒有把握，時任法務部長的葉金鳳，會不會也以迅雷不及掩耳的速度把阿強送上死刑臺。

和阿強的媽媽通話的同時，林永頌另外再請其聯絡原本的律師陳建宏，畢竟他是當時最瞭解這個案子的律師，可以更明確判斷出案情的不尋常處。果不其然，經過陳建宏分析簡報，林永頌第一時間即認為，就證據法則，阿強涉案的可能性極低，頂多瓜田李下而已。尤其，能夠證明案發當天阿強並未和黃春棋、陳憶隆碰面的洪姓女學生，法院竟然自始至終都未予傳喚，其他同夥尚且知道擄人要用贓車，好逃避警方日後查緝，為什麼阿強會傻到用自己的名義去租車幫助作案？難道就因為阿強和主嫌黃銘泉那段時間同住一個屋簷下，就理當知道首謀黃銘泉的一舉一動？就以不在場證明意義的郵局側錄帶來說，至少已說明阿強有一部分確實是受到冤枉。那麼，事不宜遲，面對一個幾乎必死無疑的死刑犯，林永頌必須找出過去不曾有過的訴訟攻防方法，以求突破，並且建立一套有力的說詞，說服法官重新審判，還給阿強清白。

林永頌認為，事到如今，似乎只有請監察院介入調查，才足以達到緩兵效果，一旦監察院從法院把阿強的卷宗調走，在無卷可考的情況下，法務部長再怎麼樣也不能簽署死刑執行命令。林永頌很清楚，相較於大家耳熟能詳的蘇建和案，阿強的遭遇不過是臺灣司法案件中的滄海一粟，唯有更多人關心阿強的生死，阿強的案件才有獲得重新審判的可能。因此決定接下救援阿強的隔天，林永頌就大張旗鼓對外召開記者會，重新喚起媒體對這起陳年舊案的注意。他極不希望兩年前因為周峋山帶來的遺憾，如今又在阿強身上重新上演，訴諸輿論，則意味他將捲起袖子，展開一場艱辛的救援行動。

自一九九五年案發，一九九六年十一月底遭判死刑，及至二〇〇〇年四月死刑定讞，這起內湖房屋仲介商綁架撕票案官司從此進入全新的局面。阿強的律師界救援團隊於焉成形，由林永頌負責主持，主導訴訟策略和方向，原來的辯護律師陳建宏也加入這支隊伍，由他負責案件事實提供。另外，林永頌再找來自己事務所的受雇律師尤伯祥，請其研究證據法學，日後，更是由尤伯祥主筆為阿強撰寫申請釋憲主文。這時站在阿強背後的，已經不只是形單影隻的辯護人，亦或方寸大亂的父母兄姊，而是一群有組織、有作戰能力的律師團，以及力量和體質漸行茁壯的司改會。

一件前後打了五年的官司，自此有了一番新氣象，同時也為臺灣的司法帶來了一場強度出乎意料的法理之爭。對具體的司法實務和抽象的正義追求，皆有不凡的影響。一個山腳村長大的孩子、一名砂石車司機、一位檳榔攤老闆，正在獄中遠眺遙不可及的自由，每晚睡在死神旁邊的死囚，為了渺渺生機吞忍過日，他完全沒有意識到，以他一介平凡無奇的小人物，不幸掉進一起綁架撕票案，鬧得滿城風雨，才只是他人生高潮迭起的開始，後頭一併被捲入這起案子的學者、律師，乃至監察委員、大法官，更聯手將這件案子推上無以預想的境地。這是另一種版本的小人物狂想曲，只是這不是出於他個人的狂想，而是既有的司法制度、文化，交相激盪環繞在阿強周邊，一群法律人的共同鳴奏。

＊一九九二年，周峋山被控犯下殺人案，官司進行六年，因時任法務部長城仲模火速批准執行令，嫌犯未及提非常上訴，即遭執行槍決，引發爭議。後續在司改團體抗議下，因之催生了「審核死刑案件執行實施要點」。

第十一幕　監委駕到

如果我們以為，對死刑犯前來求援，民間司改會皆是來者不拒，通通認定暗藏冤情，那麼這應該是個誤會。他們必須根據自己掌握的資訊，釐清內情是非。不過，就像阿強的辯護律師林永頌、尤伯祥和陳建宏一致認為的，身為法律人，尤其是自詡為人權的捍衛者，他們理解案情的方式，畢竟不會只透過報章雜誌上的消息，或者檢方的起訴書及法院的判決文，最終還是得取決於不帶價值判斷的客觀「證據」。

他們得先抽離一般人對於死囚的負面觀感，又或者對司法制度抱持不可能百分之百正確無誤的存疑。雖然看似在替「壞人」辦事，但他們首先看到的，其實只是一個「人」。這個「人」，即將為自己的行為負責，也許整個社會都期待他能以死謝罪，不過當下我們又有多少事證論斷他有罪，而所謂的證據，又究竟合不合乎法律要求的條件。

看見一個「人」

論及家世、身分、地位、權力、財富，阿強或許從來都不屬於貧富貴賤中的高等位階，假若以單純的「人命」看待，他則和所有人無異。既然任何人的生命都是平等的，即便他涉及了一起令人髮指、十惡不赦的綁架撕票案，在結束他生命以為懲戒之前，難道不應該給予一段公平的審判，讓證據迫其低頭，而非以除惡務盡的情緒，環環相扣的「推測」，就認為國家有資格朝他胸口射出一顆子彈。

阿強的境遇正是如此。一九九五年，他在媒體上被描述為一起綁架撕票案的主謀，而後他展開逃亡，躲避警方追緝，看似坐實自己做賊心虛。同案被告並且對他共謀情節指證歷歷，即便他還沒落網，外界早已認定他就是個有罪之人。阿強自一九九六年底被判死刑，及至二〇〇〇年春天死刑定讞，臺灣高等法院四度賜予阿強死罪，卻也四度被最高法院發回更審。意謂司法體系之中，未必沒有人察覺內情顯有疑義；但就像林永頌執業多年所得的結論，一個人一旦被判處死刑，就很難翻盤。可是，一條人命，真的可以只因為既有的法律程序已經走完（死刑定讞），就無視其間存在的疑點和瑕疵，任由執行槍決的法警扣下板機，讓整起事件的歸結，不是一個句點，而是一連串問號？

沙漠裡的綠洲

林永頌接受阿強母親的請託後，即刻展開救援工作。首先向監察委員遞交陳情狀，盼其能針對此案介入調查。由於這起案件已在最高法院判刑確定，正等待法務部長批示，因為監察委員接下陳情，把卷宗調走，部長在無卷可審下，依法便無法簽下死刑執行令，如此一來，遂替阿強爭取到了聲請非常上訴的時間。

負責承辦這起陳情案的監委之一江鵬堅，最初還曾親自走訪看守所，訪視阿強本人。只是當時萬念俱灰，甚至正打算向家人寫下訣別書的阿強，對於江鵬堅來訪，顯得不理不睬，覺得那只是又一次過場用的舉措，根本無濟於事。也許是因為彼此間缺乏信任感，江鵬堅之後告訴林永頌，他覺得阿強在他問話時，眼神似乎略有閃爍？似是對阿強清白與否有所質疑。林永頌則回以，「我們如何能判斷他『眼神閃爍』？事到如今，還是一切看證據吧。」

儘管監察委員已動身介入（包括江鵬堅、李伸一和黃勤鎮），阿強的命運卻仍僵滯在死亡邊緣。藉著監委調走卷宗，部長無以批示執行死刑下，林永頌在三個月內，三度提出非常上訴，但最高檢察署全部予以駁回，就連臺灣高等法院也駁回了這起案件的再審聲請。阿強的辯護律師可謂節節敗退，案情尚且還看不到任何曙光。只是監察委員調卷之舉，某種程度確實幫助阿強度過死刑執行最危險的時機，讓他足以撐著一條命，為往後更加漫長、艱辛的訴訟攻防預做準備。

歷經十個月的調查，二〇〇一年，農曆年節過後的元宵節隔天，監察院終於針對這起綁架撕票案做出調查報告，結論讓救援團隊大受鼓舞。這是律師們一路敗陣以來，首次感覺眼前荒煙漫漫的沙漠，終於出現了一叢綠洲。阿強涉案的證據如此薄弱，但司法巨人已然作成的判決，他們根本無力將之撼動，這回終於在端出監察委員後，原本險峻的形勢看似有了鬆動的可能，至少社會不再一面倒地認定阿強就當罪該萬死。

疑點：自白的真實性

監察院洋洋灑灑上萬言的調查意見，完全切中律師們針對這起案件所提的疑點。但畢竟是位高權重的「監察委員」所提，其分量、影響力確實相形倍增。依照過往前例，藉由監委調查報告聲請非常上訴，成功機率幾乎可達七成。獄中的阿強此時感到有些慚愧，當初何以要給江鵬堅一對白眼。他以為監察委員只是配合作秀，沽名釣譽，對著他演戲，根本不在乎案件究竟有沒有冤情，也不會在意他個人的死活。在這些大官面前，他幾如螻蟻，不可能有人會為一隻螞蟻奔走求情。直到調查報告出爐，阿強知道，律師、監委都是玩真的。也就是從那個時候起，原本鎮日和死神共枕，生命猶如槁木死灰的阿強，才又重燃希望，自我振作起來。

監委明白列舉這起案件的多項疑點，事後雖然並未能替阿強洗脫罪嫌，但至少證明了一件事，就是整個社會，除了阿強、救援律師，尚有一股夠分量的力量，也認為阿強恐受到不白之冤，並且欲以自身之公信力和法院見解相互抗衡。

監委認為，按《刑事訴訟法》規定，「被告之自白，非出於強暴、脅迫、利誘、詐欺或其他不正之方法且與事實相符者得為證據。」但是他們發現，很明顯的事實是，一九九五年九月二十七日偵查庭中，檢察官李玉卿訊問被告黃春棋：「警訊時為何坦誠與陳憶隆、徐自強一同將黃春樹綁走？」黃春棋當時的回答是：「因為我受不了他們刑求我。希望以後借提警方訊問時有律師或家人在場，警方借提時把我眼睛矇住，吊起來灌水，還捏我奶頭，用不知何物夾我手指。」此外，另名被告陳憶隆在更三審一九九八年二月十六日受命法官陳志洋訊問時也供稱：「我在偵查時稱黃春棋有全程參與，是因為我被通緝時，黃春棋把事情全推到我身上，警察說我不可以翻供，否則要『借提』我出來……」監委因而認定，這起案件被告黃春棋、陳憶隆的自白，是否出於自由意志，以及它的真實性，都有待查明，畢竟黃春棋有受刑求而後招供的事實發生（有驗傷報告證明）。此外，那個年代，被告無論是否真的涉案，只要聽到警察意欲「借提」問案，都會嚇得兩腿發軟，因為那意味著免不了要被飽以老拳，且必然是打到招認為止。監委也是老江湖，不會不知道其中恐怕藏有隱情。

疑點：案情有違經驗法則

再者，關於法院認為阿強數度出面租車，以供給跟蹤和綁架被害人用，監委的理解是，阿強租車當作犯案工具，都是其他同案被告的說詞，雖然經查明後，確實有阿強在那段時間租車的證明，但除了黃春棋、陳憶隆「租車用以協助犯案」的「說法」外，法院其實並未掌握到其他任何關於阿強租車犯案的有力證據。對於共同被告不利於己的陳述，法院本來就有責任要確保這些陳述毫無瑕疵。更何況依照常理判斷，阿強若真是預謀擄人勒贖，應該會盡可能避免洩露個人行蹤，這也是為什麼黃春棋會開「贓車」跟蹤、綁架的原因，阿強非癡非愚，怎有不考慮東窗事發恐遭循線追緝，而以自己名義租車作案的道理？因而阿強說自己受到此案主謀黃銘泉利用，顯然有其可能性。阿強個人租車和參與犯案之間的因果關係，論斷基礎似是過於薄弱，據此要坐實他的死罪，顯然有違經驗法則。

另外，關於阿強提出郵局側錄帶，做為自己並未在九月一日參與綁架、撕票的不在場證明，原審法院曾在一九九六年十月十一日上午十點，模擬案發現場，計算從擄人地點（大直）到阿強提領現款的桃園郵局第五支局，開車路程費時約一小時。而臺北市內湖分局警員，亦曾於一九九六年十月十六日上午，採行另一路段模擬行車時間，所得費時約四十五分鐘，法院交相佐證，從而認定阿強參與綁架，再回到住處，而後步行至郵局領錢，時間上應是綽綽有餘，遂採信同案被告陳憶隆關於這段阿強涉及綁架情節的描述。

但是，原審法院既然認定九月一日當天，被告總計只駕駛兩輛車犯案，而這兩輛車隨後都被黃春棋、陳憶隆和黃銘泉等人開往汐止山區，那麼阿強究竟是以什麼交通工具回到桃園住處，解釋卻付之闕如。因為那關乎到行車時間的計算究竟正不正確，況且，根據黃春棋、陳憶隆的自白，阿強是在將人擄獲上車，於車行一段距離後，才又下車返回現場擦拭指紋，假設這件案子真如法院所說是預謀殺人，且事前備有手套，那麼阿強的行為還符合常理嗎？為什麼有準備手套，卻赤手抓人，徒留指紋，還得回去現場擦拭？再者，陳憶隆說，他們是在被害者的車子後方將人擄走，如此一來又怎會將指紋留在被害者車上？阿強又何必要下車回去擦指紋？法院對這些情節都未加以查明，只說經法院和警方的模擬路線，阿強搭車回到桃園的時間充裕，就否決了阿強的不在場證明，豈不同樣違背證據法則。

關於能夠證明九月一日當天，阿強中午過後都在母親家中，並沒有回到個人住處和同案被告商議取贖的洪姓女學生，歷審法官從來未予以傳喚查明，其理由是：「被告徐自強於下手實施前揭犯行後始返家，則其返家之作息，非但與本案無甚關聯，且不影響前述論斷基礎。」可是，法院判決卻又認定阿強九月一日當天下午，曾和其他被告兩度在個人住處會合，謀議勒贖細節和分贓，如果下午確實有謀議取贖和分贓事實，那麼阿強當天下午的作息，又怎麼會和本案無關？

聞到自由的滋味

看完監察院的報告，我們還會認為阿強只是個怯懦之徒，敢做不敢當？以為他是個高明的騙子，騙過了家人、騙過了律師，還好法官明鏡高懸、明察秋毫，那麼，監察委員數月來的調查，又是怎麼一回事？

歷經五年餘的官司，看來不會這麼容易就劃下休止符。甚至，監委的調查報告也預言了下一波訴訟攻防的高潮迭起。就在監察院調查報告明白指出，這起綁架撕票案有違背法令之處後，阿強的救援律師團隨即再次聲請，請求檢察總長提出非常上訴，歷經三戰三敗，終於在一個月後，最高法院檢察署首度針對這起案件提出非常上訴。阿強的官司跨出了從未到達的一步。儘管隔了幾個月後，最高法院還是將非常上訴駁回，之後每每走到最高法院這一關，案子也都被打了回票，但當時的檢察總長盧仁發卻也罕見地為了同一個案子，前後提出三次非常上訴。監察院的報告的確發揮了某種程度的作用，它至少提醒某些司法人員，要強行定阿強死罪，並非百分之百毫無瑕疵。

監委提出調查報告後的兩年間，阿強的案子就這麼來來回回，在聲請非常上訴，提出非常上訴，駁回非常上訴、聲請再審、駁回再審聲請、再審駁回提出抗告、駁回再審抗告之間無止無盡地擺盪。無怪乎，臺灣大學法律學院教授李茂生事後會形容這起案子的審判過程，活像是一段洗衣機的廣告詞──「案件上沖下洗，被告左搓右揉。」

有了監察院的調查報告，阿強的漫漫黑夜彷彿曙光乍現，然而歷時兩年多額外爭取來的訴訟攻防，卻又好像未曾改變任何事實。他依舊待在死牢裡，一天挨過一天等待重生。只是這一回，他不再是個成天面無表情的死囚，因為他已能依稀嗅到鐵窗外自由的滋味，儘管他沒料到，距離目標原來還這麼遙遠，但那已足夠他自我鼓勵，打起精神打算重新振作。他全心配合律師，乃至其他聲援團體的行動，且不再寫下讓家人看了垂頭喪氣、錐心刺骨的訣別信，因為官司還要繼續打下去。

要撼動八年來不動如山的法院判決，監委報告的力量，顯然仍是有所不及。因而，阿強的辯護律師其實已在同一時間，力邀學者針對這起綁架撕票案撰寫判決評鑑。一如林永頌接下這起案子時所說，每分每秒都在想著得以突破的窗口，律師介入救援了，監委介入了，阿強卻還在和死神拔河，下一步，則必須另外寄望學者的聲援。

第十二幕　學者判決評鑑出爐

阿強果真命途多舛，從小到大，多次和死神擦肩而過。如今待在死牢裡，等於直接就在死神鼻息之下，你不能說他還活著，也不能說已經死了，他只是這麼不死不活地拖磨著。距離監察院提出有利於他的調查報告又過了兩年餘，這些年中，他見識過幾名死囚赴死之前的悲戚模樣，倒是沒看過有誰活著走出這具牢籠。如果他真該死，怎麼關進牢裡前前後後超過八年了，他還沒「上路」？如果他確實無辜，又是什麼理由讓他失去這八年多的自由？漫長的訴訟過程，似乎只是在告訴他，自己的生命有多荒謬。

被遺忘的無罪推定原則

在阿強身上，我們也許早就忘卻了刑事訴訟中還有那麼一回事，也就是所有被告都該以無罪推定原則對待。在判決有罪之前，所有被告都應該被推定為無罪。想要推翻無罪的推定，舉證責任則在檢察官，由檢察官針對犯罪的環節，提出「排除合理懷疑」、毋庸置疑的鐵證。或許我們會說，阿強的案子早在二〇〇〇年四月二十七日即已定讞，也就是他已被判決有罪，是個名符其實的罪犯；但假如無罪推定早在一審判決前就遭到漠視，眼前死牢裡的阿強，真符合公平審判的原則？這起案件打從一開始，從來不曾有關於阿強犯罪，那紙鐵證如山的證據，他又怎麼應該走在死刑這條路上？

監察委員不是提出了諸多疑點，證明法院對阿強涉案的內容，根本沒有所謂的鐵證。任何人都是心知肚明，阿強之所以被判死刑，正因為打從他走進法院投案的一刻，就沒有受到無罪推定的保障。還記得嗎，那個時候，他是通緝在逃的歹徒，是被同案被告指證歷歷的共犯，他自投羅網，確實省下了不少警察緝凶的力氣，問題是，阿強犯下擄人勒贖的證據又是什麼呢？沒有「排除合理懷疑」的證據就判處阿強有罪，這起案件等於直接賞了無罪推定原則一記耳光。不止律師有疑惑，監委也同感不解，現在，就連學者也提出了一樣的問題。

司改會在請求監委介入調查的同時，另外也請來臺灣大學教授李茂生、政治大學教授何賴傑、東吳大學教授黃朝義等三位法律學者，針對此案發表判決評鑑。如此鍥而不捨，屢仆屢起，就是因為八年訴訟苦路，都在既有的事實上繞來繞去打轉，而且存有太多違背常理和法學基礎的痕跡，動輒以死刑待之，完全不留餘地。觀諸此案，即使並非當事人，應該也能感受到假設槍聲響起，恐怕有人終將死不瞑目的不安。

參與判決評鑑的何賴傑，接觸此案時距離事發已有八年之久，或許情境上沒能讓他感受到多年前那陣肅殺之氣，不過，這或許也有助於一名學者更為客觀地看待既有證據。埋首卷證，何賴傑發現，所有法官判決的基礎，多是仰賴證人的陳述，而其中最關鍵的證人，又是有其不確定性的同案被告，貿然採信他們的說詞，其實會有很高的風險。加以當時若無被告黃春棋、陳憶隆的陳述，法院其實完全找不到阿強參與擄人勒贖的有力證明。何賴傑的第一個念頭是，法官在非有即無（即無罪、有罪）的選擇上，儘管不是那麼容易，但畢竟對阿強有利、不利的說詞都有，也都有其合理之處，以死刑如此極端的重罰，法院難道不應該更慎重其事？徹底落實無罪推定原則。只是他知道，校園裡的法學訓練有時畢竟敵不過現實環境的壓力，法官一定是打從一開始就認定阿強絕對有參與，所以才會始終如一，堅持這麼嚴厲的裁判。除惡務盡的心態可以理解，可惜無罪推定原則就此被拋之腦後。

何賴傑坦誠，在評鑑過程中，站在法律學者立場，他對於案情僅能做出某種程度的推論，未必能掌握完全的真相。這個立場其實和辯護律師、監委一致，也就是他們同樣都無法從既有的證據，明確判斷阿強是不是真的有參與擄人勒贖的行為。而何賴傑提出的懷疑是，所有指向阿強涉案的證明，就是另外兩名被告的各說各話，法院到底有什麼其他補強證據，能夠證明阿強就是共同正犯？比方說，警方有沒有發現阿強當時回到現場把指紋擦掉的事實，假設沒有，只是參照其他兩名被告的說法，那麼就證據法則而言，根本不足以將阿強定罪。

質疑共犯自白的證據力

李茂生是另一位參與評鑑此案的學者。他的理解亦和何賴傑如出一轍。「你（法院）要有證據啊，你找不到證據，那就是無罪嘛。」李茂生在判決評鑑中曾引經據典，一一回擊法院的見解，不過他說，終歸一句，言簡意賅，就是這個道理。

法院認定阿強是擄人勒贖共同正犯，因此判他死罪，但他有沒有擄人？證據在哪裡？至少沒有殺人，沒有打勒贖電話，就算要說他是共謀，證據又是什麼？李茂生看完所有卷證之後，腦中噼哩啪啦一連串的疑惑，正是辯護律師最關切的事實。

同為評鑑學者的黃朝義，看到的則是《刑事訴訟法》一百五十六條第二項的規定：「被告或共犯之自白，不得作為有罪判決之唯一證據，仍應調查其他必要證據，以察其是否與事實相符。」這項法條的意思，即是如果要定一個人的罪，必須要有嚴格的證明和證據，且經合法證據調查才可採用。套用黃朝義所用的淺白說詞，意思就是證據採用與否，應該像是考試一樣，你應該先看資格（證據資格），再看考生的實力（證據本身）。如果連資格都不符，再有實力也是沒用的。也就是說，按照黃朝義的意思，法官拿出證明阿強有罪的證據，其實是連資格都有問題。實際情況也確實如此，因為本案僅僅就同案被告的自白，阿強就莫名其妙被套上共犯之名。

三位學者有志一同，在監察院調查報告出爐兩年後，再次以判決評鑑為阿強注入了一劑強心針。咸認法官判案僅憑其他共同被告的自白，再無任何有效的補強證據下，逕自判處阿強死刑，對於阿強所提出的不在場證明等有利證據，均未審酌，凡此種種，造成阿強陷於生命可能隨時被剝奪的危機中。法官認定共犯自白的效力，以及共犯自白做為補強證據的做法，不僅可能大大影響刑事裁判的正確性，更可能進而撼動司法的公信力。

學者判決評鑑公布後，外界更清楚掌握了法院判定阿強參與犯罪的理由和證據，同時也因為這紙評鑑報告，其間的疑點也愈加讓人看得一清二楚。

過度重視自白的心態

關於法院採信阿強犯罪的理由和證據包括：

法官根據陳憶隆一九九五年十月二十二日警訊筆錄：「因為我們四個都缺錢用，經濟困難。……徐自強稱有向岳家借錢及貸款也要還……我們都缺錢用，才商議要綁架勒索贖金。」認定阿強因為經濟不甚順遂才鋌而走險。

法官根據陳憶隆一九九五年十二月二十二日警訊筆錄：「八月中旬，我和黃銘泉、黃春棋、徐自強四人……，在徐自強的住處第一次商議要做綁架案。」認定阿強有參與這起綁架撕票案的事前謀議。

法官根據陳憶隆一九九五年十二月二十二日警訊筆錄：「因為知道黃春樹上班的工地，……即由黃銘泉開車載徐自強到黃春樹的工地去找黃春樹，確定黃春樹尚在工地上班之後，我們四人又前後兩次（一次開我的車……，一次開徐自強的車）到汐止工地尾隨跟蹤黃春樹，跟蹤至大直黃春樹家附近，我們確定他的車輛及住處後即返回桃園。」「每一次都是我們四個人一起參與，最後一次是九月一日使用兩輛車子，一輛由我駕駛的小客車載黃春棋，另一輛由黃銘泉駕駛贓車搭載徐自強。」認定阿強曾參與事前跟蹤。

法官根據陳憶隆一九九五年十月二十三日檢察官偵訊筆錄：「……我們把作案工具買齊，……另徐自強自己在龜山的一處西藥房買了硫酸三瓶、膠帶一卷、透明一封手套五副。」認定阿強有準備犯案工具。

法官根據陳憶隆一九九五年十月二十二日警訊筆錄：「我們九月一日上午約五點多即自徐自強的住處出發，……停妥車輛後，徐自強及黃春棋先下車……持小武士刀刺破黃春樹車輛左前輪，……黃春樹……發現前輪已破……準備換胎，此時，我和徐自強、黃春棋三人就衝向黃春樹，由黃春棋手持小武士刀押住黃春樹的脖子，我持手銬銬住黃春樹的手，三人合力強行將黃春樹押進黃銘泉所駕駛之贓車內，押入車內後，我將黃春樹雙手銬住，然後由黃銘泉駕駛，黃春樹被押在後座中間，兩邊分別坐黃春棋及徐自強，負責看住。……我回我的車上……開動了一段路程之後，徐自強便在附近加油站先下車，返回綁架現場，查看動靜，並且負責清理擦淨黃春樹車上我們可能留下的指紋。」認定阿強曾參與九月一日的擄人行動。

另外，對於徐自強所提出桃園郵局第五支局側錄帶，做為個人的不在場證明，法院則以一九九六年十月十一日上午十點模擬從案發現場至被告徐自強居住處所需時間約一小時，及臺北市內湖分局警員一九九六年十月十六日上午勘驗，從案發地點至龜山鄉自強西路所需時間僅需四十五分鐘，認定阿強下車擦拭指紋至返回桃園居住處或檳榔攤的時間應為一九九五年九月一日案發當天上午十點之前，認定阿強參與綁架，再自行回到桃園的時間綽綽有餘。

法官同時根據陳憶隆一九九五年十月二十二日警訊筆錄：「……下山時，由黃銘泉駕駛贓車載黃春棋先行，我開我自己的車子隨後跟行，一直開到汐止山下伯爵山莊附近，即將贓車棄置，我們三人共乘我的車子由我駕駛，攜帶工具等物，一起離開山區返回桃園徐自強住處與徐自強會合。」認定阿強有參與分贓。

法官另根據共犯黃春棋姊姊一九九五年十一月八日檢察官偵訊時證稱：「黃銘泉是我哥哥、黃春棋是我弟弟，徐自強是我表弟……黃春樹是我男友的朋友。」「我聽我男友說他們因仲介上的生意應該有認識。」及被告黃春棋姊姊男友於一九九五年十一月八日檢察官偵訊時證稱：「黃銘泉、徐自強好像在六、七年前合組仲介公司，向黃春樹租用松山火車站對面的一個二樓做為辦公室……」認定阿強認識被害者黃春樹。

最後，有關阿強與其他三名被告的關係及犯案期間的聯絡狀況，法官以黃春棋、徐自強為表兄弟，而陳憶隆與阿強是合夥好友，且阿強未否認黃銘泉自泰國返臺後與其同住於桃園縣龜山鄉的租屋處，認定阿強和其他被告關係密切，因此陳憶隆及黃春棋所稱，在阿強租屋處會商的供述應當屬實。此外，法官亦以阿強曾於九月八日以呼叫器呼叫陳憶隆十一次之多，認為阿強與陳憶隆之間聯絡密切。

經由學者的整理分析，我們得以看出，法官對於阿強犯案動機、謀議過程、共謀經過，全都是從其他被告的自白做出的推論。印證了臺灣偵查實務一向偏重「自白」，將它視為「證據之王」的文化，好像如果沒有從被告口中，讓被告親口供出犯罪事實，其他所有證據的證明能力都可能受到質疑。在阿強的案件中，凸顯的就是此類過度重視自白的辦案心態，尤其在偵辦共同正犯的犯罪時，更是變本加厲地顯露出來。

禁不起檢驗的證據基礎

於是，當陳憶隆說阿強有參與事前謀議時，對照黃春棋一九九六年八月十九日的訊問筆錄，關於阿強是否有參與事前謀議一事，他的回答卻是：「不知道」；若再參酌黃春棋同年八月三十日問訊筆錄，黃春棋則是說：「我向他（徐自強）說去討債，是我哥哥要他去的。」黃春棋本身的自白已然前後兜不攏，學者們因而發現，從其供述，根本無法判斷阿強事先知道案情。

況且，黃春棋也曾矢口否認在阿強住處謀劃作案過程，陳憶隆也說一開始根本不知道是要擄人勒贖，那麼法官又何以判斷，他們幾人有在阿強住處策劃綁票案，只因為阿強確實住在那裡，就成為事前謀議綁架的補強證據？況且，陳憶隆甚至曾供稱，警察一度對他說，「徐自強住在那裡，就說是徐自強好了。」因而他對阿強涉案的說詞，又更加不得不讓人有所保留了。

關於阿強事前購買硫酸等物品做為犯案工具一說，陳憶隆和黃春棋在第一審、第二審及歷次發回更審中，曾改口稱「不知硫酸、手套、膠帶是誰買的，只知道是黃銘泉帶來的」。如此一來，又如何以這兩人之前的自白，當作阿強預謀殺人的證明？關於犯罪事實，依照規定，在自白之外還需有補強證據，事實上，法官多是以陳憶隆和黃春棋的自白為主要依據，而後再以兩人分別的自白，做為彼此自白的補強，也就是以共犯的自白相互印證，做為判決認定事實的證據基礎。只是如此一來，證據能力已有待檢驗，再者，陳憶隆、黃春棋的說詞，又經常出現前後不一致的問題，法院過度重視有瑕疵的自白，還藉以交互補強，又完全不顧阿強的辯駁，根本未依循補強證據法則應有的規範（補強證據必須是被告自白以外，可擔保自白內容為真實的證據）。

因此在審理過程中，從最高法院發回更審理由，便不難發現最高法院對補強證據的疑慮，也非渾然不知。包括這起案件第一次發回更審時，最告法院即指明：「……原審判決未徹查明白，遽行判決，疏嫌速斷……」第二次發回更審時，最高法院又說：「……又陳憶隆、黃春棋在審理過程中固仍指稱徐自強參與作案，惟均否認渠等事先在徐自強某住處謀議殺害被擄人，此攸關其有無殺人之共同犯意聯絡，原判決亦未敘明其心證之理由，均屬理由不備。」言下之意，最高法院對陳憶隆、黃春棋兩共犯自白的真實性，並非認為毫無疑義，發回更審，就是為堅守補強證據的法理，因此才會要求下級法院不要僅以兩被告自白而為相互補強，避免認定犯罪的基礎，流於「供述」證據。這也是學者判決評鑑之所以作成的主要原因，亦即共犯自白的使用，必須加以限縮它的證據價值，並以客觀的補強證據取得證據能力，以免產生僅以他人主觀上的供述，就徒然變成認定某人犯罪事實的主要依據。

學者提出判決評鑑的隔月，檢察總長盧仁發為阿強第四度提起非常上訴。隔年雖然又遭到最高法院駁回，但大法官會議卻在此時決定受理司改會為阿強所提的釋憲聲請案。在監察院調查報告、學者判決評鑑接續支援下，「共同被告所為不利於己之陳述，可否採為其他共同被告犯罪的證據？」至此進入憲法攻防的層次，阿強官司的高度，又往上躍進了一階。學者的判決評鑑，原來只是對又一波激烈的訴訟攻防的鳴槍起跑而已。

第十三幕　最後一步

雖然說，阿強的命運，隨著監察院調查報告和學者的判決評鑑，幾度高潮迭起，成功拖延了死神降臨的時間，讓一起數年前死刑定讞的案件，看似有了新的突破；但縱使有監院報告和學者評鑑接續聲援，檢察總長盧仁發終為阿強四度提起非常上訴，以實際結果觀之，阿強還是節節敗退。前方路標一路指向死刑，救援律師的訴訟策略幾至無路可走。三位律師（林永頌、尤伯祥、陳建宏）、三位監委（江鵬堅、李伸一、黃勤鎮）、三名學者（李茂生、何賴傑、黃朝義），一名死刑犯，完全不敵本案初始，自地方法院、高等法院、最高法院累計超過數十位法官一致的見解，阿強就是該槍斃。

釋憲突破僵局

在司改會一次會議上，林永頌找來尤伯祥（時任司改會檔案追蹤小組召集人）、陳建宏（阿強原辯護律師）兩位律師，除他們之外，三位負責撰寫判決評鑑的學者也受邀在場。評鑑報告已然有譜，結論大致是指：「法官判案僅憑其他共同被告之自白，在無任何其他補強證據之情況下，對於徐自強所提出之不在場證明等有利證據均未審酌……本案所出現的檢警蒐證方法、法官對於事實認定共犯自白效力以及共犯自白做為補強證據的做法，不僅可能影響刑事裁判的正確性，更可能進而動搖司法的公信力。」三位學者不認同法院判決的立場相當明顯，可是能否改變接下來司法審判的方向，在座沒一個有把握。即使當時司法圈中，有不少法官和李茂生、何賴傑、黃朝義有師生、同學關係，但法官的訓練之一，必然要對這番人情世故置之不理。假如法官們對於學者的判決評鑑，就像對待監察院調查報告一般，完全不為所動，那麼，當時司改會所有用於救援冤案的手段，則可謂招數用盡。

會議室裡的氣氛雖不至於愁雲慘霧，但與會者的神情皆是凝重的，因為它不只是件非輸即贏的官司，外頭的世界雖然是馬照跑、舞照跳，法庭上的訴訟攻防也完全無礙這個社會的運轉，卻也事涉一條人命，儘管阿強個人名不見經傳，標準小人物典型，可生命是平等的，是無價的，更何況他還十分有可能是受到冤判。如果醫生有救人的天職，法律人不也有讓人不得枉死的義務，這同樣都是出於對生命的尊重，而那也是文明社會最基本的底線。一群人為了守住這最後底線，絞盡腦汁、想破頭，在聲請再審和非常上訴，兩條路屢屢被打回票下，心情沉重可見一斑。

眾人你一言、我一語腦力激盪，一如林永頌當初答應徐自強母親委託時所說，大家苦思對策，想著就是到底有什麼方式，能讓法官接受阿強不該被判處死刑。這時，受林律師之邀加入救援行動的尤伯祥律師靈機一動，提出事到如今，若還期待案情有所轉圜，最後一條路，或許唯有提出憲法解釋，才有可能突破瓶頸。也就是藉由釋憲一途，去凸顯法院以被判死刑的人（黃春棋、陳憶隆）之自白，當做判定另一個人（阿強）死刑的證據，是法治國家不可接受的定罪手段。如此一來，或許亦能讓學者的判決評鑑發揮最大效益。

此話一出，立刻得到在場三名學者的呼應。當時司法文化仍充斥著三人成虎的氛圍，這其實是嚴重違反程序正義的積習，別人講你的壞話，常獲得法官採信，個人對其提出的辯解，則多半被視為狡辯。這也是三名學者針對阿強所涉及的死刑案件，最終在判決評鑑中提出的最主要論述。只是他們知道，除學者發聲之外，後續還必須要有更強而有力的機構出面支撐他們的見解，他們的意見才可能真正傳達到擁有生死裁判權力的法官耳裡。那機構，自然就是超出黨派，獨立行使職權，不受任何干涉的大法官了。

那場會議讓大家又振奮起精神，顯然是找到了一絲希望。儘管從經驗可知，由人民提出的釋憲申請案，百分之九十大法官最後都不予受理，但阿強當時已是走投無路，一場冤獄看似就要沒入無底深淵，從今爾後再也沒有人會去關切一個已然受冤者的生死，因此就算機會渺茫，倒也姑且一試。

主持救援律師團的林永頌，把撰寫釋憲聲請書的工作交付尤伯祥律師負責。最早，尤伯祥剛接觸阿強的官司，也是一頭霧水，儘管那是一起曾在報上受到社會矚目的重大新聞，就像多數人一樣，誰都不會以為當中細節大有問題。直到承接此案，看完所有卷宗，尤伯祥也跟所有一旦花心思關切本案的人同一反應——阿強是被冤枉的。

就某方面而言，阿強的案子也證實了尤伯祥自律師執業以來盤旋在心裡的想法。幾回法庭的交戰，他很清楚，臺灣的刑事法律雖然也標舉「無罪推定」，但是司法實務倒頭來，仍充斥著有罪推定的習慣，最具體的表現，就是高度仰賴自白，拿被告之間的互咬當作證據予以定罪，從而省去法院不少為了尋找其他有力證據的精神和力氣。這正是臺灣過往司法文化及承襲專制國家的特色傳統。阿強的案子到了尤伯祥手上，已是西元二〇〇〇年，臺灣的司法界依舊吹拂著徐徐此風。

不受理的高牆

司改會介入救援的那段期間，救援律師的每一次動作都是和死神賽跑，都是為了發揮延遲阿強執行死刑的作用。你可以說他們是在採取拖延戰術，徒增司法資源消耗；但要讓一名死刑犯驚動監察委員，促使學者大張旗鼓介入評鑑，甚至接下來還要走上大法官釋憲，外人可能就很難論斷它只是件單純的法律訴訟案件。更何況，就拿一路以來法官所能掌握的犯罪證明，阿強實在命不該絕。

很快的，尤伯祥在學者提出判決評鑑的同時，即快馬加鞭，為阿強火速寫出釋憲聲請書，並以之前三位學者的判決評鑑做為聲請書的附件，期盼學術上的權威分量，能說服大法官受理本案。

釋憲主要的聲請主張則為：「於被告否認犯罪，但兩名以上共同被告或共犯均自白指述該被告犯罪之情形，最高法院三十一年上字第二四二三號、四十六年台上字第四一九號、三十年上字第三〇三八號、七十三年台上字第五六三八號及七十四年台覆字第一〇號等刑事判例，准許法院在除共同被告或共犯自白外，無其他足可證明犯罪之獨立補強證據（即非僅增強自白之可信性，而係具備構成要件犯罪事實之證據）的情況下，逕以上開複數共犯或共同被告之自白互為補強，做為認定被告有罪之證據，已侵害刑事被告受憲法保障之生命權及訴訟基本權，並有違憲法所要求之正當程序原則。」簡而言之，尤伯祥所撰寫的釋憲聲請書，意欲請求大法官解釋的關鍵，就在於希望大法官能明察，法院能否僅因複數共同被告的自白，在無其他補強證據（具備構成犯罪事實的證據）下，就認定阿強有罪，而判處他死刑。

二〇〇三年十月一日，救援律師將他們代阿強擬妥的釋憲聲請書送出，當時適逢新任大法官就職，他們對於這群新任大法官寄與厚望，期盼能讓整起案件出現起死回生的機會。

這紙釋憲聲請書，總計寫了二十頁A4紙張，並另外附上九份文件，那已是救援律師營救阿強的最後希望。只是天不從人願，阿強注定要在獄中再拖磨一陣子。因為這起釋憲案的承辦大法官彭鳳至，一開始即做出不受理的決定，等於阻斷了救援律師一廂情願想端出大法官，促使法院改判的企圖。

尤伯祥聲請釋憲，即根據《司法院大法官審理案件法》第五條第一項第二款所載明的：「人民、法人或政黨於其憲法上所保障之權利，遭受不法侵害，經依法定程序提起訴訟，對於確定終局裁判所適用之法律或命令發生有牴觸憲法之疑義者。」* 但是不受理的意見卻認為，阿強所涉官司的確定終局裁判並沒有適用這幾個有違憲疑義的判例。結果，一如那百分之九十以上不被受理的人民聲請釋憲案，這次釋憲行動可謂出師未捷。

不過這起案子一路以來，又是如此深具韌性。每每看似大勢底定，阿強只得等著伏法，故事再無延續的可能，卻又總在一切即將劃下休止符的一刻，又神奇地讓人發現柳暗花明又一村。承辦大法官不予受理，旁人以為這件綁架撕票案堪為合掌告終，結果又是一次橫空捲起千堆雪，繼續沒完沒了。

受理與不受理的角力

命運弄人，阿強也算時來運轉。他所面對的這一批新官上任的大法官，顯然也認識到承接如此聲望崇隆的國家名器，並不是一個專以韜光養晦、供人瞻仰的位子。如果說這回的釋憲案，是將阿強從鬼門關拉回人間的關鍵，那麼，和寫協同意見書（認為應該受理）的許玉秀一起堅持受理，事後並做成違憲解釋的十位大法官們，便是阿強生命中的摩尹賴（希臘神話中，命運三女神的總稱，每個人重大命運的決策者）。

每個禮拜三下午，是大法官進行案件程序審查的例行審查會，在第一次審查會上，承辦大法官彭鳳至即解釋了不受理的理由，當時許玉秀即起身發言表達不同看法，認為法院判決內容根本無法服眾。然而，以其刑事法專業的背景，當時她不發言，豈非失職？（從釋字第五八二號解釋彭鳳至大法官的不同意見書和許玉秀大法官的協同意見書，可以看出不受理和受理意見，曾經有過激烈角力。）

此外，審查會上擔任主席的司法院長翁岳生則罕見地特別再次詢問不同意見的一方，似是要其進一步說明（此舉在歷來審查會上實屬罕見），不過當時起身反對不受理的許玉秀，其實只是希望承辦大法官彭鳳至再予斟酌，且似乎一副準備要「投降」的樣子，翁岳生卻還特別停頓下來，目光掃視全場，然後問了一句：「承辦大法官都研究清楚了嗎？」語畢，全場鴉雀無聲，最後就在一片靜默中，通過不受理的審查。

沒人可以推測當時底下靜語無聲的原因，或者身為同僚，一旁的大法官們應該已聽出來許玉秀指出的判決盲點，也許，他們只是一時還沒意會要對一起數度被判死刑的案件，做出什麼樣的意見反應。

果然，就在主席宣布審查會結束，不少大法官便紛紛跳出來表示這個案子需要再做討論，原來除了發言表達不同意見的許玉秀之外，其他大法官方才在審查會上都只是「故作鎮定」？一時之間，原以為幾無變數的釋憲案又突然動盪了起來，而且從此一直動盪到完成五八二號解釋之後。

至於要想此案翻盤，當然得通過受理門檻。惟受理之後，究竟宣告判例違憲與否則是另一個戰場。只是話說回來，即便大法官位居廟堂之高，卻也還是以「人」的面目示人，案件受不受理，除了要審酌條件符不符合，很多情況下，其實還得看同樣生而為人的大法官，是不是主觀上覺得某個人的聲請案，確實有受到不公平對待的味道，這往往也會成為左右大法官受理與否的關鍵。

因為不受理的決定是基於阿強的判決從頭到尾並未於文字表述上，明確引用過往裁判的判例字號，因此大法官便無從根據所引用的判例，去解釋其中是否違反憲法的規定和保障事項，表面上確實看似不符合釋憲條件，但也可以這麼說，和彭鳳至相同立場的大法官，並不認為阿強有任何冤情可言。偏偏許玉秀卻有完全不一樣的感受。

更早之前，許玉秀曾以學者身分，針對蘇建和案做過評鑑報告。當時她便已發現，蘇建和等人之所以被指涉案，完全也是出自同案被告的自白，其他積極證據則付之闕如。只是她當時雖然心有疑慮，卻還沒有進一步思考到違憲的問題。事後，她將這件事一直放在心裡，後續還寫過文章，專以討論共同被告的自白可否當作判定他人有罪的證據。直到她耳聞阿強的案子，才意識到那和當年她所評鑑的蘇建和案似有雷同之處。後來許玉秀會如此著力於阿強的釋憲聲請，似有彌補過往思緒未及的遺憾。因此，如果想要讓一件幾近胎死腹中的釋憲聲請案翻盤，她首先必須建立一個得以受理的理由，違憲與否還在其次，受理與否的關卡若跨不過去，欲以憲法層次討論被告自白證據力的問題，也只會流於空談。

然而，法界中人就如同各行各業人士一樣，皆有其行規和潛規則。對法官而言，「判例」就是鐵律。似乎為了不讓大法官有機會審查判決所引用的判例是否違憲，以致取代了最高法院最終審的地位，法官們經常只會在精神上、道理上引用某個判例，而不明白清楚地援引其判例字號，如此一來，大法官即會以某案件並未援引具體判例字號，做出不受理的決定。這是一般人民聲請釋憲經常被打回票的原因之一。

不過，這也就是尤伯祥等救援律師在擬定釋憲聲請書時的高明之處。

釋憲受理的鑰匙

救援律師團很清楚大法官釋憲的遊戲規則，因此，他們必須找出阿強所涉及的綁架撕票案，其判決確實是引用過往判例，進而推論所引用的判例本身已違背憲法精神，那麼，阿強的死刑判決自然也就不合於憲法保障。他們提出來的判例，正是「最高法院三十一年上字第二四二三號、四十六年台上字第四一九號、三十年上字第三〇三八號、七十三年台上字第五六三八號及七十四年台覆字第一〇號等刑事判例」這一長串文字。法律用語經常讓人覺得死板而不易親近，加以千頭萬緒，很容易讓人望之卻步，可是往往在這乏味、枯燥，有礙常人閱讀的字裡行間，卻又夾雜著救援律師的用心良苦。（陳建宏律師更早之前，在為阿強上訴三審所提上訴理由狀中，曾引用這些判例，並指摘高院判決違背這些判例，最高法院最後駁回上訴的判決，雖未具體引用這些判例的字號，但所用文字皆與判例要旨雷同，因而此次釋憲時，救援律師便主張最高法院實質上引用了這些判例。）

為了讓自己心中可能的疑案翻盤，希望受理的大法官們就是要證明阿強所涉官司的判決，縱然沒有明確援引某一「判例」字號，但若可以判斷某一判例，確實是這份裁判的基礎，那麼，這項裁判即便無援引判例字號的具體文字，也等同於實質援用，尤伯祥所擬釋憲聲請書中提及的判例，就是這個用意。一旦某一判決，「實質援用」了某一判例，而向大法官聲請釋憲，「賓果！」，大法官當然就有責任受理這項釋憲聲請。

找到受理阿強救援律師所寫釋憲聲請書的鑰匙。對阿強來說，彷彿像是打開了潘多拉的盒子，且就像後人對此一神話的其中一項解釋，當疾病、災禍、不幸的事物，紛紛從開啟的盒子竄出的同時，唯有希望還留在盒子之中，因而即使人類不斷地受苦受難，生活中遭遇種種挫折和折磨，盒子裡的希望都不曾消失。

在那份釋憲聲請書遭到大法官彭鳳至擬不受理之後，所幸還有一道手續，才可謂正式結案。那就是幾個禮拜後的大法官大會。大會上，書記官將一一宣讀那一段時間以來所有不受理的案件，所有出席大法官會重新再表決一次，要想翻盤，大會就是最後的競技場。

因此，在大會召開之前，想翻盤的人要做的準備便相當多，包括提出應該受理的理由，甚至還得囊括解釋文草案和解釋理由書草案的受理審查報告，證明是可以做出解釋的。不僅有文書工作要做，還得逐一向每一位大法官說明緣由，期待在大會上獲得同僚的票數支持。雖然大法官只有十五人，計算支持、反對票數並不是什麼困難的數學題，可是如果要作成解釋，需要至少十位大法官支持，只要差一票，整個案子就將無力回天。人數不多，但每一位大法官都具有決定性的影響，益發顯得事前固票的工作有多重要。

外頭聲援阿強的工作仍舊持續著，學者的判決評鑑已然見諸媒體，但事件發展仍舊在死刑之路上原地踏步。阿強還沒有被執行死刑，也沒有獲得重新審判的機會，每天繼續不死不活地在牢裡拖磨著。檢查總長盧仁發第四度為阿強提起非常上訴，隔了數月，最高法院傳來消息，第四次非常上訴再遭駁回。救援律師團方知何謂黔驢技窮，如今只能在釋憲聲請案上孤注一擲。

* 最高法院三十一年上字第二四二三號、四十六年台上字第四一九號、三十年上字第二〇三八號、七十三年台上字第五六三八號及七十四年台覆字第一〇號等刑事判例，就是有牴觸憲法疑義的命令。

第十四幕　峰迴路轉

申請釋憲不受理的案件，在大法官審查會上已然做出的結論，其實甚少能在後續的大會中翻盤。已經受理的案件，在審查過程中，改成不受理的例子，也不多見。* 因而大法官大會主要是針對審查會所審理的受理案件，進行解釋公布前最後一次的檢閱和表決，要公布的解釋完成審理程序之後，對於審查會已經通過不受理的案件，多半也只是行禮如儀地由書記官把案號唸過，即可公布不受理決定。唯獨這一次針對阿強一案，一件原本不受理的案子，似乎在大法官之間得到不尋常的重視。

兩派大法官激烈交鋒

關於彭鳳至大法官不受理阿強釋憲申請案的決定，幾個禮拜後受到其他多數大法官阻擋，但也不是一下子就令整個案情翻盤。而是不同意見雙方，各自爭取到重新準備受理理由和不受理理由的時間。準備受理理由當然要耗費比較多心力，因為依照大法官準備受理審查報告的工作慣例，必須蒐集參考文獻，準備分析報告，撰寫解釋文及解釋理由書草案。

縱使受理，也還有合憲、違憲或合憲性解釋幾種可能。準備解釋文和解釋理由書草案的大法官總要考慮哪一種方案，比較可能獲得最多數的支持。

最後決定受理與否的審查會重啟在即，儘管包括許玉秀在內想翻案的大法官得到不少同僚奧援，但也不乏鐵板一塊的對立面。過程中，最高法院是最不樂見釋憲案翻盤的一方，因為根據未經詰問的共同被告自白論罪類似案件，歷來可能不在少數，此例一開，日後要求翻案的案件豈不大增，進而備受挑戰的不只是最高法院的威信，還有可能大量爆發的案件壓力。在溝通兼具遊說受理阿強釋憲案的過程中，似乎有些大法官漸成一派，而且和最高法院站在同一陣線，他們看起來都是職業法官出身，不過，從公布的解釋看來，所幸不是所有職業法官出身的大法官都反對受理。

阿強個人從來沒有什麼通天的本事，小時在媽媽開的麵攤幫忙洗碗，長大後開砂石車、賣檳榔，二十七歲就進了監牢，他能有什麼機會證明自己具備異於常人的天賦，他就是個再平凡不過的普通人，唯一的表徵，就是背負著死刑罪名的囚徒。他個人的官司，卻一路搖撼位高權重的大法官。這是史上絕無僅有的死囚待遇，命運之神對其施以的操弄，至此完全讓人摸不著頭緒。

大法官大會召開的那一天，正是阿強命運轉折的重要一天。因為事前已有近一個月兩派意見檯面下的角力，一場激烈的言詞辯論於焉展開。阿強想都想不到，自己鎮日在獄中木然地面對死期，當下竟有兩派大法官，為了他的案子爭得面紅耳赤。

數年之後，網路上遂有一篇列在《法治時報》下，署名金南所寫，題為〈兩個女人的戰爭，中華民國憲政史上最激烈的內戰〉的文章，赤裸裸地揭露了當時大會上，雙方人馬言辭交鋒的激烈場面：

彭鳳至與許玉秀擔任大法官不過半年，即在會議室內爆發一場司法大戰，那是為了撕票盜匪徐自強聲請釋憲案。

這場大戰，可謂「星星之火燎起漫天大火」，影響深遠。

起初，只是「兩個女人的戰爭」，後來，衍生大法官分實務派與學院派對決；接著，大法官與最高法院也捲進戰火，大吵一架；最後，還勞動司法院長翁岳生與最高法院院長吳啟賓協商，雙方妥協，由最高法院提出聲請，大法官再做補充解釋，漫天戰火才逐漸平息。

徐自強聲請釋憲案，原本是由彭鳳至承辦，她提出的審查報告，結論是：本案應不受理。本案原本經全體大法官在審查會上無異議決議通過。

豈料，不到一個月，專長刑法的許玉秀提出翻案動議，她的著眼重點，一言以蔽之，就是徐自強的死刑定讞判決，瑕疵很明顯，她無法接受，希望多數大法官再考慮。

彭鳳至明白表示反對。她認為，如果大法官認為個案判得不好，就要把它推翻，大法官是否有「第四審」之嫌？

但許玉秀堅持徐自強案涉及自白的證據能力爭議，還有研究餘地，強力要求「願意再研究！」在許玉秀的強力堅持下，徐自強聲請釋憲案，就此「敗部復活」，由不受理轉為受理……

……許玉秀「強搶」彭鳳至的徐自強聲請案事件爆發之後，兩人不和正式檯面化，加上政治意識形態歧異，近幾年來，「兩個女人的戰爭」經常是翁岳生院長主持會議大傷腦筋的大事。

雖然日後文章中的當事人從未證實這段內幕，其中環節和實際情況也多有出入，但阿強的釋憲案，確實曾在大法官之間引起極大爭議。這件案子終究是支持應予受理的一方，以剛好跨過門檻的十票獲得勝利。爭取釋憲成功，消息傳來，人正遠在馬祖開庭的林永頌，知道結果後興奮不已，他盡可能壓抑著內心澎湃的情緒，官司行走至此，總算是「有救了」！

受理釋憲聲請案與否的表決，舉手贊成的大法官，計有翁岳生、城仲模、賴英照、余雪明、曾有田、廖義男、楊仁壽、林子儀、許宗力和許玉秀，反對方，也就是實務界出身的大法官林永謀、謝在全、徐碧湖和王和雄，在表決時均拒絕出席，以示抗議。至於原承辦大法官彭鳳至，則在現場力戰許玉秀，知大勢已去，遂特別撰寫不同意見書，以為捍衛自己的主張並留下紀錄。

訴訟正當程序的里程碑

三個月後，大法官作成釋字第五八二號解釋，宣告最高法院判例違憲，亦即相關判例所指「共同被告所為不利於己之陳述，固得採為其他共同被告犯罪之證據」，違背了憲法意旨。法院之前判決阿強有罪，正是僅僅採信被告黃春棋和陳憶隆對阿強不利的自白，就判他有罪。在「實質援用」說下，既然被予援用的判例違憲，那麼，阿強的判決也就不符憲法的保障了。幾番遭命運之神捉弄的阿強，似是見到了轉機。這一回，不僅監察委員替他說話，學者為其聲援，現在，就連大法官也願意出手拉他一把。

退下大法官職務的許宗力，數年後回顧此案，他說，釋憲五八二號解釋應該被視為追求訴訟正當程序的里程碑，因為以往很多案例，都是被告互咬就遭判重刑。當年奔走多方的許玉秀，當然是最關鍵的人物，尤其，如果沒有釋字五八二號，阿強早就被槍斃了。但是許玉秀強調，她不敢居多方奔走之功，只是因為她的專業背景，被期待負責大部分文書工作，解釋文和解釋理由書並非她主稿，就像所有的解釋都是多數大法官的共同心血一樣，甚至有時候不同意見大法官，都會善意提供文字建議，五八二號解釋是十位大法官對公平審判的期待、對正當法律程序的堅持所促成。只是反對這一號解釋的大法官，對解釋論述本身，倒真的沒什麼貢獻。

許玉秀日後還透露一位大法官在這號解釋之後曾說，能參與作成五八二號解釋，當大法官也就值得了。這位大法官是職業法官出身，所以，外界習以用出身實務或學術，標示大法官的價值取向，有時並不完全可靠。

二〇〇三年，刑事法專家許玉秀出任大法官，這位歷來最年輕的女性大法官，在出席總統府的大法官人選公布記者會上，有過一段發言，她說：身為法律人，基本上你就是要看到那個手無寸鐵，非常脆弱的個人，憲法就是要保障這個人，那不是假設，因為我們每一個單獨的個人都是那個人。因而我們不難理解，為什麼她對阿強的案件感受特別深刻，對她來說，阿強就是那個單獨的個人，面對國家機器，一個手無寸鐵、非常脆弱的個人。

至於釋字第五八二號解釋最大的意義，非僅關乎阿強而已。它其實是保障了所有被告的防禦權，那是訴訟權的核心，也是正當法律程序原則產生的理由。幾年後，論及當年這一段驚濤駭浪的釋憲案，許玉秀很慶幸自己是勝利的一方。因為，訴訟即是一個人異議的權利，而他控訴的對象是公權力，也就是國家機器，如果沒有給予他充分、足夠的防禦權，那麼，整個訴訟程序一開始便已傾斜，那當然就不符合正當法律程序，也就不會有公平的審判。

假若真遭冤枉，阿強確實是個極度倒楣的可憐蟲。大好青春，就這麼無端陪葬在牢獄之中。不過他應該也算是倒楣鬼中最幸運的一個人。除了有林永頌、尤伯祥、陳建宏願意以義務辯護律師身分為他挺身而出，還有一群篤信法律正當程序的學者、大法官站在其身後。就像參與判決評鑑報告的學者之一黃朝義所說，他們不是在救阿強，而是希望國家走在公平、公正的路上，阿強一個人的死，不只是他個人家庭的破碎而已，若不能公正、公平的保障國民，那就是國家司法的病了。

釋字五八二號一出，最高法院群起反彈，還開記者會抨擊大法官的決議，持反對意見的大法官徐碧湖，更是在卸任之後，透過《月旦法學雜誌》繼續開罵。正當外界把關注的焦點擺放在另外三名死囚蘇建和、莊林勳、劉秉郎等人身上時，阿強所捲入的這起綁架撕票案，正在社會的另一角為臺灣司法史寫下重要的一頁。他同時是唯一讓大法官跳出來，為了他的案子據理力爭的人。山腳村長大的孩子，以自身數年、未見盡頭的牢獄之災，終於換得一紙釋字五八二號解釋，鬆動了另外兩名被告指控他參與犯罪的證據力。他那原本宛如螻蟻一般的弱小生命，卻也意外地在這數年官司下，顯現出予人意料之外的韌性。數十位法官輪番接力判其死刑，不知怎麼的，阿強就是怎麼樣也死不了。

補述：當初縱使受理翻案成功，如果解釋結論不是違憲，還是救不了阿強。最後解釋結論是部分違憲，部分合憲。根據違憲的部分，阿強的案子便可以重啟救濟程序。這說明合憲的結論確實曾經出現過。許玉秀證實，合憲性解釋的方案的確是思考過程的一個方案，也就是將系爭的判例內容，解釋成並沒有准許法院將共同被告自白當作被告自白使用，那麼犯錯的就只是「個案判決」，如果是「個案判決誤解判例」，作成錯誤判斷，因法院見解不能成為憲法解釋的對象，也就是並非大法官可以審理的對象，那麼大法官其實就應該不受理。就算為了讓法院不再誤用，受不利判決的被告，也不能因此根據解釋結論請求非常上訴，因為最高法院根本不承認他們適用判例，因此也沒有適用判例錯誤的問題。但如此一來，受害的不會只有這個個案，這種侵害被告防禦權的案例還會繼續發生。何況判例的論述十分清楚，一定要替判例圓謊，實在其理不直，所以根據許玉秀的說法，除了「違憲」，本於專業良知，其他方案是寫不出來的。

* 二〇〇五年釋字第五九〇號解釋就是在審理過程中，少數從受理變成不受理的例子。

第十五幕　廢除死刑推動聯盟

當官司打到更一審、更二審，接連又是兩個死刑，阿強幾乎已放棄走出監獄的希望。但他不是那種怨天尤人、求神拜佛，又或者會以憤怒表達情緒的人。他全以沉默做為對這起冤情的抗議。雖然話愈來愈少，他確實是滿腔怒火，氣法官，更氣表弟黃春棋和損友陳憶隆，他痛恨周遭滿是鐵窗、鐵欄杆，一股低沉不見天日的氣息，還有踩著腳上的藍白拖走過監獄長廊磨石子地板時，那種毫無溫度的死寂感。

阿強的姊姊在受刑人接見室裡泣不成聲，不解阿強為什麼在庭上為自己辯駁時，講話那麼小聲、那麼無力，「你一個受冤屈的人，那麼平靜，一點也不激動，你要讓法官怎麼相信你的委屈。」阿強的姊姊連珠炮似地不斷責備阿強，阿強嘆了口氣，像是為了點小事就被罵到臭頭的孩子。他的嘴角微微上揚，但那不是微笑，而是從小只要遇到莫可奈何的事情時，他就會顯露出這種笑罵由人的模樣。死刑定讞，阿強被轉至等待執行的牢房後，他全身上下，只剩下靜謐無聲的恨。

廢除死刑主張出現

他沒有責罵任何人，但確實也不再相信任何人，包括律師、監察委員，他甚至一度以為那些人只是把他當成作秀工具，舉著他的名號，上街頭拉白布條，四處陳情。說不定只是不甘寂寞，想替自己爭取些新聞版面而已。家人為他奔走多年，也夠累人了，反正一切到頭來只要法官不相信他，都是白費工夫。寫給父母、兒子和姊姊的訣別信，就是這個用意，他只想一個人默默走完人生最後一段荒謬的旅程。

阿強此時已別無所求，尤其死刑定讞後，他對自由了無希望，唯一僅有的一絲期待，就是這個世界上有人真正相信他是無辜的。他沒有殺人，沒有勒贖，更沒有綁架。那一天，一九九五年九月一日，他只是一如往常地前往檳榔攤進貨、出貨，然後走去郵局領錢，再回到媽媽家中，和兒子一起用餐，直到傍晚，除了一度出門租車，他都待在媽媽的美髮店裡。

撇開黃春棋、陳憶隆對他的指控，法院從來沒有任何關於他犯下這起綁架撕票案的具體證明。他就這樣沒來由地被關進大牢，數十名法官沒一個看出其中顯有疑問，而且就是不相信他的辯駁。原來一個人要證明自己沒有犯罪，在法庭上是如此難如登天，而法院卻可以拿其他人的指控，外加一、兩樣薄弱、牽強的推斷，就將你定罪。

在既有法律訴訟程序，監委介入，學者聲援，乃至大法官出手，都不足以讓阿強重獲自由下，司改會的救援行動無疑又走至瓶頸。自承接阿強的案子，每遇農曆過年前夕，司改會上上下下都會格外忐忑不安，因為那段時間正是死刑執行的高峰。據聞法界的潛規則，多會選在農曆年前送死刑犯上路，主要是為了給被害者家屬一個交代，讓他們的悲慘遭遇能在新的一年開始前有個了結。因而只要死刑存在的一天，阿強的救援律師就一刻不敢掉以輕心，尤其另有盧正案的前車之鑑（律師認為法律途徑尚未窮盡，盧正就被執行死刑），救援律師團主持人林永頌在一次救援會議上提出，既然官司訴訟曠日費時，阿強且隨時有被執行死刑的可能，如今這樣也救不了阿強、那樣也救不了阿強，法院明顯判決錯了，錯了卻又不改，那麼，不如乾脆廢除死刑算了。

林永頌的廢除死刑說法顯然不是一時情緒反應，他是真的認為，以臺灣司法的裁判品質，實在不應賦予法官判處任何人死刑的權力。這使原本僅專注於阿強個案救援工作的司改會，一舉拉高至推動廢除死刑運動，並且和官司訴訟分進合擊，另結合臺灣人權促進會、臺北律師公會及一些人權研究中心，共同組成「替代死刑推動聯盟」(主要由臺權會吳佳臻、司改會林欣怡和東吳張佛泉人權研究中心的李仰桓三個人負責)，以推動廢除死刑為目標。如此大動作，無非希望直接透過制度性改革，讓死刑從刑罰中消失，以幫助和阿強一般的冤獄犯躲過死神的威脅。司改會此後開始有系統地提出廢除死刑的主張，以及後續一系列全國性的宣傳行動，歸根究底，正是受到阿強冤案事件所催生。

自此，阿強所涉及的綁架撕票案，除了在無罪推定、被告自白能否當成唯一證據上，分別給社會大眾上了幾堂法學課，眼下，環繞在阿強身上極可能的冤獄、冤判，又進一步延伸連結到極具爭議的死刑存廢問題。

阿強的案件，因為既有法律途徑屢屢受挫，從而發展出廢除死刑運動，這對坐困死牢的阿強來說，彷彿看到前方有了一道曙光，間接協助他自我振作。儘管死刑廢除與否仍是未定之天，但至少那說明了，除負責主打官司的救援律師團、提出調查報告的監察委員、寫下判決評鑑的學者，以及作出憲法解釋的大法官之外，救援的形式已不純然只有官司一途，它還形塑成了一場社會運動。當司改會主要負責「替代死刑推動聯盟」工作的林欣怡走進看守所，面對面傾聽阿強的經歷，原本以頑強的心防，抗議加諸在自己身上不公待遇的阿強，那一刻，也終於有了些許軟化。

救援所有冤案死囚

二〇〇五年國際人權聯盟（FIDH）和替代死刑推動聯盟合作進行臺灣死刑調查，林欣怡希望能有機會接觸死囚，阿強正是其中一。因為不是救援律師，面對死囚，她不必有法律用詞上的謹小慎微，她也不是監委，所以沒有官樣的氣息，她當然也不像大法官一樣，對阿強來說如此遙不可及，她也不是學者，純以白紙黑字的證據論斷是非。在阿強眼中，她只是個突然冒出來的陌生人，逼著自己心不甘、情不願地又一次複述個人入獄情節，至於林欣怡回報給他的，則是全然沒有猜疑的同情和信任，這是阿強第一次從自己家人之外，發現世界上居然有一個和他毫不相干的人，願意聽他說話，而且相信他所言不假。任何一個被冤枉的人，其實要求的東西都很簡單，就是有人願意千萬人吾往矣地去相信他。林欣怡就是這個人。

初期，林欣怡對阿強的瞭解，除了司改會既有的卷宗、判決，還有就是阿強家人的轉述，不過那實已足夠讓人對阿強涉案與否心生疑惑。更何況自林欣怡有機會直接聽取阿強親口說出遭遇，更難讓人置信阿強竟然會被以死刑待之。爾後，林欣怡在接下來的替代死刑推動聯盟工作上，更一步步將廢除死刑的訴求，拓展至「救援所有冤案死囚」的境地，就像當初成立替死聯盟，就是為了營救阿強的心情一樣。

死刑存廢另有人權精神的繁複論述，但單就阿強這起準冤案來說，死刑則是一個完全不該存在他身上的懲罰。對一個受冤者而言，在監牢裡多關一分鐘都是不公平的，更別說他還得面臨死刑威脅。這是當初替代死刑推動聯盟在救援冤獄死囚時最基本的信念。二〇〇三年，替代死刑聯盟進一步更名為「臺灣廢除死刑推動聯盟」，從此專心一致以廢除死刑為職志。在監察院調查報告公布之後，學者判決評鑑即將出爐之前，大法官釋憲未定之天之際，廢死聯盟便以側翼的方式大舉為阿強祭出聲援。

更早之前（替代死刑推動聯盟階段），他們的行動之一，還包括和國際特赦組織合作，發起一人一信搶救徐自強運動。阿強的名字從而被推上國際，成為各國諸多冤獄案例之一。就在大法官做出釋字五八二號解釋，替所有站在阿強一方的人注入一劑強心針後，林欣怡和替死聯盟成員，緊接著再帶著阿強的案件，前往加拿大蒙特婁參加第二屆世界反死刑大會（World Congress Against the Death Penalty）。那等於是為阿強這起跌宕至谷底的死刑案，額外又增添了一股力量。

死刑犯的攝影師

那次大會讓林欣怡巧遇一名日裔美籍的攝影師風間聰（Toshi Kazama）。日後，他在廢死聯盟救援阿強的工作上，發揮了助其一臂之力的效果。風間聰自十五歲移居美國，對美國社會槍枝、毒品犯罪問題感受甚深。不過他最不解的是，美國竟然是個會將未成年者判處死刑的國家。於是他開始扛著攝影器材走訪美國各大監獄，以最貼近死囚的方式，拍下他們待死之前的真實面貌。他前前後後總計拍過二十一位美國青少年死刑犯，弔詭的是，這二十一人當中，最後有人確實被執行死刑，但也有人被改判無期徒刑，甚至峰迴路轉以無罪釋放。如此一來，不正凸顯死刑制度本身就是個詭異的命題。假設冤獄落在死刑犯身上，縱然有朝一日還其清白，人已氣絕，又該如何待之以正義？風間聰的作品讓人看到了死囚的另一些面向，不是他們蒼白的臉頰，槁木死灰的面容，或是那身令人望而生厭的囚裝樣式，而是讓人重新思考，以人類今天所能展現出的智慧，真的有辦法毫無差池地拿死刑做為處罰的終極？

風間聰對死刑的疑惑和林欣怡有志一同。蒙特婁世界反死刑大會隔年，國際人權聯盟（FIDH）剛巧要到臺灣調查死刑現況，風間聰是獲准進入臺灣死牢主掌鏡頭的攝影師，那年他和林欣怡有機會再次相遇，兩人且一同親臨死牢，和阿強在獄中碰上一面。

風間聰那一次和阿強的會面關乎著阿強的命運。因為風間聰之故，透過他所拍攝的照片，外界才得以首次清楚地看見阿強在獄中的神情畫面。在此之前，阿強只是新聞報導或判決書上，純然由負面文字堆砌而成的綁架犯，在風間聽的鏡頭下，阿強則回歸了一個有血有肉的普通人。他沒有刻意煽情、嗜血地意欲傳達死囚和死神之間的距離，僅僅如實地呈現阿強生而為人的樣貌和形態，唯獨背景無奈是座監獄而已。

阿強在風間聽鏡頭前的一幕，是風間聽將自己拍下阿強媽媽的一張拍立得照片，藉由這次會面交給阿強時，阿強先凝神注視照片，然後緩緩將它收入胸前口袋，轉身望向看守所窗外，悠悠落下淚水的一刻。

事後，風間聽的作品成為臺灣社會窺視死囚的最直接窗口，廢死聯盟也多次在廢除死刑運動上以其作品為焦點，哪怕不足以反映死牢裡的全貌，但卻提醒了世人，關在裡頭的終究還是個「人」。這對救援阿強而言，無疑發揮了正面效果，大家開始以人的角度，去理解加諸在這個人身上的刑罰到底公不公平，而非像過去一般，提到阿強，僅把他看作是一個不具實體的名字。

自阿強獄中照片公諸於世，廢死聯盟強調死刑做為極刑具有不可回復性，加以誤判機率，足以否定死刑存續價值的主張，遂獲得某種程度的迴響。回過頭來，受阿強獄中照片所震懾的民眾，便也覺得有必要重新檢視阿強的罪責，日後有愈來愈多人自願加入救援阿強的志工行列，風間聽所拍攝的「獄中阿強」即是其間的催化劑。

數年後，林欣怡在司法改革期刊上，發表了一篇她和風間聽對話的後記文章。她說，風間聽當時告訴她：「能再見上徐自強一面，真好！我看過很多像徐自強這樣的冤案判例，但是不管是司法體系、檢察官或是法院，似乎不是那麼關心真相究竟是什麼。他們只關心自己，如果推翻了之前的判決，就好像在處罰自己，他們不想處罰自己人，不想承認錯誤。」「因此，有許多可能是無罪的人被執行了死刑，司法體系不應該如此，應當站出來，真的去找出真相！犯錯是沒有關係的，我們都是人，只要人都有可能會犯錯，但一旦做出了致命且錯誤的決定，執行死刑之後，那是無法逆轉的。」

風間聽一席話，她也不是沒從別人嘴中聽過，自己更經常四處講述類似的觀念，但是能有風間聽這位曾經深入探究死囚問題的知音，對堅定支持廢除死刑的她來說，確實是莫大鼓舞。至於阿強的遭遇，那更是林欣怡認為死刑非廢除不可的最直接理由。阿強是個活生生的人，他以一樁莫名的罪行被關在死牢之中，我們當然可以像絕大多數人一般，事不關己地任由它發生，或者予以一兩聲低吟喟嘆就轉頭揚長而去。只是，一條人命走到你面前，你能置之不理，目睹冤獄平白奪走一條無辜者的性命嗎？

世界各地都有冤獄人生

一九九三年五月五日，美國阿肯色州西曼菲斯市發生一起三名男童遭行凶致死案，正值十八歲的達米恩（Damien Echols）因故捲入被控殺人，最後判處死刑，前後被關了十八年，終了，以認罪協商獲釋出獄。出獄後，他將自己的遭遇撰寫成書，名為《冤獄人生》（*Life After Death*），細數自己如何被無端剝奪十八年的青春。文中所陳，法院所掌握他犯罪的證據多是推斷之詞，而這也是他終究未被執行死刑的關鍵。一九九〇年五月，警方在日本足利市渡量瀨川河濱尋獲一具女童屍體，經過一年調查，逮捕了當時四十三歲、未婚的菅家利和，並在二〇〇〇年判處其無期徒刑。歷經二十年官司，最終，法官發現竟然證據有誤，二〇一〇年三月的宣判庭上，三位法官宣布改判菅家利和無罪，還罕見地起身向他鞠躬致歉。一九五七年，適值二十三歲的一名挪威青年托森，被控謀殺一名十六歲的少女，被判終身監禁，於入監十六年後假釋出獄。結果，法院指控他殺人的證據亦是屢屢遭到挑戰，使其成為挪威司法史上最大的冤獄疑案，直到托森八十歲過世之前，他仍為自己的清白掃地憤憤不平，一生可謂含冤而終。

站在支持阿強的一方，無論是律師、學者、監察委員、大法官，以及為了阿強，轉而全力投入廢除死刑運動的林欣怡，就是不希望阿強成為臺灣版的達米恩、菅家利和或托森。而眼前看來，阿強的命運極其可能已步上他們的後塵，更何況阿強還是不折不扣，隨時等待槍決的死刑犯，槍聲一旦響起，真相全都灰飛煙滅，只能徒留一抹謎團。於是以阿強為起始，推動廢除死刑，不讓他有機會成為槍下亡魂，也就相當合情合理了。（當然，廢死運動起始原因尚可追溯至蘇建和案，以及盧正的被冤殺。但阿強的境遇則更加讓人擔心，人還沒救出就被槍斃了。阿強是廢死聯盟的觸因，盧正則是廢死聯盟永遠的遺憾。）

廢除死刑困難重重

救援阿強和宣傳廢除死刑並列而行的階段，阿強看似額外得到了不少同情眼光，但替代死刑推動聯盟既出，直至更名改制為廢除死刑推動聯盟，其行動卻是一路磕磕絆絆。在臺灣社會支持死刑續留的民意如此高張下，不僅難以企及廢除死刑關於人權層次的議論，就連錯判可能造成誤取人命的可能性，在多數人的日常生活中，也變得極難引起關注與批判。總以為法官面對人命關天的死罪，一定是窮盡所能，有著滴水不漏的證據，才會做出這樣重大的決定，絕不至於草率裁判。廢死聯盟和支持死刑的一方，後續幾度言詞辯論交戰，臺灣每有重大凶殺案件發生，任職廢死聯盟執行長的林欣怡總會成為支持死刑者的箭靶；但廢死聯盟不改初衷，仍持續營救著和阿強有同般命運的冤獄死囚，且以廢除死刑為最終目標。只因為他們知道，司法也會犯錯，畢竟，像頭巨蟒纏繞在阿強身上的死刑案件，告訴我們的正是這樣的故事。

第十六幕　失衡的審判

人之常情，我們確實很難對「被告」兩個字有任何好感，尤其這名被告牽涉的是一樁擄人勒贖兼及撕票的慘案。無論如何，我們總以為他遭到通緝、判刑和漫無止盡的官司都是自找的。這是多數人在看完報紙、電視新聞後，沒有察覺阿強可能是無辜的原因。

資源不對等的戰爭

被檢察官具體求處死刑的人，怎麼還有受冤枉的可能？更何況還有同案兩名被告對他指證歷歷。被告就是罪人，這是我們經常會有的直覺反應。另一個謬誤是，我們以為被告和法院是處在天秤的兩端，兩者力量旗鼓相當，法官要認定被告有罪，和被告要自證清白，力量是對等的；但實際上，在國家機器面前，任誰都是脆弱無比。尤其是來自山腳村的小人物，捲進這纏訟多年的官司中，就像徒手面迎大軍壓境，辯護律師縱使在法庭上滔滔不絕、辯才無礙，偶爾還顯得咄咄逼人，生殺之權最終還是掌握在法官手上。

為了證實阿強在綁架內湖房屋仲介商黃春樹當天，有充分的時間可以先一步前往臺北市大直北安路參與擄人，接著返回綁架現場，擦拭被害者車上可能遺留的犯案指紋，而後自行從現場回到個人位在桃園龜山鄉的檳榔攤，再步行到七百公尺遠的郵局提領現款，法官只需一聲令下，即可讓腦海中構思的現場模擬畫面，得到即刻還原的效果。法官不需請託人脈，透過管道尋找關係，他就是公權力的代表，自有國家機器幫助其意志順利運轉。能不能建構法官內在想法唯一的變數，就是模擬結果所得的時間，是否不足以推測阿強能在兩地從容來回，進而推翻了心中的假設，因為如此，他就不能順理成章將阿強定罪。除此之外，法官根本毋須擔心有任何外力阻卻他欲進行的模擬行為。雖稱不上彈指之間，模擬報告就能送到他的眼前，過程至少也不能算是件困難的事。

對照法官一聲令下，即可「證實」阿強人在綁架現場的推論，被指控涉案的阿強，要拿出自己的不在場證明卻是阻礙萬千，稍有分毫差池，就將百口莫辯。九月一日上午，阿強前往郵局領錢的監視側錄帶，被他當作個人的救命仙丹，某種程度確實如此。假設有人指控你在某個時間於某處犯案，如你能拿出你當時人在另一地點的具體證明，不就可直接戳破對方的謊言。逃亡時藏匿在臺北市的阿強，想到還有這一證明自己沒在犯罪現場的線索，當然是立刻請家人替他向郵局調取那段監視畫面，因為那似是扭轉情勢的唯一辦法。

抓人為先真相其次

阿強的媽媽為了自己兒子，鎮日眉頭深鎖，縱使相信兒子的清白，卻也不知道該怎麼反駁媒體上的指控。在文明法治社會，一個人坐在家中，突然有警察衝進來要將他逮捕，必然是掌握了他的犯罪證據，如今，阿強和他的家人，卻必須好端端地，在舉國都認為他是罪人的情況下，自己證明自己沒有犯罪。程序上的倒置，對任何一戶平凡人家都是莫大的挑戰。

但無論如何，事不宜遲，既然可能有這卷保命側錄帶的存在，就該即刻動身前往取回。只是，一個鄉下理髮廳的老闆娘，和她在工廠上班的先生，兩人的人生閱歷從未踏出周邊方圓百里，沒頭沒腦，是要如何拿到郵局的側錄帶？於是他們只能找上附近管區警察，期待警察能在事關案情重大發現下，將它當一回事介入幫忙。但當時因為阿強在逃，新聞還在鋒頭上，警網布線風聲鶴唳，被害者家屬甚且懸賞一百萬要將其捉拿到手。公權力、私刑都在等著阿強，管區警察也想成為逮人有功的第一人，因而，儘管側錄帶足以左右阿強的命運，管區警察卻要阿強的媽媽必須先把阿強交出來，否則他們礙難相助。

這就是一般人經常忽略的訴訟攻防不平等。我們只看到阿強家人自己提出不在場證明的郵局側錄帶，卻輕忽了其中過程，對任一普通人來說都有其艱難，那不是一聲令下就能做到的事，即使它是證明被告無罪的關鍵；但在公權力眼中，某個細節能否證明被告清白，很多時候其實還是次要的事，當務之急就是抓到人犯，把他送進大牢。

阿強的媽媽永遠記得警察對她撂下的一句話：「妳如果不先把妳兒子交出來，妳兒子絕對沒救。」問題是，警察若還未看過郵局側錄帶的畫面，怎麼知道阿強是否真的被人冤枉，在前提尚未證實下，他為什麼不先一步設法釐清真相，而是驟下斷語，認為阿強的媽媽不把兒子交出來，她的兒子絕對沒救。在警察抓人為先，真相其次的心態下，就這麼將心懸一念的婦人打發。阿強的媽媽焦急萬千，轉而找上地方鎮民代表，希望找到更為「有頭有臉」的人出面，讓自己的請求得到重視。

鎮民代表將訊息代為轉至臺北市刑事局，得到的回覆一樣是：先把阿強交出來再說。阿強的媽媽，一個鄉下村婦，為了一卷可能存在的側錄帶四處碰壁、孤立無援。警方的態度自然早就認定阿強絕對是參與擄人撕票的綁匪，他們才不在乎什麼郵局側錄帶，他們的心思意念，沒有半點阿強可能是被人誣陷的想法存在。況且真正清白的人，為什麼要躲起來。警察可能也不會承認，在那情況下躲起來，正是害怕你們這群「正義使者」，仗著迫人吐實的理由，在警察局對人施以刑求逼供，就像之前其他嫌犯受到的待遇。

不在場的鐵證

要向郵局申調監視側錄帶，對一般民眾來說，敦請警方出面當然是最簡便的途徑。一旦警察以其他理由推拒，任誰都沒有天大本事可以指揮郵局。既然自己的請求，警察不予理睬，鎮民代表同樣力有未逮，那誰能插得了手？就像所有走投無路的人，阿強的媽媽四處尋求奧援。明明郵局側錄帶就在那裡，卻還得勞煩一雙有力的手才有辦法將它取得。最後，總算輾轉聯繫到一名理髮廳老顧客的朋友，他在地方水利會工作，因之和立法委員邱垂貞的助理熟識，關係層層上拉，所幸邱垂貞願意站在選民服務立場，打了通電話，促請桃園縣郵局第五支局局長，務必把一九九五年九月一日的側錄帶留下。因為檔案容量有限，當時郵局側錄帶每兩個月就會對存放檔案進行全面刪除，以利接下來錄影使用。阿強的媽媽之所以如此急如風火，就是擔心影像遭到刪除，亦將同步抹去阿強的下半人生。

聯絡好郵局，獲得首肯，阿強的媽媽感慨萬千，何以警方調取郵局側錄帶，這般不費吹灰之力的舉手之勞，要他們如此勞師動眾，甚且還得堂堂立法委員出面，一個平凡百姓的權益才有可能被顧及。阿強犯下綁架案，是落網者黃春棋的說詞，經由媒體大篇幅報導，卻已然將他定罪。他成為警察公布的通緝犯，但這當中若有任何足以影響案情發展的蛛絲馬跡，公權力可以完全視而不見？漠視可能證明阿強無罪的可能，就只為捉到通緝犯，為自己贏得激勵獎金？人權呢？無罪推定原則呢？阿強的媽媽當時的心境，還走不到那個層次，她唯一的感受是，她是赤手空拳在證明阿強的清白，過程萬千艱難，她以為那只是任何平凡老百姓所必須得到的待遇，而她終究勞煩了更有力的人士出面，才為自己爭取到一絲轉機。她欣慰自己得到上蒼垂憐，讓她在千鈞一髮之際聯繫上那位立委助理，而她也只能感謝老天，畢竟在既有國家機器的遊戲規則下，阿強就像路上遭行經車子碾過的一隻小蟲而已。

十月一日大清早七點，阿強的媽媽就在郵局門口徘徊，等待郵局局長出面。八點鐵門一開，阿強的媽媽不顧來往路人側目，在門尚未全面開啟時，就急著以跪爬的姿勢鑽進郵局，似是差個幾秒，自己的兒子就將一命嗚呼。鎮民代表隨後也來了，邱垂貞的助理也依約趕到，和阿強的姊姊、哥哥，一起擠在郵局裡的監控室。他們盯著電腦螢幕，屏息以待，時間一分一秒過去，直到螢幕時間顯示九月一日上午十點四十分，一個熟悉的身影才從遠處信步而來，十點四十五分，阿強在郵局提款機後方排隊，十點四十七分，阿強半個身體，包括臉部，清楚地呈現在眾人眼前。阿強的媽媽終於放下緊繃的情緒，癱倒在阿強姊姊懷裡，阿強的哥哥也忍不住喜極而泣。短短數天，歷經千辛萬苦，百般刁難，終於證實阿強所言不假，至少，在黃銘泉、黃春棋、陳憶隆等人於汐止新山夢湖將被害人殺害埋屍的當下，阿強正在這臺提款機前領錢，千真萬確，阿強並不在現場。

只是，阿強的媽媽太天真了。一段取之不易的不在場證明，在逃亡的陳憶隆當月被捕後，沒多久就出現了阿強擄人、回頭擦指紋、自行返回桃園住處的犯行版本。而法院採信的證據，除了陳憶隆的供詞，此外就是自行模擬移動動線的補強證據。法院的推斷，三兩下就推翻了阿強不在場的鐵證。案子再度回到原點，阿強仍是綁架撕票共犯。前一個月，阿強一家人才為這段側錄帶欣喜若狂，下一刻就從報紙上看到自己兒子和其他被告同被檢方求處死刑的報導。阿強的媽媽當時跪爬進郵局取得側錄帶，以為終於為兒子爭得一線生機，到頭來原來完全不是那麼一回事。

只採信不利的證據

證據攻防的不對等，在阿強身上確實是顯而易見。調取郵局側錄帶，和法院模擬現場的過程，只是開端而已。在陳憶隆逃亡期間，他曾打電話到阿強家要找阿強，阿強的媽媽曾問他，阿強到底有沒有參與綁架撕票，其實，第一時間，陳憶隆給阿強媽媽的答案是「沒有」。阿強的媽媽質問，「沒有這個，春棋為什麼說徐自強有跟他們出去。」陳憶隆答，「我也不知道呢。」阿強的媽媽又問，「為什麼他要這樣害他？」陳憶隆回說，「啊他也是誣賴我的。」只是不知何故，陳憶隆落網後，在檢方偵訊時又改變了說詞。雖然事後陳憶隆解釋，說是為安撫阿強媽媽的情緒，才說了個善意的謊言，但何以兩種論調皆出自陳憶隆的嘴，檢方就只採信對阿強不利的內容。

再者，後續官司持續進行，阿強投案後，法官對其辯解也全然不予接受，卻又完全據信黃春棋和陳憶隆兩人緊咬阿強的自白。也就是發生了大法官釋字五八二號所彰顯的，過往法院判決總是習慣性地將「同案被告自白，當作定罪證據」的情形，而那幾乎是直接剝奪了被指涉犯案者應有的防禦權。更別說在官司開庭之前，阿強早就在舉國注目下，已先徹底被認定有罪。一般從報紙、電視新聞看到消息的民眾，認知是如此，但執法者也同樣全無「無罪推定原則」的表現。

二〇〇〇年四月二十七日，黃春棋、陳憶隆和阿強皆告死刑定讞。阿強的媽媽心有不甘，向獄方申請要再和黃春棋、陳憶隆見上一面，寄望他們臨死之前，能浮現良知，還給阿強清白。也確實，在看守所受刑人會客室裡，黃春棋一改之前在庭上的說法，告訴阿強的媽媽：「阿強真的沒做啦，趕快去找律師和我姊姊，想想看要怎麼辦。」阿強的媽媽怒氣直竄腦門，悲憤回以：「為什麼人都要死了，今天才這麼說。」只是這段對話，最後卻成了羅生門。當阿強的媽媽要求獄方把當時她和黃春棋的對話錄音帶交出來，讓她送交法庭，當作另一紙新的呈堂證供，獄警卻說他們忘了錄音，法官為此傳喚當時在旁的獄警，問及是否確實如阿強媽媽所說，黃春棋有指阿強並未涉案，獄警竟然說他早忘記細節，依稀只記得他們彼此在會客室中有過一段「閒話家常」。阿強的媽媽險些當場氣厥，怎有人會在那十萬火急的當下，和關乎自己兒子生死的人見上一面，只為閒話家常？但因為拿不出證明，加上黃春棋之後在法官面前又改變說詞，再度指控阿強涉案，這段對話終究是如煙似霧，化在空中。

阿強的媽媽另外申請約見陳憶隆時，沒有想到陳憶隆也當著她的面，改口稱阿強沒有參與綁架撕票，一如當初他在逃亡期間打電話到阿強家裡，在電話裡說阿強是無辜的一樣。阿強的媽媽為免前車之鑑，認為口說無憑，遂要陳憶隆將這段話以白紙黑字寫下，陳憶隆自己還特別向一旁的獄警借了印泥，蓋上手印，才讓阿強的媽媽將其帶回。在這份自白書中，陳憶隆寫道，「必須向檢察總長及其他長官稟明，此即為同案被告徐自強確屬無辜，今同遭判決死刑，實甚感良心不安。」爾後，監察委員介入此案，到獄中約見陳憶隆，陳憶隆又再次反悔說詞，理由一樣是那麼做純粹為了安慰阿強的媽媽。阿強的媽媽就在黃春棋、陳憶隆如此反反覆覆的態度下，幾至崩潰。

而到頭來，兩人在法庭上的說詞又全都指向阿強就是共犯。當然依照法庭裁判，只有庭上的供詞才算數。黃春棋改稱阿強無罪的說法，印有陳憶隆指印的有利自白，皆是聊備一格的案外插曲而已。

全家都是冤獄受刑人

死刑定讞後，阿強的媽媽去看了阿強。阿強說，警察告訴他，可能過兩天就要槍斃了，可以請家人幫忙購買新衣服、新被子。阿強要媽媽有心理準備，自己則和一旁的哥哥說，他還另外想要一雙新球鞋。替自己兒子採買新衣、新鞋，理當是愉快的，但假若一切的準備只是為了送他最後一程，那將是痛苦萬分。阿強的媽媽泣不成聲，淚流滿面，一邊預做準備，不知何故，即便路已到了盡頭，她還是堅信自己的兒子終有一天會踏出牢籠，回到家人身邊。一審開庭，阿強的媽媽就已立誓，即使傾家蕩產，她都要把兒子救出來。只是名下的房子，因為打這場官司全都賣光了，阿強還是死路一條。

行刑之前，獄方照例會請心理醫師約詢待死的死刑犯，檢視他們的心理狀況，並試圖平緩死囚的情緒。有些死刑犯受不了壓力，還得靠鎮定劑才能平復心情。阿強則自始至終堅持不用任何藥物控制，睡不著覺就寧可醒著，他怕自己在上刑臺之前，會像其他人一樣，吃多了藥變得有魂無體，仿若殭屍。要死，他也要死得稱頭一點。

阿強的哥哥跟著媽媽進到死囚會客室，那是一年多來，他再一次握到阿強的手，他已經很久沒有到監獄裡看自己的弟弟。因為阿強捲入這起綁架撕票案後，從小和阿強一起玩到大的哥哥，開始變得暴躁不安，成天酗酒，也許是痛恨自己在這件事上的無能為力，或者是更為氣憤上天為什麼要讓這起不幸降臨在自己身邊。眼看阿強的媽媽已經四肢癱軟，無力再和阿強商討後事，只能輪由他詢問阿強一些不得不問的慘忍問題。死後是否打算捐贈器官？是要火葬還是土葬？他才說出口，兩眼就滴下偌大的淚珠，而且再也抑制不住隨後傾瀉而出的淚水。他看著阿強圈選了「土葬」，默默地認可，就在準備填寫捐贈器官一欄時，阿強的媽媽頓然躍起趨前制止，她說：「我不要我的兒子捐出器官，他是被冤枉的，我不要他死後身體還有殘缺。」

小時後，印象中，阿強總在媽媽麵店裡忙進忙出，哥哥喜歡打球，姊姊喜歡看書，兩者他都沒興趣，他就愛幫忙洗碗盤，又或者在家門前和街坊小孩嬉鬧。阿強的哥哥叫他上樓寫功課，阿強老是裝沒聽見。從小到大，阿強把自己的哥哥當作最親近的玩伴，他們會一起相約到海邊游泳，一起釣魚，摘水果。臨死之前的人生跑馬燈，無以得知是不是曾在阿強眼前一閃而過，倒是在他死刑定讞之後，這些兒時的點點滴滴，每每在自己哥哥的腦海中浮現。兄弟情深，卻情深緣淺，直至死期到來，阿強的哥哥為了自己的弟弟遭逢的冤情，過了好長一段頹廢渺無希望的日子，也連帶拖累了整個家庭。

阿強的姊姊一樣也不好過，阿強入獄後，阿強的姊姊就是媽媽最大的倚靠。但兩人都無計可施。偶爾阿強的媽媽還會告訴阿強的姊姊，那晚，她又從睡夢中哭醒，因為又一次夢到有人叫她去替阿強收屍。阿強的姊姊和媽媽一樣，強忍悲憤，竟也因而患得嚴重憂鬱症，常莫名地把氣出在自己先生身上。阿強在獄中堅持不吃安眠藥，阿強的姊姊則不得不每天靠藥物入睡。

為了家庭生計，阿強的姊姊還得把自己的心剖成兩半，一半用以全然無雜念地勤於公事，另一半則專們處理傷心欲絕的自己。但即便上班工作，還是和友人談天閒聊，耳際永遠有一道揮之不去的細小聲音，時時刻刻提醒著她，「妳的弟弟還關在裡頭。」阿強的姊姊認為，如果自己的弟弟是意外死亡，身為他的家人，內心的痛苦也許總有離開的時候，如今卻是為了一起莫須有的罪名即將枉死，她知道自己將永遠擺脫不了這段傷痛。阿強被關進去了，全家人都一起關了進去，因為那不只是阿強一個人的冤情，他們全家人都是這起冤獄的受刑人。

同時我們也別忘了，阿強入獄當時，家中尚有妻小，太太不過是二十出頭的少婦，兒子也才剛上小學，他們一家三口的家庭生活不過處於起步階段，爾後卻因一起冤獄，彼此腳步大亂。阿強的太太因為曾在陳憶隆經營的電玩店工作，這讓她在家中的地位變得十分尷尬，在家庭氣氛最低迷的一刻，阿強的太太甚至得肩負害阿強交友不慎的責難（阿強因為太太的關係才結識陳憶隆），但任誰都知道，無論是阿強的父母、兄姐，還是阿強的太太，都是在不可承受的壓力下，欲圖尋找情緒宣洩的窗口。阿強的姊姊氣阿強拖累了媽媽，阿強的爸爸氣阿強的太太把陳憶隆介紹給了阿強，阿強的媽媽則是氣法官、氣警察、阿強的哥哥更是將所有的無助與無奈轉為憤恨，波及自己的妻女。舉家烏煙瘴氣，似是永無寧日。

阿強的媽媽病倒了，阿強的爸爸變得陰沉退縮，阿強的姊姊有嚴重憂鬱傾向，阿強的哥哥則是躁鬱、酗酒，幾至一蹶不振。最後，阿強的太太選擇了離開這個殘破頹圮的家庭，她的日子還得繼續過下去。阿強成全她，唯一的要求是把小孩留下，因為自己的媽媽已經失去了兒子，此時此刻，他不忍媽媽還要失去孫子。阿強的太太離家前一刻，給了兒子最後一個擁抱，隨後含悲噙淚步出家門，以求新生。她並不是嫁了個鎮日作姦犯科、為非作歹的男人，才導致自己婚姻失敗，而是平白受到一起毫無根據的冤獄侵襲，進而攔腰截斷了她和阿強的夫妻之情。

人生不平，至此而極。一樁冤獄拖下一家人，傾家蕩產在所不辭，卻又無力回天。法曹在上，可能從未曾想過，自己建立在失衡訴訟基礎上所立下的裁判，又豈止是造成幾隻螻蟻的妻離子散、家破人亡。

第十七幕　非死不可

法官宣判：「徐自強共同意圖勒贖而擄人而故意殺被害人，處死刑，褫奪公權終身……」阿強已經記不清這是他第幾次被判處死刑。數年牢獄生活，除了把精神用在替自己辯護，多數時間他也僅是渾渾噩噩過日子，有朝一日是不是能再重新回到山腳村，他已很難再抱有任何希望。死刑判決像是留聲機一般，每隔一段時間就會在他耳邊放送。他痲痺了，至少這次聽審，他再沒有任何恐懼，也沒有半點驚訝，他知道幾年下來，事實終將證明，自己根本打不贏這場官司。

有時，檢察官、警察那種無論如何都一定要抓人破案，一定要讓逮獲的嫌犯認罪吐實的強烈使命感，常會讓案情出現失控，錯估了許多證據，導致後續無法收拾的局面。即便沒有刑求逼供，他們也會在「由臉觀心」的主觀認定下，直覺地亦或固執己見地認定某個人就是犯罪者。執法者經常不由自主藉由觀察別人的態度、反應，去判斷對方是否說謊，有時候依恃的基礎，恐怕只是直覺而已。

而警察往往是最相信直覺的。那說明了為什麼警察在路口設置臨檢哨，為增加效率，他們會利用自己的主觀認知，先行篩選行跡可疑的人，例如車輛的款式、駕駛的五官樣貌，然後決定是不要麻煩對方搖下車窗受檢。老婦人、老先生比較容易被放行，女性，又或者另有小孩在後座，他們多數認為這些人比較不具備犯罪的可能性。若是男性，穿著不甚體面，或者還留點鬍渣，眼神且略顯飄移，十之八九就會有問題。話說回來，在路邊隨機攔檢時，警察也確實常意外查獲通緝犯，這愈加讓他們相信自己的直覺判斷。也許是看多了為非作歹的人，還有被抓回警局的那些混混，經驗豐富的警察多有這種本事，能透過觀察嫌犯在偵訊室裡的表現和反應，快速瞭解眼前的惡棍，然後很快就認定他的罪責，在這種情況下，其他更科學的調查證據就變得不那麼重要了。最快驗證自己判斷無誤的方法，就是逼迫他承認自己的罪行，無論如何就是要把他送進法庭，讓他距離自由世界愈遙遠，自己當下的判斷就愈不容易受到挑戰。

有罪推定的偏見

很長一段時間，這樣的邏輯確實充斥在臺灣檢警之間，但那是十分危險的判斷方法。任何常人在面對警察或檢察官訊問時，他的表現一定不會像平時一樣，無論自己是不是真的涉案，任誰都很容易顯露出一副充滿嫌疑的樣子，很難有什麼人能在警察局裡表現得「舉措合宜」。一個人在檢察官、警察的高壓問訊下，表現通常具有相當的不確定性，假設再有刑求恫嚇從旁推波助瀾，不達取供目的絕不罷休，難保不會有人乾脆承認犯錯，以落得暫時的壓力解除。檢察官和警察就像我們多數人一樣，會有許多下意識的偏見，他們甚至可以從一個人的外貌特徵，就直接認定眼前的嫌疑犯是否無辜，而我們其實都很清楚，那樣的線索經常獲得採用，卻並不可靠。

於是當案子走進法庭，我們期待法官能秉持「無罪推定原則」，目的就是為了糾正初期偏見所造成的誤導，使司法在研議一個人有罪與否時，判斷的標準足以更精確一點。當然，我們也無法具體印證法官有沒有受到周遭社會氛圍和意見的影響，也正因為如此，我們更必須要求「無罪推定原則」此一程序正義能夠徹底落實，以確認審判者到底是不是真正的公正客觀，或者只是受制於集體意識而做出審判而已。這麼做，看似違反人類除惡務盡的本性，但就像臺大法律學院教授李茂生常掛在嘴邊的一句話：法律本來就是違反人性，如果你要順著人性走，那就人民公審好了。

身為社會大眾，我們不也期盼在任何重大刑案發生之後，警察能立刻交出一個讓我們因之惴惴不安的犯罪者，以平息我們心中的忐忑和憤怒。即便是「嫌疑犯」，也可以有這類的功能。我們因為媒體報導，得知某起心狠手辣的凶殺事件，同理心會讓我們陷於情緒的抑鬱，因此一定要有窗口供我們宣洩怒火，嫌犯自當是最好的祭品。於是我們一不小心就忘卻了程序上的公平，以為馬上抓到一個人，我們心裡就能感到安全一點。從來不會設想，這當中會不會有什麼冤案、錯判發生。它很少是我們關心的重點，我們一心只求滿足這個社會的應報主義，讓所有壞人都能繩之以法，還給大家一個具有安全感的生活空間。我們自然很難說服自己，去幫助一名嫌疑犯武裝起他應有的訴訟防禦權。我們甚少質疑，檢警緝拿凶手的熱情，和社會大眾急切司法給個交代的心理狀態，是不是會讓我們無端鎖定一個並無確切證據證明其有罪的嫌犯，卻又在心中升起一股無論如何要將他定罪的企圖。歷來冤案便自此而起。

阿強覺得自己再多說什麼也改變不了警方、檢察官、法官，及至社會上所有人認為他就是罪犯的事實。事實上，這件案子打從一開始就「失控」了。警方大張旗鼓對外宣布偵破內湖房屋仲介商綁架撕票案的當下，我們就已從新聞報導，得到近乎和警方問訊筆錄分毫不差的訊息。記者以一問一答的方式，鉅細靡遺詳述黃春棋關於犯案細節的說詞，包括供出共犯的內容。讓人驚訝的是，黃春棋當時即便公開現身在殺人埋屍的現場，依照警方規劃進行犯罪模擬，也不可能有足夠的時間和機會接受現場記者「專訪」，沒想到，竟然如此令人匪夷所思，隔天記者們就有那麼完備的細節可供披露。

尤其一旦對照當時偵辦的筆錄，發現報導內容簡直就是警方偵訊黃春棋筆錄的拷貝版時，我們究竟還存不存在偵查不公開這項遊戲規則，確實相當讓人感到懷疑。阿強因為這則黃春棋的「專訪」，在全國民眾眼中遂被烙下主謀的印象。辦案者當然就會有迫使疑犯坦誠犯行，以及捉拿任何可能共犯的外部壓力，加以媒體報導提及罪嫌的資訊往往都是不利於當事者，據此塑造出來的社會認知，便是「阿強是擄人撕票的歹徒」。結論已出，接下來便幾乎沒有逆轉的空間，甚至也一併影響了事後法官的審理方向。即便過程中證明，黃春棋當初的供詞有許多環節根本避重就輕，甚至刻意誤導警方辦案，但明知自白有其不確定性，我們還是會輕易地選擇接受阿強就是主謀的指控。

阿強主動投案當天，其實就已被判了死刑。猶記得法官見到阿強的第一句話就是：「就是你做的了，趕快認一認，不要再浪費司法資源。」我們原以為法官的無罪推定原則可稍加糾正警察、檢察官急於破案的心態，偏偏法官打從一開始，在尚未深入瞭解案情之前，同樣就已將阿強定罪。

爾後的審理皆是「有罪推定」，他們腦海中已有阿強參與其間清楚的輪廓和過程，只是畫面的構築未必是建立在具體的證據之上，而是另外兩名被告的說詞，加上自己個人對阿強的主觀評價，因而有了「他怎麼可能是清白的（綜合逃亡行為、其他兩名被告指控和與被告關係的主觀判斷）」的想法。只要你心中認定阿強有罪，偏見已然成形，那麼你就很難再清醒地看到這起審判已然在程序正義的道路偏離了軌道，進而縱使察覺到有一絲異狀，欲圖稍加修正，也是無力回天。

案子還有「很大的空間」

尤其前審都已接續斬釘截鐵立下如此不動如山的判決，後面接手的法官，難道要否定前審同僚的審判。因而才會有法官在宣判阿強死罪後，卻又主動要阿強趕快聲請上訴的荒誕情節發生。那一回又一次死刑判決出爐後，因為延押到期，阿強接獲通知要回法庭領取押票，怎知法官見到他第一句話就是：「你有沒有上訴？你的案子還有很大的空間，趕快去上訴吧。」阿強一聽，心頭一愣，直覺臺灣司法簡直就是在玩弄人民，既然眼前法官認為這個案子「還有很大（改判）的空間」，為什麼還是照樣判他死刑？而後再「鼓勵」他進行上訴。說穿了，法官就是不願意得罪前審，但依照證據法則，又很清楚阿強根本罪不至死，提醒阿強趕快上訴，無非不想一樁充滿不確定的死刑案件在自己手上完結，也就是既無改判的勇氣，也沒有絕不存在冤情的信心。

針對阿強所涉綁架撕票案，以學者身分作出判決評鑑的何賴傑，就是在整理此案卷宗時，發現了這一大問題。他發現法官的行為，點出臺灣長期以來心照不宣的司法文化，多數法官其實少有死刑將會在自己手上定讞的心理準備，尤其是充滿爭議的死刑。為了不讓死刑在自己手上定讞，加上自己又有無法判決其無罪的壓力（包括沒有勇氣推翻之前的判決，加以社會觀感、輿論方向常常會引導法官予以重判），於是他們心底其實會十分希望被告盡快上訴，一旦最高法院發回重審，案件就會交由其他法官審理，之後就是其他法官的事情了。

這就清楚說明，阿強的犯行為何儘管被指「確定惡性重大」且「證據確鑿」，前後總計二十年的官司，判決內容皆是大同小異，卻歷經了七十名法官都還無法完結訴訟。如此一來，到底是要阿強趕快認罪才不會浪費司法資源，或是法官在判生不能、判死不得下，不願推翻前審，又無鐵證判他死罪，徒然讓整起案件在各級法院間來來去去數十回，恣意延長了一個人的法律訴訟旅程，才是真正的浪費司法資源？為了節省手續，而要一個自認無辜者趕快認罪，又豈是草率、馬虎可以形容。

關於法官的心證，我們都理解無罪推定的原則，問題是有多少法官受到這項原則所引導？它到底如何實質影響了法官的心證，這是長年以來的司法疑惑。尤其，當法官判決重罪，社會往往給予更大的掌聲時，無罪推定其實很難徹底落實到每一個案件，只要是曾在媒體上占過大篇幅版面，內容涉及凶殘手段的案子，就更難讓人認知到其中某名嫌犯有無辜的可能性。阿強就是最活

子。

辛的更六審

在這波瀾起伏的過程中，要捱過黎明，等待春暖，還得歷經最激烈的一役，也就是阿強最後一次被判死刑的第六審。

二○○四年七月釋字五八二號解釋出爐後，阿強的辯護律師繼續商議後續訴訟攻防，其一就是再次聲請檢察總長提出非常上訴。兩個月後，檢察總長吳英昭果然如律師團所盼，拿著大法官釋字五八二號向最高法院提出非常上訴，這一次，成功換得了最高法院裁定撤銷更五審判決，將案子發回高院更審。阿強的辯護律師信心大振，在二○○五年五月立刻結合司改會和法律扶助基金會，擴大組成義務辯護律師團，以迎接即將而來的更六審。只是他們心裡有數，那將是驚險的一仗。

因為更六審受命法官沈宜生收到阿強這起綁架撕票案後，便罕見地迅速開庭，依照規定，第一次開庭應該僅為準備程序，不可做證據調查，沈宜生卻一反常態，第一次開庭就把包括阿強在內的被告黃春棋、陳憶隆通通叫到庭上，要求他們三人當庭對質。檯面上似是按照釋字五八二號解釋，保障被告的詰問權利，但此舉卻讓阿強的辯護律師措手不及，有遭偷襲之感。尤其當庭只有一名法官，卻逕自傳喚證人（黃春棋、陳憶隆）且調查證據，明顯罔顧法律程序，此舉純粹是讓釋字五八二號「過場」的意味相當明顯。

那回開庭，阿強辯護律師林永頌為此和沈宜生爭得面紅耳赤，幾至怒目相向，第一庭就在一陣煙硝味中火爆收場。可以理解，沈宜生並不是真的想依照釋字五八二號的精神審理此案，相反的，他甚至希望被告彼此草草詰問，以在形式上滿足釋字五八二號的要求，如此就能對大法官解釋做出交待。偏偏林永頌無畏得罪法律中人，和沈宜生當庭開槓，這起官司才有繼續苟延殘喘的可能。

只是第一庭過後，第二庭開始，辯護律師又遇到另一項麻煩。儘管這一回，法官按部就班，一切依照程序審理，但沈宜生法官急欲將阿強定下死罪，心證已昭然若揭。

關鍵的三瓶硫酸

這起案件除了共同被告自白，還有一關鍵環節，就是被害者到底有沒有死後被潑灑硫酸。依照陳憶隆的供詞，阿強曾於擄人之前，自行購買三瓶硫酸，準備殺人後毀屍滅跡用，因而如果法醫鑑定未有硫酸反應，那麼，陳憶隆的說詞便將不攻自破。這對阿強來說，絕對是有利的發展。

於是，沈宜生特別發函當時負責相驗屍體的法醫楊日松，詢問他有無檢驗出硫酸跡象，楊日松的答覆是「皮膚無腐蝕亦無上皮之脫落情形，即無硫酸潑灑之痕跡」，沈宜生當然不滿意這個答案，便在沒有告知辯護律師，同時沒有檢察官和被告在場下，私下約見被害者家屬，向其表述楊日松的鑑定結果可能無法將阿強定罪，其用意幾乎是把個人心證先一步透露給了被害者家屬。而後，沈宜生緊急另外發函另一名法醫蕭開平，請他再做一份鑑定報告，最後蕭開平所做的鑑定結果，果然恰如沈宜生所需，原本楊日松研判死者屍體未有硫酸潑灑跡象，到蕭開平手上的報告，卻變成了「較支持……泥土尚未覆蓋前遭噴灑大量硫酸於屍體表面後再以泥土掩蓋屍體之可能性」。從「無痕跡」變成「可能性」，阿強又從天堂掉到地獄，沈宜生遂拿蕭開平的鑑定報告，直接推翻了楊日松的證詞。

法官自行私下約見被害者家屬，已屬訴訟實務大忌，繼之為了得到有助於個人作出重判的鑑定報告，另找證詞推翻之前關於硫酸潑灑情事的調查，可以想見，沈宜生對這起案件，一開始就是抱持著很深的定罪心態。阿強辯護律師的反擊，則是在下次開庭時，聲請法官回避，此舉等同認定沈宜生的審判已有偏頗之虞，沈宜生最後被高院調往金門高分院，雙方就此結下梁子。曾和沈宜生當庭拍桌，並聲請法官回避的林永頌，日後若得知他委託人的審理法官是沈宜生，都會盡量避開，或者請其另聘高明，否則兩人昔日恩怨，恐怕會波及他手上當事人的官司。

這是環繞在阿強身邊的官司插曲。事隔多年，往事重提，林永頌、尤伯祥提及那位曾在法庭上與之正面交鋒的沈宜生，仍舊氣憤難平。「沈宜生違法問證人在先，還祕密約見被害者家屬，繼之發文另名法醫重做屍體鑑定，過程從未詢問我們的意見，你很難相信，已經是民國九十多年了，法院還會這樣幹。」林永頌憶及這段過往，且不由自主瞪大眼睛，好像沈宜生就在他眼前。

一如前審判決，打從一開始，沈宜生就流露出一定要判阿強死刑的心證。更六審從二〇〇五年六月二十三日開始第一庭，一路攻防不斷，歷經辯護律師團聲請法官回避，及至高等法院駁回迴避聲請，辯護律師團再對高等法院的裁定提起抗告，最高法院終至二〇〇八年七月十六日，將沈宜生從臺灣高等法院調派至福建高等法院金門分院（法官兼庭長），改由另外三名法官組成合議庭，官司繼續走下去。只是此時受傳喚出庭作證的黃春棋、陳憶隆，則無不保持緘默，不願和阿強直接對質。

二〇〇九年十一月十日，法庭完成了最後一次言詞辯論，當月底，尤伯祥律師和何賴傑教授特地於東吳大學舉辦的「徐自強案宣判前說明會」，又一次對外闡明釋字五八二號的歷史意義。八天後，歷經四年餘的更六審宣判，阿強仍獲判死罪。整起官司看似白忙一場，幾經攻防又是原地踏步，不過，這也是法院最後一次判處阿強死刑。

日裔美籍攝影師風間聰二〇〇五年九月進入臺北土城看守所拍下的徐自強。

事件前的家庭生活

徐自強與大他三歲的哥哥徐俊輝從小就是親近的玩伴，阿強被捲入綁票殺人案件後，哥哥也受到極大衝擊。上圖是徐自強（左）四歲時全家出門旅遊拍攝，右邊為哥哥。下圖是在山腳村家裡，左為十歲的徐自強，右為徐俊輝。（徐自強提供）

兩張全家福。徐家人在拍攝照片時應該沒料到，十多年後他們將一起面對極大的磨難。照片約在徐自強十歲左右拍攝，上圖在山腳村家中，由左至右為，徐爸爸、徐俊輝、徐自強姊姊徐沛晴、徐自強與徐媽媽。下圖為一次出門旅遊，由左至右為徐媽媽、徐自強、徐俊輝、徐爸爸、徐沛晴（原名徐芝萍）。（徐自強提供）

桃園山腳村的家。徐自強的父母是辛苦卻強韌的勞動階級，爸爸在工廠上班，媽媽做過小吃攤、家庭代工後來還開美髮店。上圖由左至右為表哥黃銘泉、哥哥徐俊輝、徐自強、表哥黃金星，黃銘泉從小就跟徐自強玩在一塊，沒想到後來兩人因為一起案件深深牽絆。下圖由左至右為姐姐徐沛晴、哥哥徐俊輝、徐媽媽、徐自強。（徐自強提供）

國中時的徐自強常常幫媽媽收攤洗碗，導致第二天上學遲到，也因此連續被老師罰半蹲，徐媽媽為此還特別到學校說情，徐媽媽日後要說情的對象，不再是老師而是法官。上圖為十四歲的徐自強在媽媽的搖搖冰攤，下圖是國中的溪頭旅遊，右一為徐自強。徐自強國中畢業後就沒有升學。（徐自強提供）

徐自強的當兵時代。上圖為國軍助割後溪邊玩水偷閒，右一為徐自強。下圖第一排第一個為阿強。（徐自強提供）

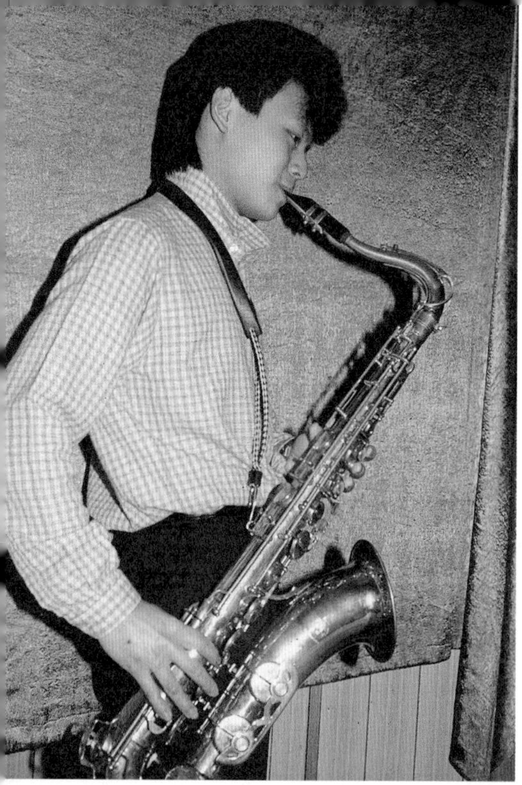

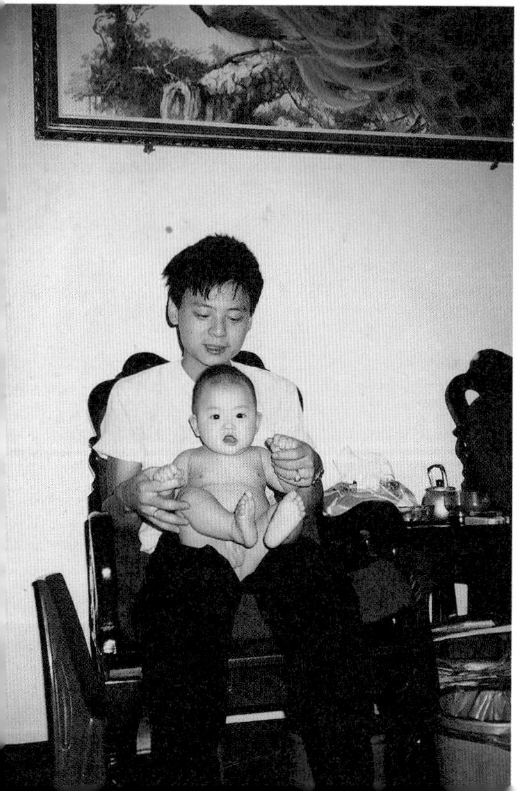

徐自強一九八八年結婚，還沒入伍前就有了唯一的兒子徐永年（後改名徐永昱），兒子上小學一年級的開學日，阿強的人生出現劇烈轉折。（徐自強提供）

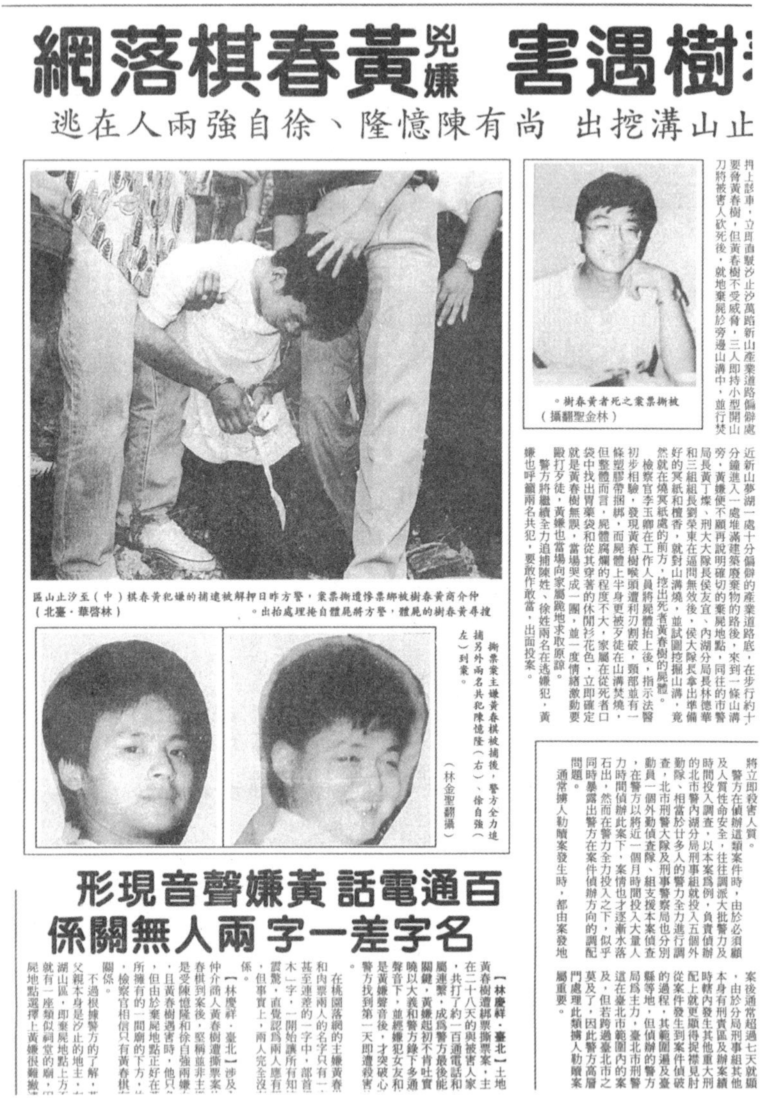

黃春樹遇害 凶嫌黃春棋落網

止山溝挖出 尚有陳憶隆、徐自強兩人在逃

押上該車，立即直駛汐止汐萬路新山產業道路偏僻處要脅黃春樹，但黃春樹不受威脅，三人即持小型開山刀將被害人砍死後，就地棄屍於旁邊山溝中，並行焚

被撕票案之死者黃春樹。（林金聖翻攝）

近新山夢湖一處十分偏僻的產業道路底，在步行約十分鐘進入一處堆滿建築廢棄物的路後，來到一條山溝旁，黃嫌便不願再說明確切的棄屍地點，同往的市警局長黃丁燦、刑大大隊長侯友宜、內湖分局長林德華和三組組長劉榮東在逼問無效後，侯大隊長拿出準備好的冥紙和檀香，就對山溝燒，並試圖挖掘山溝，竟然就在燒冥紙處的前方，挖出死者黃春樹的屍體。

檢察官李玉卿在工作人員將屍體抬上後，指示法醫初步相驗，發現黃春樹喉頭遭利刃割破，頸部並有一條塑膠帶捆綁，而屍體上半身更被歹徒在山溝焚燒，但整體而言，屍體腐爛的程度不大，家屬在從死者口袋中找出胃藥袋和從其穿著的休閒衫花色，立即確定就是黃春樹無誤，當場哭成一團，並一度情緒激動要毆打歹徒，黃嫌也當場向家屬跪地求取原諒。

警方將繼續全力追捕陳姓、徐姓兩名在逃嫌犯，黃嫌也呼籲兩名共犯，要敢作敢當，出面投案。

仲介商黃春樹被綁票慘遭撕票案，警方昨日押解被逮捕的嫌犯黃春棋（中）至汐止山區搜尋黃春樹的屍體，警方將屍體自掩埋處抬出。（林啟華・臺北）

撕票案主嫌黃春棋被捕後，警方全力追捕另外兩名共犯陳憶隆（右）、徐自強（左）到案。（林金聖翻攝）

將立即殺害人質。

警方在偵辦這類案件時，由於必須顧及人質性命安全，往往調派大批警力及時間投入調查，以本案為例，負責偵辦的北市警內湖分局刑事組就投入五個外勤隊、相當於廿多人的警力全力進行調查，北市刑警大隊及刑事警察局也分別動員一個外勤偵查隊、組支援本案偵查，在警方以將近一個月時間投入大量人力時間偵辦此案下，案情也才逐漸水落石出，然而在警力全力投入之下，似乎同時暴露出警方在案件偵辦方向的調配問題。

通常擄人勒贖案發生時，都由案發地

案後通常超過七天就顯，由於分局刑事組其他本身有刑責區及辦案績時轄內發生其他重大刑配上就更顯得捉襟見肘從案件發生到案件偵破的過程，其範圍遍及臺縣等地，但偵辦的警方局為主力，臺北市刑警遣在臺北市範圍內的案及，但若跨過臺北市之莫及了，因此警方高層門處理此類擄人勒贖案屬重要。

百通電話 黃嫌聲音現形

名字差一字 兩人無關係

【林慶祥・臺北】土地黃春樹遭綁票撕票案，主在二十八天的與被害人家，共打了約一百通電話和屬連繫，成為警方最後能關鍵，黃嫌起初不肯吐實晚以大義和警方錄下多通聲音下，並經嫌犯女友和是黃嫌聲音後，才突破心警方找到第一天即遭殺害。

在桃園落網的主嫌黃春和肉票兩人的名字只有一甚至連差的一字中，部首木」字，一開始讓所有知震驚，直覺認為兩人應有，但事實上，兩人完全沒係。

【林慶祥・臺北】涉及仲介商人黃春樹遭撕票案春棋到案後，堅稱並非主是受陳憶隆和徐自強兩嫌，且黃春樹遇害時，他只，但由於棄屍地點正好在所擁有的一間廟的下方，，檢察官相信只有黃春棋關係。

不過根據警方的了解，父親本身是汐止的地主，湖山區，即棄屍地點上方就有一座類似祠堂的廟，屍地點選擇上黃嫌很難撇

一九九五年九月二十五日黃春棋遭捕，三天後警方在汐止山區挖出被害者黃春樹屍體，隔天各大報紙都刊出挖屍經過，與公布另兩名在逃共犯的照片。徐自強在報上看到自己的照片，大為驚駭，從此展開九個多月的逃亡。（《中央日報》一九九五年九月二十九日，六版）

中國時報
中華民國八十四年九月二十九日／星期五
挖屍
房地產商人黃春樹被綁架撕票案警方昨日宣佈破案，並在汐止山區挖掘出被害者屍體。（陳志賢攝）
祭拜
被害人黃春樹的家屬在汐止案發現場為被害人焚燒冥紙。（陳志賢攝）
黃春樹遭綁架撕票案
交贖款智擒狡匪 破心防荒山挖屍
三歹徒兩度要求交款 警方大舉動員終逮獲一嫌 可惜肉票早在案發當天即遭毒手
黃春棋：為千萬賭債鋌而走險
對所做所為十分難過 勸兩名同夥速出面投案
兩嫌在逃
李敖陪同呂安妮召開記者會

一九九五年九月二十九日的報紙刊出了黃春棋專訪，令人疑惑偵查不公開原則。到這時在黃春棋口中，夥同犯案的人數只有三人。（《中國時報》一九九五年九月二十九日，三版）

涉黃春樹綁架撕票案

主嫌黃銘泉在泰橫死

【記者李作平台北報導】發生在今年九月的內湖仲介商黃春樹被綁架勒贖撕票案，在逃主嫌犯黃銘泉日前被發現陳屍泰國觀光區一家飯店內，雙手被綑綁吊死在浴室。我刑事局偵一隊獲悉後，十九日傳眞黃嫌指紋資料給泰國警方進一步確認身份，並積極追查與黃嫌一起亡命國外的另嫌徐自強下落。

警方指出，仲介商黃春樹於今年九月一日遭歹徒綁架勒贖七千萬元，經討價還價後以一千六百萬元成交，但歹徒卻於綁人後隨將被害人殺害撕票，棄屍台北縣汐止山區，經警方專案小組偵辦緝兇，於交款時緝獲綁匪黃春棋等人，但主嫌犯黃銘泉和徐自強案後潛逃出境。

本月十六日，泰國警方在觀光勝地芭達雅一家飯店內，發現一具雙手被綑綁於前，吊死在浴室內的台灣男子，從死者身上搜獲的護照發現，可能就是黃春樹案的在逃主嫌黃銘泉。刑事局偵一隊二組組長何招凡前天透過管道取得命案的相關報告，從死者護照、相片、年籍等身分資料，已初步証實就是黃銘泉，昨天再傳眞黃嫌的指紋給泰國警方進一步查明。

一九九五年十二月十六日，潛逃到泰國的黃銘泉被發現陳屍於旅館。（《中國時報》一九九五年十二月二十日，六版）

黃春樹撕票案 兩嫌一審判極刑

【林慶祥・臺北】士林法院昨日宣判發生在去年九月初，綁架房地產商人黃春樹，並立予殺害棄屍的男子黃春棋、陳憶隆兩嫌死刑，法官判決時認為兩嫌正値青壯，不思奮進，為謀不法之財，致人於死，手法殘酷，泯滅天良，罪無可逭。

本案中另外兩名嫌犯徐自強和黃銘泉，其中黃銘泉在案發後，即先行逃赴泰國，但在稍後，卻遭人殺害，經刑事局國際科派員前往驗明確實是黃銘泉，因被告已經死亡，其戶籍已經除籍，故公訴部分不受理，未予判決；而徐自強則是在案發後即逃逸無蹤，目前由警方通緝中。

一九九六年五月十七日黃春棋、陳憶隆遭判死刑，已遭通緝的徐自強決定主動投案。一九九六年六月二十四日，徐自強到士林地方法院投案，從此落入二十年艱困而絕望的冤案人生。（《中央日報》一九九六年五月十七日，六版）

黃春樹遭綁架撕票案重大新發現

陳憶隆落網 供出主謀為黃銘泉

【林慶祥・臺北】內湖土地仲介商人黃春樹遭綁票撕票案嫌犯，綽號「小胖」的陳憶隆（見圖右・方賓照攝），昨日下午在雲林落網；陳憶隆表示，他們在案發前半個月即開始跟蹤黃春樹，到案發前三天，就到埋屍地點挖好洞，在擄到黃春樹後，便立即將被害人帶到該處殺害，手段十分狠毒，陳憶隆並供出，本案還有第四名嫌犯，也是眞正的主嫌，即與死者曾在同一個土地仲介公司同事的黃銘泉，在案發前即潛赴大陸。

陳憶隆（男，二十四歲）原是在桃園經營電動玩具店，因最近警方取締得緊，加上自己又欠下大筆賭債，才鋌而走險，參加黃春棋與其哥哥黃銘泉計議的綁票撕票案，陳憶隆供稱，他們是在八月中旬，即計畫綁架黃春樹，並展開跟蹤，在跟蹤了約半個月，便決定一旦將黃春樹綁到手，便帶到汐止新山夢湖一帶山區殺害，四人並在案發前三天，在汐止買好挖土工具，到埋屍地點，挖好一個洞，九月一日上午九時三十分許，在大直北安路將黃春樹擄到手後，便立即帶往汐止，逼問家中錢財和親友間的關係後，當場由黃銘泉持沙西米刀，黃春棋持小型開山刀將黃春樹殺害；警方並查出，原本黃春棋落網時，並未將其兄黃銘泉供出，而經查黃銘泉已在九月十六日事敗前，潛赴大陸，以製造取款的不在場證明，警方不排除透過兩岸刑事合作的管道，將黃銘泉遞解返臺歸案。

陳憶隆表示，他在事敗後，便攜帶六萬元在身上，往臺中地區落腳，其間住過褒忠鄉、臺中市和元長鄉，雲林縣刑警隊昨日是據報在元長鄉有陌生男子出沒，其長相又和黃春樹命案中的嫌犯陳憶隆相符，而前往元長鄉在內山村的一家海釣場內，將陳憶隆逮捕歸案，在經雲林縣警察局偵訊後，即由內湖警方前往將陳嫌押返，在經過初步偵訊後，警方在逮捕黃春棋時筆錄中的許多疑點，都得到解答，並確定警方在偵破本案時懷疑的，和被害人黃春樹有直接關係的黃春棋的親哥哥黃銘泉，就是眞正的主嫌。

一九九五年十月二十二日陳憶隆在雲林釣魚場遭捕。陳落網後，檢警才發現原來還有第四名共犯黃銘泉。（《中央日報》一九九五年十月二十三日，六版）

不在場證明。桃園郵局第五支局留有一九九五年九月一日早上十點四十七分徐自強提款的影像紀錄，這個時間也接近黃春樹在汐止山上被殺害的時間。然而檢警與法官卻透過行車模擬，仍認為有可能擄人完後回到桃園提款。

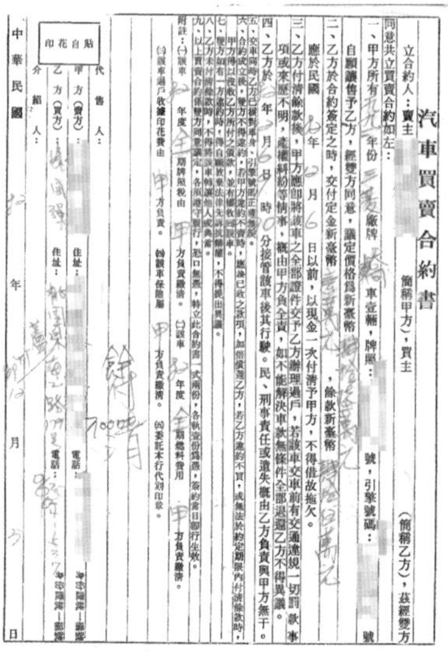

汽車買賣合約書

立合約人：賣主　簡稱甲方），買主　（簡稱乙方），茲經雙方同意共立買賣合約如左：

一、甲方所有　年份　廠牌　車壹輛，牌照：　號，引擎號碼：　號

自願讓售予乙方，經雙方同意，議定價格爲新臺幣

二、乙方於合約簽定之時，交付定金新臺幣　，餘款新臺幣

應於民國　年　月　日以前，以現金一次付清予甲方，不得借故拖欠。

三、乙方付清餘款後，甲方應即將該車之全部證件交予乙方辦理過戶，若該車交車前有交通違規一切罰款事項或來歷不明，產權糾紛等情事，概由甲方負全責，如不能解決車款無條件全部退還乙方不得異議。

四、乙方於　年　月　日　時　分接管該車後其行駛。民、刑事責任或遺失概由乙方負責與甲方無干。

五、交車同時乙方已核對車身、引擎號碼正確無誤。

六、合約成立後，雙方不得違約，若甲方違約不賣時，應將已收之款項，加倍償還乙方，若乙方違約不買，或無法於約定期限內付清餘款時，甲方得以沒收乙方所付之價款，並有權收回該車。

七、雙方如有一方違約時，得自願放棄法律先訴抗辯權，不得提出異議。

八、乙方未付清餘款時，不得將該車轉讓他人或典當。

九、以上買賣合約係雙方同意議定，各須遵守履行，恐口無憑，特立此合約書一式兩份，各執壹份爲憑，簽約當日即行生效。

附註：(一)該車　年度　期牌照稅由　方負責繳清。(二)該車　年度　期燃料費用　方負責繳清。

(三)該車過戶收據印花費由　方負責。(四)該車保險屬　方負責繳清。(五)委託本行代刻印章。

代售人：

甲方（賣方）：　住址：　電話：

乙方（買方）：　住址：　電話：

介紹人：

貼自花印

中華民國　年　月　日

無財務問題證明。在黃春棋、陳憶隆的供述中，均提到四人的犯案動機就是投資、賭債或貸款等財務問題，但事實上一九九三到一九九五那幾年，徐自強不僅買車也買房，其中購買二手車所需的四十六萬也是一次付清，看不出有財務問題。

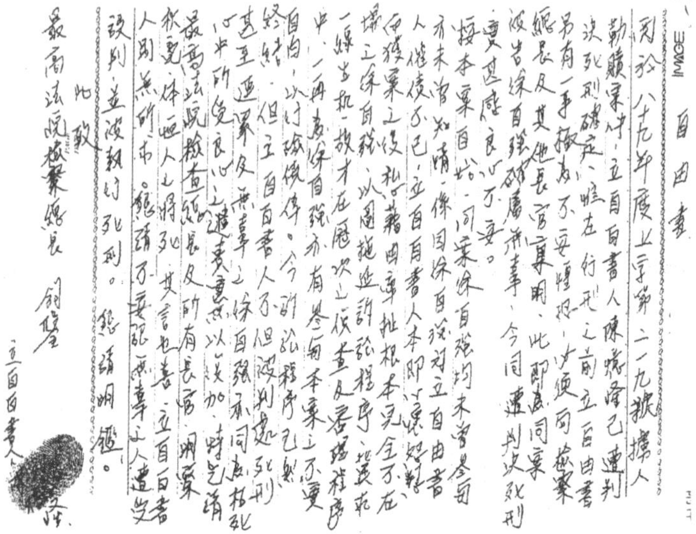

自白書

關於八十九年度台上字第二一九號擄人勒贖案件，立自白書人陳憶隆已遭判決死刑確定，惟在行刑之前立自白書另有一事報告，不安惶恐，以便向檢察總長及其他長官稟明，此即為同案被告徐自強確屬無辜，今同遭判決死刑實甚感良心不安。

按本案自始，同案徐自強均未曾參與亦未曾知情，係因徐自強對立自白書人催債不已，立自白書人本即心懷怨懟而獲案之後，私下藉由事扯根本完全不在場之徐自強，以圖拖延訴訟程序，把徐自強一併牽扯，故才在歷次之偵查及審理程序中，一再為徐自強亦有參與本案之不實自白，以行拖延。今訴訟程序已然終結，但立自白書人不但被判處死刑甚至連累及無辜之徐自強亦同為極刑，心中所受良心之譴責無以復加，特此請最高法院檢察總長及所有長官明察秋毫，俾人之將死，其言也善，立自白書人別無所求，懇請不要讓無辜之人遭受誤判，並被執行死刑。懇請明鑑。

此致

最高法院檢察總長

鈞鑒

立自白書人 陳憶隆

二〇〇〇年四月二十八日死刑定讞後，陳憶隆曾在與徐媽媽會面時，寫下自白書，說明「被告徐自強確屬無辜，今同遭判決死刑，實甚感良心不安」，但後來陳憶隆又否認，說自白書只是為了安慰徐媽媽。

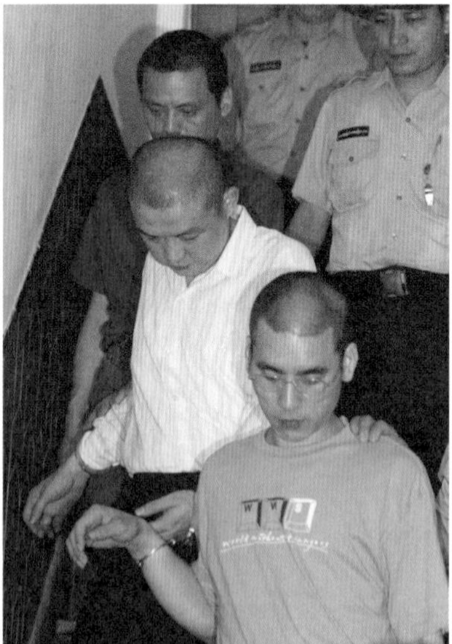

二〇〇四年大法官釋憲後，檢察總長第五次非常上訴終於成功，二〇〇五年五月最高法院又發回更審，有了第六次審判的機會。圖為更六審時，徐自強（後）、陳憶隆（中）與黃春棋（前）出庭情形。（陳易攝，聯合知識庫）

檔　　號：
保存年限：

臺灣高等法院收文
94.10.07
總收文字第17261號
收文人：林

內政部警政署刑事警察局　函

機關地址：11072[illegible]4段553巷5號
聯絡人：劉素[illegible]
聯絡電話：02-27569224
電子信箱：suwen178@email.cib.gov.tw

受文者：臺灣高等法院
發文日期：中華民國94年10月4日
發文字號：刑醫字第0940137906號
速別：
密等及解密條件或保密期限：
附件：

主旨：大院受理94年度重上更（六）字第90號徐自強擄人勒贖案件囑託鑑定案，復如說明，請　查照。

說明：

一、復　大院94年9月8日院信刑禮字第0940010068號函。

二、有關函詢事項，經本局顧問楊法醫日松提供意見如下：

(一)人死亡於心跳、脈膊停止後1～2分鐘即可喪失充血、發紅等生理(生活)反應。死者黃春樹屍體之顏面、胸、腹等部之皮膚有黃褐色之燒痕，但無充血、紅腫反應，及無CO Hb之鮮紅色變化，且其鼻、口、咽喉氣管內均無煙灰吸入，即死後焚燒者。

(二)若生前或死後遭三瓶硫酸潑灑皮膚，如係濃度高之濃硫酸可造成腐蝕(corrositives)，如係濃度低之稀硫酸則使皮膚之上皮脫落而已，不論濃或稀硫酸所造成者，若係生前必有皮下充血發紅之生活反應。本屍黃春樹之皮膚無腐蝕亦無上皮之脫落情形，即無硫酸潑灑之痕跡。

(三)本屍後頭部(相片28頁)及胸部兩側(相片29頁)有拳大卵面之皮下出血紅腫傷三處，為生前受鈍器擊打之鈍擊傷。

三、檢還臺灣士林地方法院檢察署84年相字第772號卷乙件。

正本：臺灣高等法院
副本：本局法醫室

局長　侯友宜

第1頁　共2頁

死者屍體是不是疑似被潑灑硫酸，成為更六審的重要爭議，二〇〇五年高等法院重新發函給刑事警察局，重新詢問當時相驗屍體的楊日松法醫，楊日松回覆「皮膚無腐蝕亦無上皮之脫落情形，即無硫酸潑灑之痕跡」。

（七）依刑案現場相片顯示：

1、內衣褲覆及腹部無明顯燒灼焦黑、炭化痕。

2、部分體表包括前額、左側臉部、右手肘背側、前臂外側、腹部確有局部焦黑、炭化痕（依卷宗相片11、12頁及31頁）。

鑑　定　研　判　結　果

一、高濃度硫酸於衣物之有機纖維物或體膚組織易有脫水化學反應導致炭化現象，且棉織物較皮膚組織炭化反應明顯，本案死者黃春樹（男性，民國50年4月3日生，身分證字號A122216923）遭擄人勒贖撕票案棄屍地點有明顯焦黑之炭燼，惟現場泥土、土堆等均無明顯燃燒、高熱導致周圍環境高熱炭化痕，屍體亦無明顯燒焦痕，較不支持為棄屍現場燃燒毀屍狀。

二、本案若能證實屍體在地面或非埋於幌洞埋屍地點焚燒屍體後再移至埋屍地點埋葬，則較無法與屍體部分焚燒後幌洞埋屍時再灑硫酸毀屍分辨之，因二者均能形成衣物或部分體膚有炭化現象，導致存留焦黑炭燼於現場。

三、綜合研判死者在幌洞埋屍現場並無焚燒證據，若能支持未遭焚屍，則較支持死者遭殺害後於幌洞棄屍時，泥土尚未覆蓋前遭噴灑大量硫酸於屍體表面後再以泥土掩蓋屍體之可能性。【以下空白】

法務部法醫研究所　　鑑定人：蕭開平

法務部法醫研究所　鑑定書專用章

中華民國　96　年　06　月　28　日

第5頁共5頁

法官沈宜生二〇〇七年還另找法醫研究所蕭開平再做一次鑑定，蕭開平持完全不同的看法，「較支持……泥土尚未覆蓋前遭噴灑大量硫酸於屍體表面後再以泥土掩蓋屍體之可能性。」

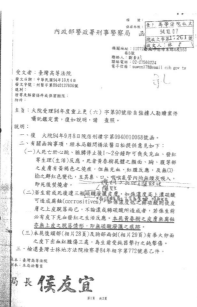

家書

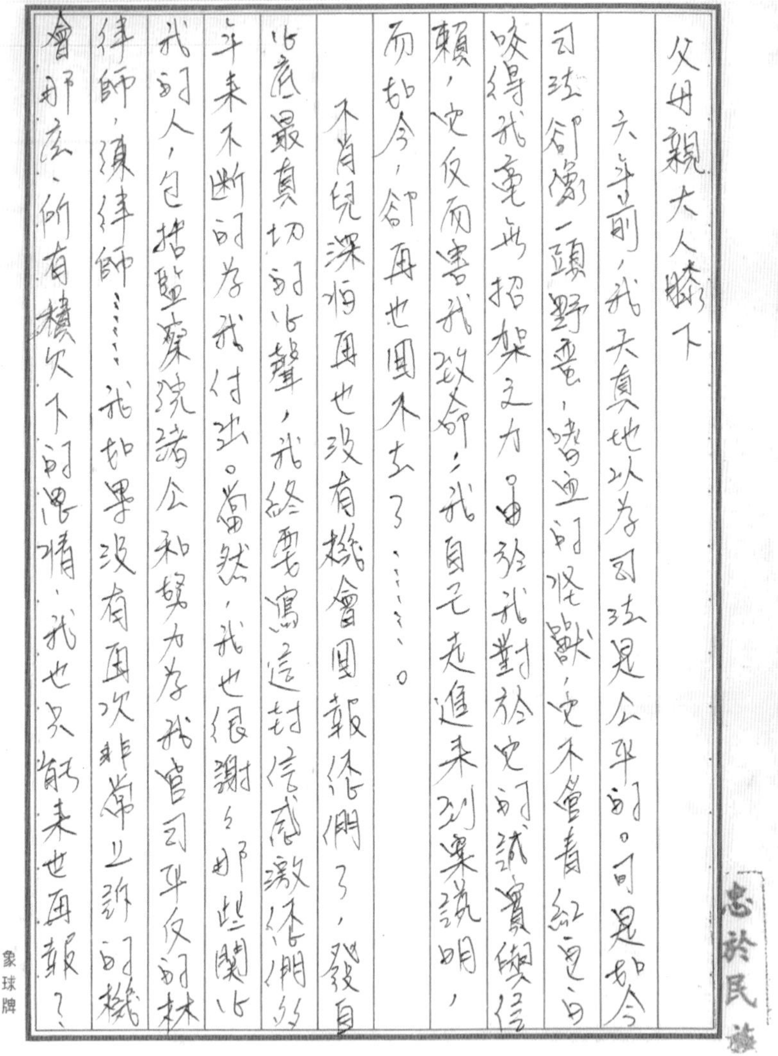
父母親大人膝下

六年前，我天真地以為司法是公平的。可是如今司法卻像一頭野獸，嗜血的怪獸，它不管青紅皂白咬得我毫無招架之力。由於我對於它的誠實與信賴，它反而害我致命；我自己走進來到案說明，而如今，卻再也回不去了……。

不肖兒深恨再也沒有機會回報你們了，發自心底最真切的心聲，我終要寫這封信感激你們多年來不斷的為我付出。當然，我也很謝謝那些關心我的人，包括監察院諸公和努力為我官司平反的林律師、陳律師……我如果沒有再次非常上訴的機會那麼，所有積欠下的恩情，我也只能來世再報了、

在檢察總長第一次非常上訴遭駁回後，徐自強二〇〇二年三月二十七日寫下給父母的訣別信。

雖然案子疑點甚多，我也有鐵證如山的不在場證明，可是法官偏偏僅憑同案自白，硬要構我成罪！正義、公理到底在哪裡？羈押中的每個等待黎明的夜晚，我只能望著窗外星空想著你們身体好嗎？還有那許未來漫漫的日子怎麼辦？我真怕去想這些，因為每次想著、想著眼淚就要掉下來……。

如果有人問我這樣被判冤死，心裡會不會懷恨？其實我心中裝滿著你們給我暖暖的恩情，再也沒有空間可以容納對人間醜陋的各種印象了。媽！請你不要再自責了，好嗎？當初陪我來法院投案、你、我都沒有錯。因為我們比那些不敢面對事實的人勇敢，他們甚至連已經誤判而應該重審的道德勇氣都沒有!!

爸、媽、再次跟你們說聲謝謝，往後的日子千萬要保重自己。請阿小不要再為不肖孫傷心難過，她年事已高，要靠大家安慰、照顧著，我兒以後也要靠你們替我照顧，別讓我兒誤交壞朋友而學壞，拜託你們了。

真的很抱歉，讓倚門相守的你們大家失望了

不肖兒不論在哪裡，心永遠跟家人在一起連著。

同時永遠默默祈禱你們身体安康

不肖兒 自強叩首

91.3.26

象球牌

忠於民族

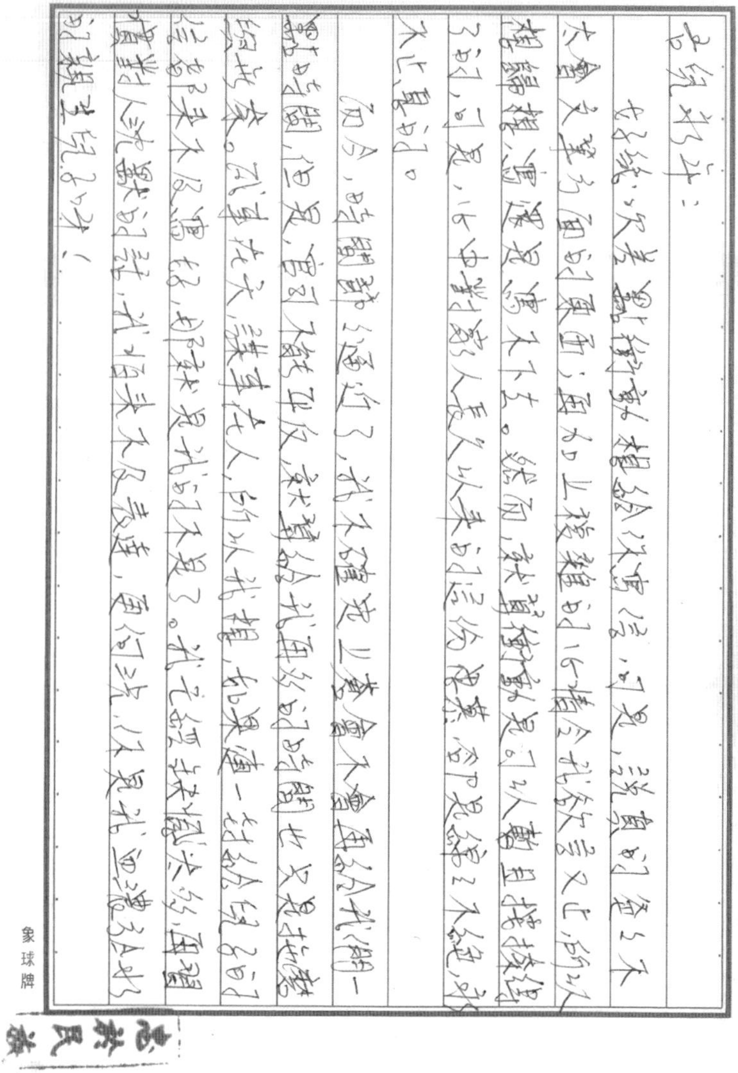

徐自強二〇〇二年三月二十七日寫下給兒子的訣別信。

快七年了！人生裡的七年可以用來成就多少事?! 它可以讓你從還沒讀書識字的小娃兒變成現在青澀的國中生。往後如果你不會想，要壞了，它也可能讓你我會有意想不到的變化。

每個為人父母的都希望自己孩子成長得比別人更強、更好。當爸爸的我那麼久的時間沒能陪你，在身邊照顧你，這是我極大遺憾的事。我相信有一天你會明白這種心境，無論你諒不諒解，你至少可以領會我有多麼無奈與心酸……。

新年時，身為一個男兒漢一定要有擔當，有責任。對自己對家人對朋友，都要有各該負的責任，千萬不能胡里胡塗混掉屬於你自己的一生。也許現在你年紀小，有一些大道理我也不適合講。但是我相信你是一個聰明的孩子，就算沒了爸爸在身邊盯著你，管著你，你也可以照顧好自己，而且幫我把我們

象球牌

的家人都照顧好的，對不對？

行筆至此，覺得千言萬語傾訴不盡。官司問題我本已看淡，但是，看著你祖母他們為了爸爸聲淚俱下地四處陳情，哀求你知道爸爸的心有多痛嗎！！男兒有淚不輕彈，只是未到傷心時。一切的一切，我只想歸納給你聽的是——

一定要孝順！答應我，你一定要做好。

書不盡意，只盼你好好做人。

父字　91.3.27

救援

自二〇〇〇年死刑定讞後，徐自強面臨隨時可能被執行槍決，二〇〇二年三月二十五日家屬特別至法務部陳情。上圖為徐爸爸（左）與徐自強祖母（中）拉布條陳情，下圖為徐媽媽（左）與徐自強姊夫（右），要求給徐自強一個公正公平的審判。

司改會二〇〇三年十月十七日公布李茂生、何賴傑與黃朝義三位法學者的判決評鑑，期待從學界爭取輿論支持。由左至右為陳建宏律師、徐媽媽、臺大法律學院教授李茂生、尤伯祥律師、時任司改會執行長的林靜萍律師。

二〇〇三年申請釋憲案終於在二〇〇四年七月二十三日由大法官作成釋字五八二號，說明共同被告自白不能逕自成為證據，也給徐自強的案子帶來一線曙光，打開了更六審的機會。徐媽媽與尤伯祥（右）律師在釋字五八二號的記者會。

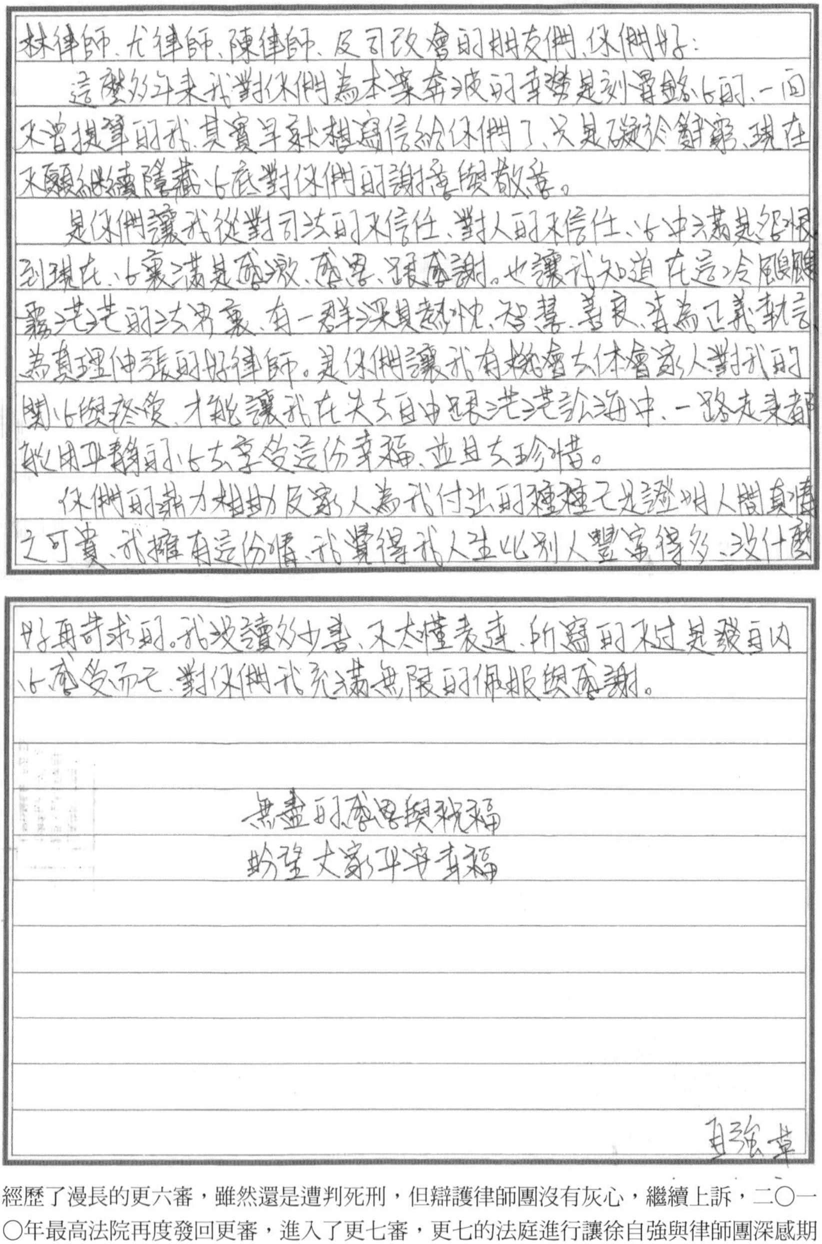
林律師、尤律師、陳律師、及司改會的朋友們，你們好：

這麼多年來我對你們為本案奔波的辛勞是刻骨銘心的，一直不曾提筆的我，其實早就想寫信給你們了，只是礙於羞澀，現在不願繼續隱藏心底對你們的謝意與敬意。

是你們讓我從對司法的不信任、對人的不信任，心中滿是怨恨到現在，心裏滿是感激、感恩、跟感謝。也讓我知道在這冷颼颼霧茫茫的法界裏，有一群深具熱忱、智慧、善良、肯為正義執言、為真理伸張的好律師。是你們讓我有機會去體會家人對我的關心與疼愛，才能讓我在失去自由茫茫苦海中，一路走來都能用平靜的心去享受這份幸福，並且去珍惜。

你們的努力相助及家人為我付出的種種，足證明人間真情之可貴，我擁有這份情，我覺得我人生比別人豐富得多，沒什麼好再苛求的。我沒讀多少書，不太懂表達，所寫的不過是發自內心感受而已，對你們我充滿無限的佩服與感謝。

無盡的感恩與祝福
盼望大家平安幸福

自強 草

經歷了漫長的更六審，雖然還是遭判死刑，但辯護律師團沒有灰心，繼續上訴，二〇一〇年最高法院再度發回更審，進入了更七審，更七的法庭進行讓徐自強與律師團深感期待，在二〇一一年十一月二十五日徐自強從死刑變成無期徒刑。在更七審宣判前夕，徐自強寫下對律師團與司改會的感謝。

二〇一二年五月十八日更八審宣判，雖然仍是無期徒刑，但因為速審法的通過，使徐自強可以不再被羈押，離回家的路只剩最後一哩。圖為司改會、辯護律師團與徐媽媽在更八審宣判後的記者會。由左至右為時任司改會執行長林峯正、林永頌律師、徐媽媽、尤伯祥律師、陳建宏律師。

二〇一二年五月十九日徐自強終於可以回家，離開土城看守所的一刻。

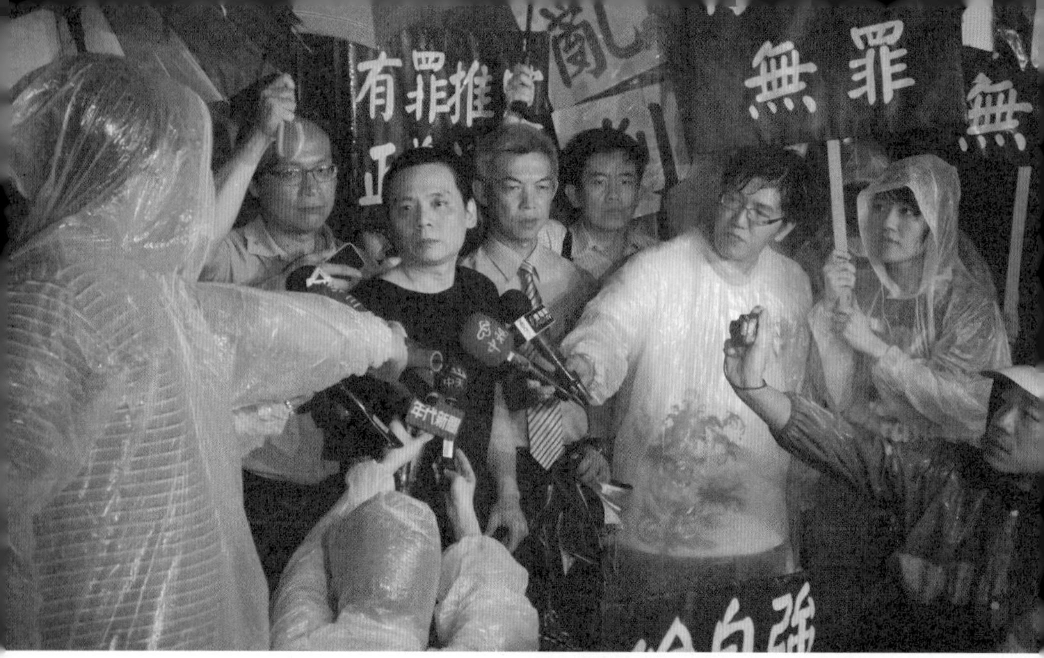

二〇一二年五月十九日晚上司改會與辯護律師團在看守所外迎接徐自強回家。

二〇一二年五月二十三日「我不會逃」記者會，徐自強雖然出獄，但仍必須定期向當地派出所報到，在司改會執行長林峯正、尤伯祥律師與徐媽媽的陪同下，召開記者會。無罪之路仍遙遙無期。

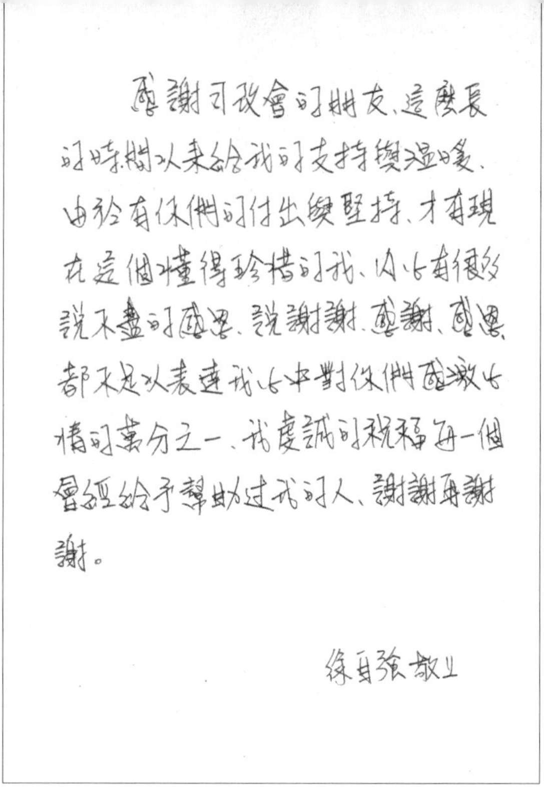
感謝司改會的朋友，這麼長的時間以來給我的支持與溫暖，由於有你們的付出與堅持，才有現在這個懂得珍惜的我，內心有很多說不盡的感恩，說謝謝，感謝，感恩，都不足以表達我心中對你們感激心情的萬分之一，我虔誠的祝福每一個曾經給予幫助過我的人，謝謝再謝謝。

徐自強 敬上

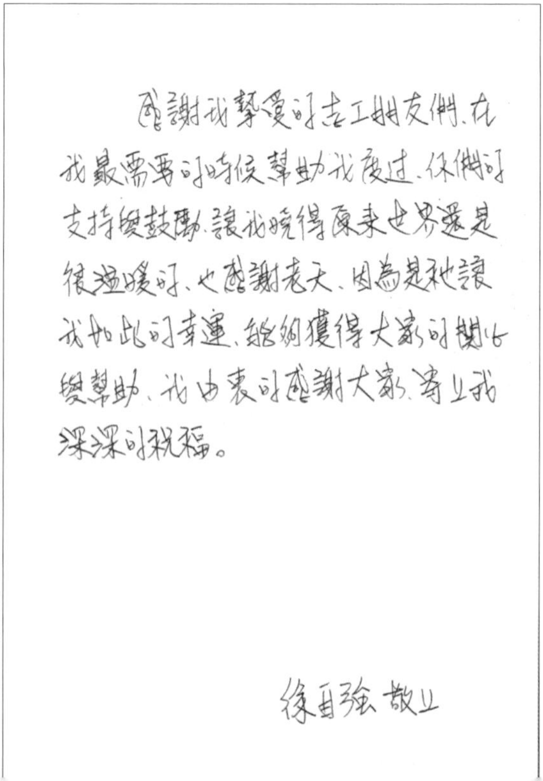
感謝我摯愛的志工朋友們，在我最需要的時候幫助我度過，你們的支持與鼓勵，讓我曉得原來世界還是很溫暖的，也感謝老天，因為是祂讓我如此的幸運，能夠獲得大家的關心與幫助，我由衷的感謝大家，寄上我深深的祝福。

徐自強 敬上

徐自強出獄後，給司改會與志工團的感謝卡片。

二〇一五年九月一日，徐案發生滿二十年，更九審終宣判徐自強無罪，眾人在笑淚交織中不可置信。徐自強對一路辛苦的徐媽媽獻吻。然而定讞仍未來，沒人有把握徐自強是否要再回看守所。（吳東牧攝）

重生

徐自強出獄後展開全新的生活，他成為司改會的工作人員，開始到校園巡迴演講，圖為二〇一五年十一月六日新竹高中的演講。（竹中圖書館提供）

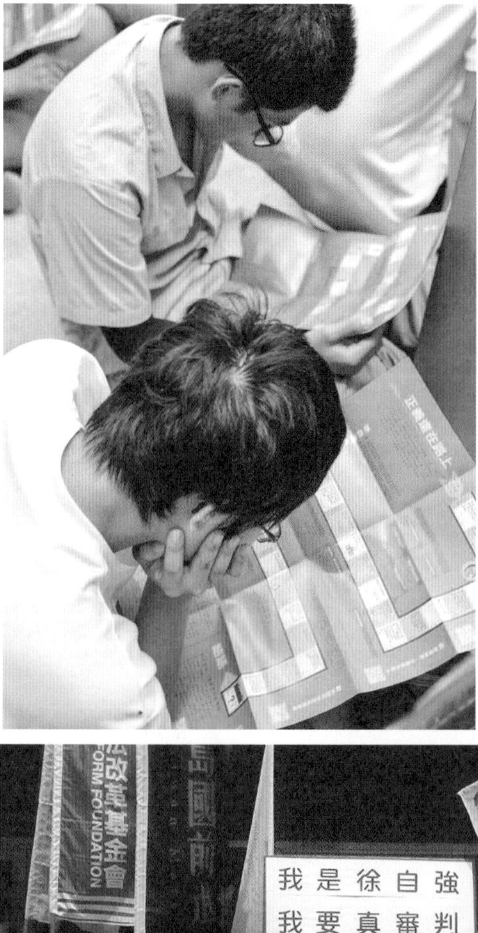

徐案從孤立無援到開始有許多志工與年輕朋友的聲援，走了漫長的二十年。很多年輕朋友投入資料建檔的整理工作，到法庭觀察寫下心得，甚至還拍攝影片重建二十年前的事件現場，臺灣的司法人權確實在年輕世代身上已大為不同。(上圖為竹中圖書館提供)

徐自強在二〇一五年當了阿公，如今徐家是四代同堂，圖為與兒子徐永昱、孫子徐弘杰合影。

在這本書出版前兩個月，二〇一六年十月十三日，最高法院駁回檢察官上訴，全案定讞，徐自強無罪。（吳東牧攝）

（余白攝）

第十八幕　走出牢籠

阿強的死刑之旅，一路從一九九六年底，走到二〇〇九年底，歷經更六審宣判，他被判了七次死刑，遭羈押逾十三年之久。每一回當他已做好準備，等待行刑者板機扣下，但槍聲響起的前一刻，官司總會出現一線生機。他屢屢在鬼門關前遊蕩徘徊，幾度無法回頭，也許是時辰未到，無盡的拖磨，似是預告了劇情日後尚有一連串跌宕起伏的發展。

命運轉變的關鍵，當然要屬二〇〇〇年死刑定讞後，阿強的媽媽投向民間司改會請求奧援，幸賴這群眼尖的律師們看見案件中讓人心生疑義之處，看見了沒有直接證據，僅靠同案被告自白，就一併被捲入無底深淵的阿強。在中國古代，三人成虎或許沒有什麼大問題，皇帝要殺官吏，動輒誅連九族，靠得就是順藤摸瓜，抓一個、咬一個，附帶刑求、逼供，本質上是寧可錯殺一百，不可放過一人。臺灣早期司法文化，即是沿襲這一類東方專制體制而來，司法工具尤其具有鎮壓異議分子的任務，甚而高度依賴自白的取得，因為它可以有效簡化追擊共犯的程序和步驟，連刑事案件同樣也多採抓人取供、互咬同謀的模式進行。

阿強被捲入綁架撕票案的年代，這股氣息仍悠悠瀰漫在臺灣司法圈。這也就是為什麼，當阿強的辯護律師聲請大法官釋憲成功，大法官明確對「共同被告所為不利於己之陳述，固得採為其他共同被告犯罪之證據」作出違憲解釋時，司法實務界會一陣譁然，畢竟「互咬」本來就是「天經地義」的逮人方法。更何況被告就是事件當事人，知道的最多且最清楚，因而其證詞往往被認定最為可信。阿強的辯護律師當初聲請釋憲之舉，直接衝擊了司法圈內部的潛規則，引起反彈之大，可想而知。

加以早期刑事訴訟過程，多是以將嫌疑者「定罪」為目的，而非以弄清楚真相、避免錯殺無辜為優先考量。如此一來，司法圈就比較不會在意法官可能犯錯，可能錯判的風險。這幫助了法官可以不必採行難度較高的無罪推定原則，間接助長了有罪推定的情事發生。阿強的官司，包括審理法官人數、羈押日期、死刑判決次數都是史上少有，可謂紀錄輝煌，然而最具衝擊性的影響，則是辯護律師成功以釋字五八二號解釋，搖撼臺灣司法界根深蒂固共犯互咬和有罪推定積習。不僅如此，檢察總長曾為阿強五度提起非常上訴，也讓一起已然定讞的官司獲得重審的機會。

司法改革時代來臨

阿強本人命不該絕，除了大法官釋憲案拉起的防衛線，以及非常上訴創造的死裡逃生機會，其實也和當時的大環境變異有著直接關聯。阿強死刑定讞的那一年，正巧是臺灣歷史上首度出現政黨輪替的一年。民進黨取得執政，某種程度也為臺灣司法帶來些許新鮮空氣。最主要的影響在於，當時甫上臺的掌權者多是參與過一九八〇年美麗島大審的辯護律師，他們很清楚，臺灣司法界如何長期仰賴刑求逼供，以及共犯互咬，進而搆人於罪的手段。執政者的個人經驗間接形成其執政意識，至少針對司法改革一環，民進黨上臺，確實有助轉換臺灣長期以來的司法文化。

尤其民進黨另有透過連結國際人權公約的途徑，為臺灣國際空間鋪路的企圖，於是政黨輪替初期，也是臺灣更為強調獄政人權的起始。依照國際人權公約內容，司法人權應當包括公正審判、正當法律程序、無罪推定以及禁止非人道待遇等原則。阿強的處境極其有幸，從頭到尾沒有受過非人道的刑求之苦，但他所爭取的，不就是要讓自己的官司能夠獲得公正的審判，行走在正當的法律程序上，最重要的是，法官能依照無罪推定原則，去評判他的生死。

及至二〇〇九年十二月十日，《公民與政治權利國際公約》如願透過兩公約施行法在國內產生實質效力，其中第十四條即為保障刑事司法人權的「公平審判權」，即和早五年先一步出爐的大法官釋字五八二號，具備了同樣的精神意涵。當年主筆撰寫聲請釋憲案的尤伯祥律師，初看釋憲，僅將它視為一步刑事訴訟的技術性攻防，爾後回顧觀之，依照人權精神，那號釋字案其實是意義深遠，同時也不光是高等法院法官後續反彈所說，純為阿強一個人量身訂作的保命符而已。

阿強的案子先有監察委員介入調查，後有學者接續提出判決評鑑，繼之是大法官作出釋字五八二號解釋。漫漫長日的訴訟官司，正巧乘上民主轉型的大勢。阿強是在二〇〇〇年四月二十七日死刑定讞，距離新任元首就職只剩一個月不到，新舊法務部長正待交接之際，阿強得到了死刑執行的緩衝時間，因而沒在那個當下就伏法喪命。這是時間交錯意外造成的僥倖，當然這也幫助了辯護律師後續尚有餘裕出手救援，以至於有緊接而來的連串搶救行動。

辯護律師團過去屢屢聲請檢察總長提請非常上訴，皆未盡全功，而後檢察總長又數度針對阿強的案件提請非常上訴，則可依約顯現司法界對這起案件的態度動搖。以人權為基礎的公平審判權利，無罪推定原則的擡頭，加以大環境催促著司法改革迎頭趕上已經開出果實的政治改革，在在使得阿強頓時成了司改會受理過的幾起死刑案中，最具翻盤希望的一件。

同一時間，二〇〇〇年新政府上路前，國民黨政府於一九九九年召開全國司法改革會議，開啟全面翻修法令的契機，繼改良式當事人進行主義，將寬鬆的證據法則轉為嚴謹的證據法則（二〇〇二年《刑事訴訟法》修法），同時職權糾問主義亦轉為交互詰問制度（二〇〇三年《刑事訴訟法》修法），法庭席位也將檢察官下放到和被告平等，兩邊地平面高度一致（二〇〇五年發布《法庭席位布置規則》）。司法改革步步為營，揭示了臺灣司法人權的一大進步。阿強雖是個倒楣鬼，在那個時間點捲入一起綁架撕票官司，卻又極其幸運，一條命死賴活拖，拖到政黨輪替帶動司法改革的一天。當然，同時間蘇建和案掀起的冤獄平反潮，對阿強來說也是一大鼓舞。假如沒有這些外在環境配合，阿強能否躲過死期，恐怕只能全然仰仗奇蹟了。

死罪可免

更六審過後，一個月內，辯護律師團立即向最高法院提出上訴，二〇一〇年三月三十一日最高法院發回更審，一切重新來過。就像過往這十多年來的日子，阿強果然是屢仆屢起。同年四月二十九日，更七審進入準備程序。

這段訴訟之旅行走至此，阿強所處的外在環境又發生了一些變化。不光是政治變革帶來的司法革新，聯合國人權兩公約《公民權利和政治權利國際公約》與《經濟、社會和文化權利國際公約》在二〇〇九年已然成為臺灣的國內法。阿強應受到公平審判權的保障，又得到進一步的確立，那也表示死刑判決的條件將更趨嚴格。更早之前，《懲治盜匪條例》於二〇〇二年在立法院三讀廢止，也就是再無「擄人勒贖唯一死刑」的裁判，從而大舉舒緩了阿強必死無疑的壓力。

十餘年來，一起歷審皆是死罪的官司，到了更七審，終於出現重大轉折。承審法官謝靜慧首度將阿強涉及的綁架撕票案，區分為綁架情節和撕票情節，也就不再以包裹案情的方式，審議阿強的罪責。最後，於二〇一一年十一月二十五日，庭上首度改判阿強無期徒刑，長年抵在阿強脖子上的刀子終於被挪開。亦即依照法官見解，雖然阿強仍無法完全擺脫擄人勒贖的影子，至少絕無殺人的可能，因此死罪可免，活罪難逃。縱使如此，火爆脾氣的林永頌律師，依然不能接受死刑改判無期徒刑的判決，因為那根本是死刑和無罪兩相權衡，折衝妥協的結果，就現有掌握的證據，這本當就是個無罪的案件。他在法庭上拉高分貝，急切地駁斥法官的裁判，尤伯祥律師則在庭外流下眼淚，那是帶點悲憤的淚水，悲憤整個司法界長久積習的文化，竟然導致欲以無罪推定原則伸張正義會是如此艱難。

儘管，依照證據法則，謝靜慧某種程度自我約制了可能的死刑判決，但阿強還是有罪之身。

辯護律師團對這樣的結果，自然是難以接受。因為那表示法官還是無法走出同案被告自白互咬的魔障。因為直到更七審，法官推斷阿強確實有參與擄人勒贖，主要依據還是另外兩名被告的說法，判斷基礎實與前審並無二致。律師團再次上訴最高法院，最高法院數月後，如其所願又一次發回更審。二〇一二年五月十八日，更八審維持原判決，阿強又落得一紙無期徒刑判決。

拒絕認罪協商

阿強躲過了死神，還是身陷囹圄，不得自由。他已被羈押十六年之久，其中四年還是關在隨時等待執行死刑的死牢。不過，接連兩次的無期徒刑，則隱約讓阿強看到自己前方的曙光，律師團則是從改判的氛圍中嗅到，這起案件發展至今，或許並非沒有無罪的可能，改以無期徒刑，純然是法官不願承擔翻案帶來的壓力而已。命運之神有時確實是特別關照阿強，祂將人間極致厄運和幸運全都加諸阿強一個人身上。祂讓阿強捲入一起綁架撕票案，被迫逃亡，而後受審被判死刑，開啟牢獄之災及至死刑定讞，在家人奔走下，司改會介入，轉而得到監察院和學者的聲援，最後還驚動了大法官。總計被判了七次死刑，終於，因為時空環境的變異，阿強再從唯一死罪，鬆動為無期徒刑。更八審之前又一段庭外篇章，因法庭的「讓步」，讓人瞥見環繞在阿強身上，很可能真有一段含冤莫白的故事。

阿強照樣屈身在一點三六八坪大的房間，依例於其間吃喝拉撒睡，無期徒刑並沒有換取額外的差別待遇。等待更八審宣判之前，承辦法官王敏慧異常地先一步委託公設辯護律師傳話給阿強，表示阿強只要認罪就可換得減刑，亦即此案已無回頭再判死刑的可能，但她怎麼可能判阿強無罪，平白送他自由，還否定前審裁判。因此最為「兩全其美」的方式，就是認罪協商，換取無期徒刑減刑，從原本打算判處的無期徒刑，減至十年有期徒刑，而以阿強在獄中前後度過十六個年頭，早超過需要執行的刑期，那麼兩相折抵，阿強就可立即被釋放出獄。只要阿強點頭，法官就能安然下莊，並且徹底終結這一延宕十六年的陳年舊案，眾人也不必再為此無日無夜拖磨下去。當然如此一來，自由有了，真相沒了，正義減半，阿強且終將一輩子是個有罪之人。

天天過著暗無天日生活的阿強，將訊息轉知家人和律師。成天在外替其奔走求援的徐媽媽，在筋疲力竭之餘，確實一度動念，事到如今乾脆接受法官的提議，至少家人可以早日團聚，尊嚴、正義又何足掛齒。不過，阿強倒是斷然回絕了這項變通之舉，他已為了自己的清白拚搏十餘載，難不成到頭來要前功盡棄，以待罪之身步出牢籠。幸運之神正是於此刻翩然降臨，直接以其神祕不可測的力量，從旁化解了阿強家人稍有瞬間的猶疑。

速審法受惠

法官提出認罪協商之前，當時的司法院長翁岳生曾下令調查全臺灣看守所中，到底有多少被羈押超過十年而無法定案的人犯。統計結果，有一百五十人被羈押超過十年，這些人的官司因故仍在進行中，其中有二十餘人屬於死刑犯，阿強就是其中之一。翁岳生自然是站在維護人權的立場，意欲修法，縮短羈押年限（超過年限即得放人出獄），而後遂有《刑事妥速審判法》（簡稱速審法）第五條，規定審理中被告羈押不得逾八年的規定出現。

二〇一二五月十九日速審法正式施行，阿強的更八審判決即是在前一日宣判，正好趕上速審法上路時間。十八日當天，阿強因為沒有接受認罪協商的提議，二度被判處無期徒刑，但十九日凌晨，被押將近十六年的阿強，就因適用速審法，獲釋走出臺北看守所，成為這項法令釋放重罪被告的第一人。話說回來，王敏慧法官之所以要趕在速審法施行之前，要阿強先行認罪協商，似是不願意自己非但無以成為了結此案的法官，還成了「放了阿強的那個人」。

在回絕認罪協商，卻適用速審法下，阿強重獲自由，並首度在監獄外頭，重新面對繼續僵持著的官司，為回復自己完全的清白再接再厲。守在看守所外的，有聲援他的司改會志工，當然還有殷殷期盼與之擁抱的家人。他們冒雨集結在臺北看守所外，手持蠟燭，堅稱阿強無罪，並為之祈福。阿強出獄後的第一句話是：「不敢想像有一天可以走出看守所，直到今天真的發生。」阿強入獄那天，還是個二十六歲的青年，步出監獄時，他已年過四十，是個四十三歲的大叔。十六年牢獄之災，四年待在死牢，閻王卻也取不了他的命，老天磨練他人生的方式，似是別有用意。

第十九幕　司改會

二○一二年五月十八日，午夜，阿強收到通知，再過沒多久，他就可以被釋放出獄。他知道自己是因為速審法的關係，才頓然結束這場長達十六年的牢獄之災。只是十六年來，他都在為步上刑臺預做準備，此時，他完全不知道該以什麼樣的心情去迎接自由。

重返社會

他首先想到的，是他早忘了家裡的電話，他出去後要跟誰聯絡？要去哪裡？該怎麼回家？獄方通知，出獄時間是午夜十二點鐘。三更半夜，一個和外頭世界脫離十六年的囚犯，即將重拾久違的自由，理當是喜悅的，但也因為突如其來的出獄，反而讓人多了幾分惶恐。十數年匆匆而逝，他已是兩袖清風，走出監牢，他唯一帶走的是一個裝著簡單個人雜物的塑膠袋。

阿強當時的處境，正是臺灣最為人詬病的獄政模式之一。受刑人一旦刑期屆滿（或者假釋出獄、超過羈押年限），就會直接被送出看守所，完全不管你走出大門後的下一步要去哪裡？或者怎麼去？那是你家的事。儘管你已得到應有的的懲罰，在獄中付出代價，但臺灣的獄政心態，仍當你是個壞蛋，不值得多花時間，考量你重返社會的適應問題。

因此有太多受刑人出獄後，卻茫茫然不知所措，很快的，又因為同樣的緣由被抓進來吃免費牢飯，吸毒者尤其如此。阿強十六年的牢獄生活，看盡監獄風雲，其中有個獄友，出獄後隔沒多久，有天又突然出現在阿強眼前，阿強問他怎麼不在外面好好待著，他的獄友回答，他被關太久了，原本親友間的聯繫全斷了線，當時他被放出去，腦筋一片空白，在監獄門口足足坐了兩個多小時，最後在無處可去下，他只能選擇回去投靠昔日的狐群狗黨。他幾乎已失去過正常生活的能力，為了生存，免不了又得在雞鳴狗盜間打滾，於是很快又被抓了進來。

阿強出獄那一年，是法務部推動「修復式司法」的高峰。意謂臺灣司法界希望未來能有別於傳統刑事訴訟，將犯罪者當作違反國家法律而必須加以「處罰」的對象，改而強調「醫治」和「關係的修復」，讓加害者與受害者最終均得以成功地復歸社會。然而法務部的獄政改革趕不上阿強官司的發展，因而阿強還是被以最粗魯的方式對待。

第二段人生的起點

只是，阿強當時並不曉得自己有多幸運，因為施行速審法，自己要被釋放的那個晚上，等在看守所外，不僅有滿心雀躍欣喜的家人，還有數十名司改會的志工。他們手捧著蠟燭、花束迎接阿強，場面像是對待歷劫歸來的生還者那般。自阿強走出監獄的一刻，眼前的場景確實有效化解了阿強原本心底的不安。家人當然是他日後最大的精神支柱，但在臺灣「修復式司法」緩不濟急下，協助阿強打官司的司改會，其實某種程度也發揮了協助阿強復歸社會的作用。動員志工半夜前往看守所迎接阿強，只是第一步，後續司改會更幾乎成了阿強第二段人生的起點，並且幫助阿強能在最短時間內，調整到足以和社會接軌的身心狀態，未使十六年的牢獄，在失去青春之餘，一併損及了他常人的心智。

在這之前，亦因司改會介入救援，阿強結識了好友黃中豪，出獄那晚，守在看守所外的司改會志工們，即是黃中豪負責帶隊前去。二〇一一年，在大學教書的黃中豪，另有參與生命教育講座，因為深感個人公民教育不足，對臺灣的司法現況也頗感好奇，於是他在偶然的機會下走進臺北高等法院，於阿強的辯論法庭上旁聽。這起陳年官司進而引起他濃厚的興趣，同時不解，一個自認受到冤枉的人，何以在庭上表現得這麼冷靜。也許是對生命的價值擁有多一層的理解，他直覺阿強不應該受到死刑對待。在現場知悉司改會正動員救援阿強後，黃中豪遂也加入當時正如火如荼展開的「徐自強案實習生志工團」計畫。

這項計畫主要是將過往司法改革的內容，從理論、觀念的宣傳，轉而成為一項有組織、有系統的社會運動，並藉由阿強這起個案做為運動的主要核心。黃中豪就是在這個時候大量消化關於阿強的卷宗、判決，也因此認識了阿強的家人。就像之前的律師、學者、監委、大法官一樣，一旦深入案情，瀏覽卷證，很少人不會產生此案恐為冤案的認知。黃中豪於是決定加入由司改會專員蕭逸民負責的「徐自強案實習生志工團」行列，並和辯護律師團分進合擊，以社會運動方式，從旁聲援阿強，促法院還其自由。

黃中豪後來和阿強成了知交莫逆，尤其在阿強剛出獄的那個階段，黃中豪適時地填補了臺灣修復式司法的空缺，協助阿強能夠在與世隔絕長達十六年後，一步步再和周邊人事接軌。他會約阿強吃飯，彼此閒話家常，當然，他們還聯手開啟了校園演講之旅，將阿強個人的遭遇傳述到全臺各地學校。同一時間，「徐自強案實習生志工團」則開始著手將所有關於阿強的卷宗全面電子化，官司持續進行，而他們已開始為一項因阿強而來的臺灣司法歷史紀錄預做準備。

改革者或麻煩製造者

救援阿強，應該是司改會自一九九五年成立籌備處以來，最具高度指標性的救援個案。一九九八年，司改會推出法庭觀察，直接點名不及格的法官，一舉打響了司改會的名號，也為司改會惹上官司挨告。但陸陸續續，便開始有人將司改會當成申冤對象，期盼司改會能為他們討回公道。在阿強前來求助之前，司改會已與臺灣人權促進會（臺權會）、人本基金會合作，齊力聲援蘇建和、劉秉郎和莊林勳三人。在將救援個案延伸為社會運動，繼之積極倡議法案的同時，因為司改會經常將檢討的矛頭直接指向檢察官和法官，因而也開罪了不少法界人士。在受冤者眼裡，司改會是英雄，對不少司法人員來說，司改會又豈止是一群愛出鋒頭的麻煩人物而已。

直到二〇〇〇年，乘著政黨輪替帶來的新氣象，所有號稱改革的力量簡直風起雲湧，只要稍具改革形象者，都很願意和司改會建立良好關係，那是司改會蓄積能量最飽滿的一刻。也就是在這個時候，阿強找上了司改會，最終證明，司改會果然不負所託。司改會的創立者之一，便是阿強辯護律師團的主持人林永頌律師，當年他三十多歲，便發下豪語，要集結所有力量從事社會改革，後續他還成立了法律扶助基金會，替窮困之人義務辯護，頗有臺灣左派公益律師的味道。

爾後，因為人力、資源有限，無法應付來自四面八方的申訴案件，司改會才將重點工作聚焦在死刑和無期徒刑者的救援上。阿強的家人就是在這個時期和司改會搭上線。同時，因為有蘇建和等人的前車之鑑，司改會也才能先一步預想到阿強出獄後即將面臨的生活壓力，遂指定由黃中豪，這位阿強囚徒人生中意外結識的好友，協助阿強融入社會。某種形式上而言，司改會也確實扮演了重刑犯阿強日後能順利重返社會的穩定平臺。阿強對司改會的回饋，則是以其親身經驗四處演說活生生見證的臺灣司法文化陰暗面，那些皆是司改會之前苦口婆心，卻始終難以引起民眾興趣的司法改革議題。

司改會積極介入冤案，雖然導致和司法實務界的關係緊張，以及外界偶有雜音，認為他們恐怕是被當事人誤導，總是替「壞人」說話；但至少這一路以來，少有人會直接批評司改會的救援行動。畢竟，行動的背後亦有深刻的司法觀念需要藉此釐清。就像環繞在阿強身上的個案，那已不光是阿強個人是生、是死，是冤情、是誤判的問題，而是臺灣的法庭，種種關於證據排除法則、無罪推定的精神、科技法庭的使用、公平審判權的道理，都到了該重新檢討的時刻。

當然還是有人對司改會很感冒，當他們聲援蘇建和等人，蘇案的被害者家屬就對司改會極為不滿；當司改會聲援臺灣司法史上被全程羈押時間最久的邱和順（涉及陸正案）時，陸正（被害者）的爸爸也對司改會的救援行動迭有怨言，甚至還找來藝人，同樣也有過喪女之痛的白冰冰和他站在同一陣線，要與司改會抗衡。林林種種，更不消說來自法界人士的批評，以為司改會頻頻指揮修法，已達妄自尊大的地步。

因而後期出現了一些有趣的反應。實務界年輕一輩的法曹，對司改會抱持的是較為理解的寬容態度，早期訓練出來的法官，則幾乎是把司改會當成司法界的麻煩製造者。但平心而論，無論如何評價司改會，有一點是可以確定的，那就是，假如我們認同對顯而易見的重大冤情視而不見，司法豈有正義可言，那麼我們就不至於否定司改會的功能，而那些受到司法誤判，及至因為司法環境、文化積習，在國家機器偏頗運轉下所導致的冤案，司改會也的確適時地發揮了修正扭轉的作用。

阿強走出監獄了，官司依舊進行著。重獲自由之身的阿強，透過其親身口述，外界得以更清楚瞭解到這起官司的疑雲盲點，益加讓人不敢輕易斷言他就是犯罪者。就像阿強的媽媽曾經無語問天地說，一個案子有這麼多律師、學者、大法官和志工認為阿強是無辜的，法官為什麼還能一而再、再而三照判死刑。如果，阿強沒有找上司改會，就沒有監察院介入調查，也沒有學者提出判決評鑑，最重要的，更不會有大法官出面受理其釋憲聲請，如此一來，他早就一命嗚呼了。

一九九五年那起綁架撕票案，便隨之劃下句點，一起冤案很可能就此埋葬在無底深淵。

阿強個人生死輕如鴻毛，但這也絕對不是自詡為民主法治國家，在看待任何一條人命時被允許的態度。司改會的存在，也許有時真讓法界人士頭疼，但至少，透過司改會，這個社會對一個人所具備的生命價值，從而有了更深刻的理解和認識。

第二十幕　脫軌的人生

「這二十多年來，我都在做同一件事，就是證明自己無罪。但我也發現到，對於你自己沒做的事情，你其實很難證明自己沒有做。那是很痛苦的。我一直認為我很幸運，可以拿出很多對自己有利的證據，讓我今天還能站在這裡。民國八十四年九月一日（案發日），有人說，那是我倒楣的開始，但我覺得，那是我的幸運日，那是我兒子開學的第一天，當我在報上被通緝時，已經離開學日有一個月，要不是剛好是九月一日這一天，我怎麼想得起一個月前，我那天在做什麼……這個案子經過七十幾個法官審理，我每次都會提醒大家，以後如果你們聽到有一個案子有那麼多法官審過，你們要記住，那個案子一定有問題……」

二〇一六年二月二日，在臺灣大學萬才館，阿強對著臺下一群以攻讀法律為目標的高中生，再一次透過獨有經歷為開場，述說自己的冤案遭遇。一個星期前，臺灣才經歷百年來最冷冽寒冬，全臺因霸王寒流的侵襲，不少地方下起了冬雪。演講當天，室外還飄著陣陣涼意，但演講廳裡，卻因滿座的學生顯得格外暖烘烘。

阿強總計被判了七次死刑，兩次無期徒刑，被關了十六年，直到援用速審法出獄，官司繼續，又過了四年。這四年期間，他和司改會人員四處演講，口述親身經歷的一段冤獄。不過，此時阿強演說的氛圍，已然透露出一種終於停止向周遭申訴求告的味道。他以略顯口拙的語態，娓娓道出臺灣司法未盡清明的一面。

在一場顯有冤情的官司中，阿強命不該絕的最大意義，正在於他的個案適足以讓臺下那群法界幼苗，去思考一個進步文明的司法制度，在錯放和冤枉兩者間，究竟哪一件事對司法的斲傷更大。站在社會防衛的立場，習法之人當然要秉持除惡務盡的天職；但站在人權的角度，我們是否也應當在乎有沒有錯殺，而國家機器究竟有什麼權利可以錯殺任何一個人。這是一個在山腳村長大，開過砂石車，擺過檳榔攤，僅有國中畢業的死刑犯，交給底下學生最嚴肅的法律課題。

就在阿強重獲自由，透過司改會協助，接續起一段脫軌人生之際，人尚在獄中的黃春棋、陳憶隆，依舊不改阿強就是共犯的說詞。所有人都試圖想要找出解答，如果阿強真的從頭到尾都不知情，沒有參與，為什麼這兩人會如此頑固地緊咬著阿強不放？又或者阿強真的參涉其間，只因為他的辯護律師神通廣大，終究在這場棋局中，以技術取勝，才讓阿強和其餘兩名被告的命運出現如此天差地別的結果？或者，就像臺大法律學院教授李茂生所說，許多刑案真正的「真相」，到頭來只有如來佛和玉皇大帝知道，知情者頂多就是孫悟空。這起綁架撕票案的來龍去脈，說到底，真正的實情也只有他們三人（阿強、黃春棋、陳憶隆）知道。因而，法律人是不管真相的，因為法官、檢察官、律師都不是神。

劫後餘生者的故事

民主法治國家之所以可靠，有時候或許不光是奠基於法網恢恢疏而不漏，畢竟，真相之外，還有因真理而來的核心價值必須信守，一如「無罪推定原則」，豈能因為某起突發的犯行，就容許有例外可言。在一次聲援阿強的活動上，司改會為每一名參加的志工製作了一件胸前印有「我是徐自強」字樣的T恤，意即提醒眾人，冤枉這件事很可能會發生在任何人身上，再嚴重一點就是冤案，如果我們沒有信守一個文明法治國家該有的核心價值，不以此終結冤案的發生，你、我都有可能成為下一個徐自強。

若以今日的時空背景，加以更行深化的人權素養，這起案件本該在二十年前就劃下句點，阿強又何以耗盡個人青春歲月，只為換得一紙吻合進步思想的判決出現。從一審判決及至更八審宣判無期徒刑，判決書再怎麼厚重，一個人只消數小時就能閱畢，阿強卻是從二十六歲走到四十三歲；他入獄時，兒子才是個小學生，出獄那天，兒子已大學畢業；母親名下三間房子，為打官司賣得一間不剩，如今尚得借住親戚提供的鐵皮房舍；當年一起亡命天涯的妻子也已離異。而他似是要以個人一段遭致毀棄的人生，去重新鍛造這個國家的司法機器。當初走出看守所的一刻，他像英雄般受人夾道簇擁，但相信在場沒有一個人會願意以這位英雄的「事蹟」為模範，從此起而效尤。那是一種無以翻拷的晦暗經驗，即便它終究能迸發出莫大的改革成就。

距今二十一年前同一天，一名房屋仲介商遭到綁架撕票，阿強被指是共犯之一，歷經逃亡、投案、訴訟、待死、出獄，最後，他從一名死囚變成校園演講台上的講者。生活一度活生生遭到撕裂，卻又有幸劫後餘生，個人驚心動魄的一段旅程，終究不只是周遭大眾的餘興節目。

阿強畢竟不是習於滔滔不絕的演說者，演講結束，學生們逐一湊到臺前，要求和他合影拍照，儘管這已經不曉得是第幾次公開演講，他依舊顯得寡言而木訥，他早已習慣用沉默替代內心滿腔的不平；不過話說回來，在眾聲喧嘩、嘈雜無章的當下，阿強細弱的語氣，緩調的節拍，反而讓我們更能清楚聽取到臺灣司法改革一節隱隱起奏的低鳴。

完整的自由

案發二十年後，本案更九審法官是謝靜恒、林怡秀和吳祚丞，共同在判決書的結論寫下「……綜上所述，本案依檢察官之舉證，尚不足以使本院形成徐自強確有公訴意旨所指犯行之心證，不能證明徐自強犯罪，揆諸前開說明，自應為徐自強無罪之諭知……在公訴證人舉證不足之情況下，徐自強已受無罪推定，徐自強毋須自證已無罪，自無必要再就該等欲證明徐自強無罪之證據贅予調查……」二〇一五年九月一日，高等法院更九審宣判——「徐自強，無罪。」

這紙判決，距離綁架案發生那天，剛好整整滿二十年，「無罪」宣判除了有時空環境變異下的必然外，尚有推翻前審七十多位法官判斷的掙扎和勇氣，它幾乎可為逆轉性的決定一擊。只是，阿強的辯護律師們仍以謹慎的態度待之，認為官司未到「定讞」，將無從掉以輕心；至於阿強，雖然對外總是盡可能表現出「穩當當」的模樣，卻也很清楚，那條自我心靈上的束縛依舊未獲鬆綁。

更何況檢察官在無罪判決之後，隨即再次依法提起上訴。之後又拖磨了一年。二〇一六年十月十日，當舉國關切新任總統蔡英文即將發表國慶演說時，臺灣另有一群人並未忘卻那個日子亦是「世界反死刑日」，他們舉辦活動、策劃影展，以其一貫的立場提醒所有人「每一個生命存在的絕對保障，即是文明的開始」。三天後，最高法院傳來消息，駁回了檢方上訴，判決再次指出，黃春棋、陳憶隆在警詢、偵查及審判中不利於阿強的陳述，不足以證明他有擄人勒贖及故意殺人，且卷內也沒有其他證據資料證明阿強涉案，依「罪證有疑利歸被告」和「無罪推定」原則，判阿強無罪。全案定讞，阿強如願以償得到了完整的自由，而這早在二十年前，其實就應該是歸屬於他的結局。

給媽媽的生日禮物

長期為阿強官司奔走的司改會，當天下午一下擠進二十多位記者，辦公室裡歡聲雷動，所有一路陪伴阿強走到今天的人權團體、律師、社運人士、志工，興奮地難掩喜悅心情，遲來的正義愈加增顯其峰迴路轉、百變千折的戲劇性，阿強再一次受到雪片般而來的恭賀。曾與死神共枕的牢獄之災，日日忐忑等待判決的生活堪告完結。只是，阿強在記者會上禮貌性地開場後，正當大家屏息期待他對自己奇蹟般的「重生之路」有什麼感受，他卻說，「我今天真的腦袋一片空白。

二十年了，真的很不實在……」

阿強終究最掛念的還是一路陪伴他走到這一步的母親，最高法院宣判駁回檢察官上訴後第一時間，阿強立刻打電話向母親報喜訊，在記者會上他告訴大家，「我第一句話跟媽媽講，說我的案子駁回了，其實她聽不懂，她說駁回是什麼？我說就是無罪確定。她很高興，但說不出話……這二十一年來最痛苦的就是我媽、就是我爸、就是我家人……剛打電話（第二次）給她的時候，她沒辦法講話，所以……」也許，即便是如何思想豐富、口才便給的人，在與司法、死神交戰二十餘年、數十餘回後，縱然爭得了最後勝利，亦會有這般無語問蒼天的空寂，包括阿強自己、阿強的媽媽，相信沒有一個人於此刻能精確地描述出命運之神究竟何以安排這齣人生劇本。這場官司，確實有太多令人無以言表的崎嶇祕境。

我們無從知悉，最高法院選擇宣布「喜訊」的時間點，是否另外還傳遞了世界反死刑日的精神呼喚，但我們寧可在心底這樣認為，臺灣司法因之而有了繼續邁步向前的動力。此外，另有一讓旁人眼眶盈滿淚珠的巧合，阿強說，「過幾天是我媽生日。前幾天我還在想說，有沒有機會這幾天有好消息做她的生日禮物；結果今天真的下來了。」

後記

鎮日埋首在徐自強案成堆的卷宗，幾至讓人兩眼昏花，加上錯過了晚餐時間，此時的我更是饑腸轆轆。我決定暫且收工，開車出門尋覓宵夜。臨出發前，我發現太太為我準備，一匙保健身體用的膏狀蜂蜜，還擺在餐桌上原封不動，我未加思索，一口吞下後就匆匆出門。

那是某個週末的午夜，街上人車已稀，我從北投住處一路駕車疾駛，開上洲美快速道路轉往士林，再接上新生高架橋，而後從長安東路出口下匝道。眼前一組員警正對著來車進行臨檢，我對即將而來的臨檢過程並不陌生，便緩緩將車駛向路障，主動搖下車窗，一名員警朝車內探了探，詢問我有無酒後駕車。我自信滿滿，回以：沒有。原以為，就像之前幾次經驗，他們很快地就會揮一揮閃著紅燈的交通棒，示意我離開，沒想到，這一回卻沒這麼簡單。

在我答以沒有喝酒後，這名員警進一步湊到我面前，嗅了嗅我周遭的氣味，接著他對我說：「你說你沒喝酒，可是我好像有聞到酒味。」我心頭一愣，怎麼可能？為研究徐自強的案子已夠我暈頭轉向，我豈有邊喝酒、邊研讀卷宗的本事？雖說我並非滴酒不沾，但我一整天只為消化徐案案情，那實在不是個方便小酌的好時機。接著，員警的表情轉趨嚴肅，對著我說，「把車停好，下車。」我非通緝在案的逃犯，更沒有飲酒的事實，雖然員警的要求略微增添我的不便，倒也無傷大雅，我遂立刻照辦。

才下車，只見另一名員警熟練地以電腦查驗我的車子，同時用狐疑的口氣問我，「這車子是誰的？」這下好啦，我不僅被懷疑酒後開車，還可能是個偷車賊。認為我有喝酒的員警，想確認他的懷疑，便要我輕輕吐氣，完畢，他說，「你就是有喝酒啊。」酒駕不只要罰錢，還有刑責，我不是不知道其中的嚴重性，問題是，員警似乎僅以其經驗判斷，就對我做出嚴厲的指控，我堅稱沒有，接著又走來兩名員警，同樣要我再吐一次氣，結論也是認為我有喝酒。

當下我簡直百口莫辯，我不知道該用什麼樣的態度予以反應，詭異的是，我竟開始為一起我沒有做的事情感到心慌。我必須謹慎控制自我辯駁的力度，以免聲調過大，讓員警以為我惱羞成怒，藉機發酒瘋，卻又不能支吾其詞，讓他們誤認為我理虧心虛，坐實他們的推斷。當現場員警接二連三指稱，他們覺得你身上有酒氣，你還真的會一度以為自己是不是不慎喝了某種酒精性飲料而不自知。我努力回想自己出門前到底發生了什麼事，突然憶起，會不會是空腹吃下一匙蜂蜜，在胃裡發酵，才導致似有酒氣的原因。

我向員警提出，他們恐怕是誤會了我口中的氣味，員警於是追問，我吃的是什麼樣的蜂蜜，以及什麼牌子，我則完全答不上來，我真後悔當初沒有記住那罐蜂蜜瓶身上標示的所有細節。事已至此，下一步應該就是正式地以儀器進行酒測了。只是我無法肯定，酒測儀器能否辨識我的口氣並非飲酒所致，如果不慎因為蜂蜜和胃液的化學作用，產生了一如含有酒精濃度的結果，我不將含冤莫白？就在一陣慌然暈眩之際，一名似是主管級的員警在遠處不耐地揮了揮手，意即獲准我駕車離開。我不確定最後被放行的原因，但以他們送行的眼神，我可以感覺得到，那彷彿是「這次就放了你，下次可沒這麼好運了」。到頭來，我仍然帶著嫌疑之身，且是受到員警小施恩惠才能安然脫身，雖然未再節外生枝，但我確實感覺清白受損，卻又莫可奈何。

在整理徐自強案情的過程中，這段夜間臨檢的插曲安排，像是有意要讓我感同身受，任誰都有可能受到冤枉，只是情節大小不一，或者結局有異而已。甚且，情急下的辯解雖是人之常情，但在執法者眼中，這又往往被導向成為做賊心虛的判斷。我很可能差點為了一口蜂蜜走上法庭。

有罪推定的心態

那起臨檢事件過後，我為了徐自強的案子，前去採訪當時為本案寫下判決評鑑的臺大法律學院李茂生教授。當時窗外飄著綿綿細雨，李茂生點了根菸，坐在研究室裡吞雲吐霧，這是他整理思緒的前奏，雨水打在窗緣上滴滴噠噠的聲響，像是計算他沉默時間的計時器。這已不知道是他第幾回答覆外界關於此案的疑問，只是，他最後決定用最簡短、最明快的方式，為徐自強的遭遇對我做下總結。「判重、判輕、判得好、判得壞，全看你遇上什麼法官，就是靠運氣，對，就這是樣。」李茂生言下之意，就是徐自強某種程度只能自認倒楣。此時，正為臨檢事件尚心有餘悸的我，暗自在心中揣度如果我是徐自強的心情感受，不覺一陣背脊發涼，他當時的遭遇，必然是百倍於我那晚的手足無措。

李茂生說，臺灣司法體制就是這樣，每個（高院）法官手頭上都有五、六十個案件，不趕快結案，會被送司法院人事審議委員會檢討，壓力很大，但他哪可能五十個案子都花一樣的心血寫出完美的判決，所以只好在這五、六十個案子中，挑一兩個好好寫，其他就打混囉。當然，如果法官手頭上只有五、六個案子，他絕對願意每個案子都務求完美，詳加查驗證據，每個該問的人都會多問個兩句，力求程序能符合所有法官被要求的法學常識和素養。只是實際情況，讓他們無法這麼做。這也是為什麼他教過無數學生，很多學生法律系畢業後，都寧可選擇律師工作，而不願意當法官，因為法官背負的負擔太重了，現實條件，好法官幾如杯水車薪，只有少數法官能夠自始至終堅持一名國家司法人員的天職，比方說在臺灣司法環境下，法官到底有沒有信守無罪推定原則，又或者實務上，其實多數法官擁有的都是有罪推定的心態。

步出李茂生的研究室，我重新回想自己受臨檢時那晚的員警。他們不僅懷疑我喝酒，懷疑我偷車，同時還追問我，這麼晚還在外頭要去哪裡，以及之後要做什麼。總之員警們確有意圖從我身上查出一絲不對勁，儘管我看上去並無任何不法之舉，而那正是執法者有罪推定的典型作風。

只是第一線員警的誤判猶有挽回餘地，假若身居最後防線的法官，心態也如出一轍，則不啻在國家的人權保障上，徒留一個偌大的缺口。徐自強坐監十六載，便是因公權力打從起始，就一路偏移了無罪推定的軌道，若非他命不該絕，能拖過臺灣司法這一路以來緩緩的點滴變革，加以外部接續聲援，我們今天又怎麼有機會，藉由他的生命經歷，去省視關於人權、司法、死刑、冤獄、自白、證據等種種核心義理。充其量，他終究不過是臺灣死刑犯列表中，被記下的其中一個名字而已。

司法製造的犧牲者

一九九九年，全國司改會議上，撰寫徐自強綁架撕票案判決評鑑的學者黃朝義提出，應當檢討長年以來在司法體系施行的「卷證併送制度」。因為依照法官審理案件實務，一名法官在尚未開庭之前，理所當然會透過閱讀檢察官起訴書卷證資料以瞭解案情，而他的心證恐怕已在當下就受到篩選、重整、拼湊過後的事實所左右。黃朝義當初提出修法建議，欲將「卷證併送制度」修正為「起訴卷證不併送制度」，即是為了落實對法官無罪推定原則的要求，讓法官在審判之前什麼都沒看過下，能盡可能保持一顆空白的心證。

除此之外，過往司法文化，法官不僅習於有罪推定，甚至只要能翻出被告「前科」，確定眼前的人不是個好東西，是個人格上有汙點的人，他就可以更加順理成章，遂行有罪推定的步驟。徐自強遭判死刑，某種程度也是以其前科為導火線。當年警方查出，徐自強似是另有賭博案在身，如此一來即和另名經營賭博性電玩的被告陳憶隆產生了連帶關係，陳憶隆因為個人經營的賭博電玩被查扣，有了資金上的困難，才鋌而走險綁架擄人，徐自強的動機亦可直接如法炮製。於是，警方便無視徐自強如果缺錢，又怎麼還有餘力借錢給陳憶隆（二十萬）的事實。綁架撕票案發生，警方拿到徐自強曾以呼叫器連續呼叫陳憶隆的紀錄，便又直接推斷，徐自強連續呼叫陳憶隆，是為了和他商議取贖行為，一樣完全不理會徐自強實為急著要向陳憶隆討債的說法（陳憶隆事後在庭上也承認，他知道徐自強呼叫他，應該是為了索債）。

總之，凡有利徐自強的細節，在警方、檢察官、法官已先入為主認定徐自強涉案下，便淪為匆匆數語的個人狡辯。開頭一旦落入有罪推定，往後就很難粉碎外界對徐自強有罪的認知。有時罪行輕重與否，有罪無罪推斷，還得看你所涉及的案件，是不是那段時期新聞上熱門的議題，以及熱議的強度，同樣足以決定你被判決多久刑期，或直接得到死刑。

這也是徐自強家人最憤憤不平之處，怎麼整份判決書，關係到徐自強有無涉案的情節，全都是建構在黃春棋、陳憶隆兩人對他所指控內容的推測。徐自強的媽媽有回聲淚俱下，在一場聲援徐自強的記者會過後，無可奈何地拿著判決書，哭訴著這樣的判決，叫她如何心服口服。假如我們曾在某個時間點上，持續、仔細、大量地關注過往發生過的臺灣冤案，我們將改變原以為法官皆是明察秋毫的想法，以為冤情都是死不認錯者的專利。只要詳加探究，就可知道，司法的確是會冤枉人的，而且有些罪犯，正是在有罪推定下，被平白製造出來的犧牲者。

可惜誰有那個閒功夫，花那些時間、力氣，去挖掘一名「壞蛋」的冤屈。尤其，每個人都希望生活在一個安和樂利的社會，所以任何破壞這個夢想的人都該一網打盡，豈有營救犯人的道理。徐自強之前，有蘇建和等人涉及的汐止雙屍命案，隔年則發生了桃園縣長劉邦友血案，同年底還有彭婉如命案，又過一年，更發生了舉國矚目的白曉燕綁架撕票案，以及臺南市婦人詹春子綁架撕票案（盧正案）。徐自強的案子不能說沒有受到這些重大社會案件的影響，臺灣一時間似是被一群心狠手辣的歹徒所環伺，民怨四起，警方因而有不得不趕快破案，還給人民安居樂業環境的責任。那樣的氛圍持續很長一段時間，更加助長了司法人員有罪推定的心態。

司法的不平之鳴

從大法官退下，回到學校教書的許宗力教授，回溯當初何以在大法官大會上，舉手支持徐自強的釋憲申請案，核心理由仍緊扣著同一價值，亦即在審判徐自強綁架撕票案時，法官有沒有讓無罪推定原則得到發揮。許宗力知道，警察、檢察官、法官長期面對層出不窮的犯罪，以及手段愈加殘忍的凶殺案，久而久之，他們眼前的被告就不再是個活生生的人，而可能只被當作一具正在進行法律訴訟的物體，只要對方看起來很可疑，就會不由自主落入有罪推定的邏輯。更何況，審理徐自強的法官總計六、七十人，要在證據不夠明確的理由下判徐自強無罪，等於直接挑戰之前同僚（有些甚至是學長姐）的智慧，這當中還隱含了法官之間，期別、階級所衍生的潛規則，事已至此，徐自強就像被數十顆巨石壓制住的人犯，豈是說翻盤就翻盤。

徐自強被指涉入的一九九五年九月一日綁架撕票案，能在短短二十八天就宣告偵破，確實是大快人心。二〇〇〇年徐自強死刑定讞，不也算是法網恢恢、天理昭彰。只是誰又想得到，徐自強媽媽拿著判決書哭倒幾至斷腸，不光是心疼兒子即將赴死，而是其中疑點重重，證據薄弱，那不是害怕失去，而是相當程度對司法文化所表現出的不平之鳴。

憶及我遭員警懷疑酒駕的當晚，個人最大的損失就是原本我打算前去飽餐一頓的小吃店，因為臨檢時間的耽擱，以致當我人抵達現場時，店面已經關門。徐自強的遭遇就沒這麼簡單了，為了一起未盡法理的判決，他和一家人付出了一段慘痛的代價，司法資源同樣為此折騰耗損了二十餘年。

一起總計判了七次判死、兩次無期徒刑的官司，終於在二十一年後劃下令人欣慰的句點，當年被控擄人殺人的徐自強，最後獲以無罪定讞。徐自強案雖然不若蘇建和案在媒體前受到那般高度關注，但纏繞在他身上的法律訴訟，卻也處處顯現臺灣司法變革的深度反省。

二十年青春換一步司法躍進

一九九五年九月一日，臺北縣房屋仲介商黃春樹遭到綁架勒贖並遭殺害。警方在家屬交付贖款過程中，當場逮捕其中一名歹徒黃春棋，旋即又有一共犯陳憶隆落網。徐自強之所以捲入此案，即是和他有親友關係的兩名歹徒指控他參與犯行。在擄人勒贖唯一死刑的年代，徐自強在遭通緝而主動投案後，遂與其他兩名共犯一起被判處死刑。但徐自強自始否認和這起綁架事件有關，事實上，檢警也從未掌握徐自強犯案的事實證據。

二十年前的司法文化多存在被告互咬而予定罪的風氣，此「便宜行事」的做法在證據取得技術未臻成熟之前，屢屢讓「你沒有做，別人為什麼要講你」成為足可形成一人犯罪的證明。一如蘇案中「屈打成招」模式，皆屬司法過往心照不宣的暗黑法則。

而讓「被告互咬」成為法院判刑的重要參著點，最直接的衝擊和挑戰，便是罔顧「無罪推定」的法學原則。徐自強是為最典型的有罪推定案例，關於他犯罪內容的形塑，僅起於他和兩名落網的歹徒熟識且有金錢借貸往來，加以對方指控，則無論徐自強如何辯解自己事發當下並不在現場，亦無通聯、指紋、證人可證實其犯案，便也無從取信抱持「有罪推定」心態的法官，逕以複數共犯自白互為補強證據，即認定徐自強有罪，還一併判處死刑。二十一年後，回溯當時氛圍，確實叫人不寒而慄。

徐案其一環節即是在檢證我國司法對於「無罪推定原則」信守的程度。此外，實務面的探求則為「共同被告不利於己之陳述，得為被告之罪證」究竟合適與否。當然，事態發展，「被告互咬」已不光是司法實務上合不合宜的問題，它還根本觸及了憲法保障人權的精神。

根據《刑事訴訟法》所規定的嚴格證明法則，證據必須確實具有證據能力且經合法調查，使法院形成足證被告犯罪的確信心證（非合理懷疑，而是百分之百確信），才能判決被告有罪；尤其為了避免過分偏重自白，有害於真實發現及人權保障，另外也規定被告之自白不得做為有罪判決之唯一證明，仍應調查其他必要之證據，以察其是否與事實相符。惟徐案僅是以兩名共犯的自白互為佐證，就當成補強證據。

徐案過去的審判顯然背離了上述法理原則。起始的法官以有罪推定心態判處徐自強死刑，爾後的上訴，歷審法官便幾乎「一脈相承」地走在「有罪推定」、「被告互咬」的搭橋上。徐自強就是因為這樣而困於死牢之中十餘年。

幸有救援徐自強的律師據此申請釋憲，尤其有賴當時以人權精神為至高理念的大法官，對法院採予「被告互咬而定罪」作出違憲解釋（釋字五八二號解釋），徐自強才有機會藉此違憲解釋繼續打官司求生。

徐案總結，或可為挑戰法院長年「有罪推定」、「被告互咬」舊習的勝利，最終無罪的結局令人可喜，但那畢竟是一個人乃至一家人付出二十年的歲月青春，才換得的一步司法躍進。接下來，就算他能夠獲得大筆冤案賠償金*，但除此之外，國家的司法誤謬，又當如何補救一個人將近二十年的灰階人生。

---

* 無罪判決或許只是下一階段訴訟攻防的開始，任何司法冤屈，從來都不會只是某個人、某一家人自己的事，隨之而來的冤獄賠償，即是整個國家、整個社會必須共同付出的代價。依照刑事補償法規定，一個人坐一天冤獄可獲得五千元賠償，按徐自強白白蹲了十六年的苦牢計算，我們至少還得賠給他二千九百二十萬。

附錄

附錄一

徐自強案大事記

民間司法改革基金會二〇一六年十一月二十二日修訂

時間	事件
1995/09/01	被害人房地產業者黃春樹遭綁架，並於同日遭到殺害。
1995/09/02	被害人黃春樹的父親接到勒贖電話，家屬報警，警方成立專案小組展開追查。
1995/09/18	被害人黃春樹的父親與歹徒約定交付贖金失敗
1995/09/25	第二次取贖，警方在桃園逮捕第一名嫌疑人黃春棋。
1995/09/26	凌晨四點，警方訊問黃春棋時，供稱有兩名共犯－阿強（徐自強）及大胖（陳憶隆）。
1995/09/27	黃春棋向檢察官表示希望有律師在場，因為「受不了警方刑求」。
1995/09/28	警方在汐止山區挖出黃春樹屍體，宣布破案。
	徐自強於同日報紙發現自己被誣指涉案，因擔心被刑求，無法受到公平的審理，故沒有立即到案。
1995/10/06	徐自強委任律師向檢察官陳報徐自強有不在場證明。
1995/10/07	陳憶隆逃亡期間，打電話給徐母表示徐自強沒有參與，有監聽譯文為證。
1995/10/22	第二名嫌疑人陳憶隆在雲林被逮捕，其供詞與先前落網的黃春棋全然不同，並供稱有第四名共犯黃銘泉。
1995/11/17	士林地檢署以《懲治盜匪條例》擄人勒贖罪，起訴徐自強、陳憶隆、黃春棋、黃銘泉。
1995/12/16	黃銘泉在泰國遭到仇家殺害（1995/9/16 黃銘泉從臺灣潛逃出境）
1996/05/16	陳憶隆、黃春棋被士林地方法院（一審）判處死刑
1996/06/24	徐自強在律師陪同下，向士林地方法院投案。
1996/11/23	徐自強一審被判處死刑
1997～1999	高等法院四度判處徐自強等三人死刑，但四度被最高法院發回更審。

時間	事件
1999/11/16	高等法院更五審判處徐自強等三人死刑
2000/04/27	最高法院維持更五審判決，判處徐自強等人死刑定讞。
2000/05/01	民間司法改革基金會接獲徐自強家屬投訴
2000/05/02	民間司法改革基金會展開救援徐自強
2000/05/16	黃春棋、陳憶隆向徐自強家人表示徐自強未參與本案，陳憶隆並寫下自白書。
	最高檢察署全案陳報法務部長等待槍決
2001/02/08	監察院調查報告出爐，指摘本案判決有多處違背法令。
2001/04/06	最高法院檢察署提起非常上訴
2002/03/21	最高法院駁回非常上訴
2002/04/15	與AI（國際特赦組織）取得正式的合作，在國際間發起一人一信搶救徐自強的活動。
2002/05/13	檢察總長第二次為徐自強提起非常上訴
2002/11/14	最高法院第二次駁回非常上訴聲請
2003/02/27	檢察總長第三次為徐自強提起非常上訴
2003/07/11	最高法院第三次駁回非常上訴聲請
2003/09/10	民間司改會為救援徐自強案，覺得死刑救援不能單以個案方式處理，應該拉高到制度改革，於是結合各社運團體組成了「替代死刑推動聯盟」，並以推動死刑之廢除為宗旨。
2003/10/01	替徐自強提出釋憲聲請書，希望新任大法官解釋法院援引最高法院三十一年上字第二四二三號等判例見解，以同案其他共同被告的自白，做為判決徐自強死刑的唯一證據，此種做法，是否侵害刑事被告受憲法保障的生命權及訴訟權？
2003/10/17	民間司改會公布由國內三位刑事法學教授李茂生、何賴傑及黃朝義所做的判決評鑑，認為該起判決在法理上確有疑義。
2003/11/12	檢察總長第四次為徐自強提起非常上訴
2004/05/06	最高法院駁回檢察總長為死刑犯徐自強所提第四次非常上訴

時間	事件
2004/05/19	司法院大法官受理民間司改會為徐自強所提釋憲聲請案
2004/07/23	司法院大法官作成釋字第五八二號解釋，認為共同被告應屬於證人之證據方法，應踐行人證之法定調查程序，最高法院三十一年上字第二四二三號及四十六年台上字第四一九號判例所稱共同被告不利於己之陳述得採為其他共同被告犯罪（事實認定）之證據一節，應屬違憲。
2004/08/03	徐自強母親徐陳秀琴女士向法律扶助基金會申請扶助，當天下午通過審查，並指定由陳建宏律師為義務辯護律師。
2004/09/09	最高檢察署為徐自強提起第五次非常上訴
2005/05/26	最高法院裁定徐自強案發回高等法院更審。民間司改會與法律扶助基金會組成義務辯護律師團，由林永頌、尤伯祥、陳建宏律師擔任選任辯護人。
2009/12/08	更六審宣判，判決徐自強死刑。
2009/01/07	律師團針對死刑判決上訴最高法院
2010/03/31	最高法院發回更審
2011/11/25	更七審宣判，判決徐自強無期徒刑。
2011/12/23	律師團針對無期徒刑判決上訴最高法院
2012/03/09	最高法院發回更審
2012/05/18	更八審宣判，判決徐自強無期徒刑。
2012/05/19	徐自強被羈押超過八年而案件尚未確定，因《刑事妥速審判法》暫時從臺北看守所釋放。
2013/04/03	最高法院第八次將本案發回高等法院更審
2013/04/29	高等法院更九審第一次準備程序庭（受命法官林孟宜）
2013/09/01	高等法院更九審法官調動（受命法官吳祚承、審判長謝靜恒）
2015/09/01	高等法院更九審宣判，徐自強無罪
2015/09/16	檢察官上訴
2016/10/13	最高法院駁回檢察官上訴，徐自強無罪定讞。

附錄二

二〇〇一年二月監察院調查報告調查意見

柒、調查意見：

一、本案被告黃春棋與陳憶隆自白之任意性與真實性，尚有疑義：

按刑事訴訟法第一五六條規定：「被告之自白，非出於強暴、脅迫、利誘、詐欺或其他不正之方法，且與事實相符者得為證據。」又同法第九十八條規定：「訊問被告應出於懇切之態度，不得用強暴、脅迫、利誘、詐欺、疲勞訊問或其他不正之方法。」本案經查閱相關案卷，於八十四年九月二十七日偵查庭中檢察官李玉卿訊問被告黃春棋：「警訊為何坦承與陳憶隆、徐自強一同將黃春樹綁走？」黃春棋答：「我受不了他們刑求我。希望以後借提警方訊問時有律師或家人在場，警方借提時把我眼睛矇住，吊起來灌水，還捏我奶頭，用不知何物夾我手指。」另本院約詢黃春棋時亦據其陳稱確有刑求，並表明因受不了借提刑求方行供述；被告陳憶隆亦於本案更三審八十七年二月十六日受命法官陳志洋訊問時供稱：其在偵查時稱黃春棋有全程參與，係因通緝時黃春棋把事情全推到我身上，警察說我不可翻供，否則要借提我出來等語，惟承辦檢察官李玉卿僅對黃春棋身體加以驗傷並未傳訊相關警員及調閱錄音帶或錄影帶等證物，確實查明被告在警詢時有無遭到刑求或其他不正方法取供之情形，從而最高法院八十九年台上字第二一九六號判決（下稱本案判決）所憑信上開之自白，其任意性與真實性，尚有疑問，有待進一步查明釐清。

二、本案判決以被告徐自強於八十四年九月二十一日下午，向日昇公司負責人許世恩承租FF四八三一號天藍色小客車備用，據以認定被告徐自強參與作案，核與經驗法則及論理法則尚有違誤：

按共同被告不利於己之陳述，固得採為其他共同被告之證據，惟此項不利之陳述，須無瑕疵可指，而就其他方面調查，又與事實相符，始得採為其他共同被告犯罪事實之認定（參見最高法院四十六年台上字第四一九號判例）。本案判決係以共同被告陳憶隆於臺灣士林地方法院供述係由徐自強去租車用以作案，及證人許世恩指證徐自強共租過三次車等證詞，認定徐自強確有參與作案。惟查被告徐自強則供稱有租車借予黃春棋但不知黃某做何種用途，且據證人許世恩（84.10.14.警詢筆錄）陳述：徐自強向渠租用車子共三次，前兩次均由徐自強本人付款及還車，但第三次則由徐自強承租先付一天車資，而後再由徐自強一起前來租車之男子續租並付車資，最後還車時則由徐自強女友卓嘉惠歸還並付一天車資云云，故徐自強自始至終均否認知情而幫黃春棋租車供為作案工具。徐自強此項辯解，衡情並非全然不可採。蓋若被告本係預謀擄人，深知犯案過程應避免洩露行跡，此亦為黃春棋竊取丁功培車輛作案之緣故。被告徐自強非痴非愚，焉有照實以自己名義租車作案，而不慮東窗事發之理？徐自強辯稱遭黃銘泉利用，似非無理。本案判決因共同被告之指述及徐自強借車之事實便加以認定被告徐自強為共同正犯，且歷歷如繪指出：黃春棋即將車開到十分接近內壢火車站之桃園市文化路一號公共電話亭……即遭警方逮捕。然對徐自強所租用FF四八三一號天藍色小客車，警方何以並未於現場查獲該車，反由徐自強之女友卓嘉惠返還，則未有交代。從而本案判決認定確使用徐自強所租用之車作案與徐自強共同參與本案之論斷基礎便生動搖，其據此而坐實其死罪，顯有違背經驗法則與論理法則之違誤。

三、本案判決未調查其他證據即認定被告徐自強提出之八十四年九月一日未參與擄人勒贖之不在場證明不足採信，有違證據法則：

本案判決認定被告徐自強所提出案發當日上午十點四十七分至十點四十八分，曾赴桃園郵局第五支局領款之不在場證明並不足證明被告徐自強於當日並未參與擄人勒贖。觀其所持理由無非以原審法院曾於八十五年十月十一日上午十時許模擬案發現場，在成功交流道上中山高速公路，至五股交流道下中山高速公路，沿縱貫路駛至被告徐自強居住之桃園縣龜山鄉自強西路一七二巷口，其中尚包括塞車及路徑不熟悉詢問多人之時間約費時一小時；再由被告徐自強居住之地點至桃園郵局第五支局約有七百公尺；原審另命臺北市政府警察局內湖分局警員於八十五年十月十六日上午，攜同被告陳憶隆由案發之臺北市中山區北安路六〇八巷經北安路轉大直橋往濱江街上中山高速公路由林口交流道下高速公路左轉長庚醫院往林口、龜山方向行駛，沿路經過舊路村西舊路接萬壽路二段到達自強西路檳榔攤，費時四十五分鐘（在林口交流道匝道口塞車費時九分鐘），認為被告徐自強擄人後下車擦拭黃春樹車上指紋至返回桃園居住所，再於同日上午十時四十七分許前往桃園郵局第五支局提領現款，時間上綽綽有餘，核與被告陳憶隆、黃春棋所述涉案情節並無相悖之處，且擄人勒贖而殺人乃唯一死罪，已為被告等知悉，如無其事，自不可能傷天害理誣指徐自強而坐實其死罪，是被告等就徐自強涉案部分之指述，應與事實相符等語為其論斷基礎。然原審法院既認定九月一日當天被告等所駕駛之兩輛車均開往汐止山區，則被告徐自強在擄人現場擦拭黃春樹車上指紋後，究係用何種交通工具回家，攸關上開模擬路程時間之計算是否正確，自應一併查明。又共同被告陳憶隆、黃春棋自白：車行一段距離後，使徐自強下車步行，返回現場擦拭指紋之過程，亦不合情理，蓋本件既屬預謀擄人，且備有手套，豈有置而不用，赤手擄人之理？依陳憶隆之自白渠等係於被害人步行至車後擬開行李廂取備用輪胎之際，突發而至，將黃春樹強擄上車。果爾，渠等既係在「車後」將人擄走，衡情不會留下指紋於被害人車上，黃銘泉何必使徐自強返回擦拭指紋。再者，犯案時間係上午八時左右，上班、上學人車正多，使徐自強返回現場擦拭車上指紋，豈不慮遭人識破？徐自強並無擦拭工具，其又如何擦拭？本案法院對以上各情均未詳查，並無確實證據，即謂該被告搭車經上開路線返回桃園，再前往郵局提款時間上充裕有餘，不足資為不在場證明，尚嫌率斷，有違證據法則。

四、本案法院未依被告徐自強之聲請，傳訊證人洪〇〇，亦有應於審判期日調查之證據而未予調查之違誤：

查被告徐自強於八十七年二月十六日曾具狀聲請傳喚證人洪〇〇詢問「被告在八十四年九月一日中午是

否在美洋髮型工作室用餐？用餐之後是否曾經外出？」，用以證明「被告當日下午絕未與其他同案被告會合並分取贓款及分派取贖工作」。本案法院不予調查之理由主要在於：「被告徐自強於下手實施前揭犯行後始返家，則其返家之作息，非但與本案無甚關連，且不影響於前述論斷基礎。」惟查，本案法院顯然誤解上開聲請調查證據之待證事實。蓋被告徐自強聲請傳訊洪〇〇意在證明八十四年九月一日下午二時許或四時許，並未如本案判決所認定有再與黃銘泉等人兩度會合於租屋處，謀議勒贖細節及分贓之事實，該法院將之誤為係「擄人」時之不在場證明，而未准調查，自有應於審判期日調查之證據而未予調查之違誤。

五、本案判決認定被告黃春棋自始即有擄人勒贖之犯意聯絡與行為分擔，違背經驗法則與論理法則，並有審判期日應調查之證據未予調查之違誤：

本案判決以共同被告陳憶隆於警詢筆錄及偵查筆錄（84.10.23.）均指證被告黃春棋於八十四年八月二十日起，即開始輪流跟蹤黃春樹及作案用車為黃春棋所偷等語，做為黃春棋自始即參與擄人勒贖論證之依據。經查歷審法院除共同被告陳憶隆之供述外均無其他證據可資補強，按共犯之自白往往為期能免除或減輕自己之刑事責任而有不確實之情形，自應調查二種不同之補強證據，即其一為被告自己犯罪之補強證據，另其一為被告自己與他人共犯之補強證據。倘若只有被告自己犯罪之補強證據而缺乏被告與他人共犯之補強證據，則被告自白涉及他人共犯之部分，尚不足以遽予採用，以免被告利用虛偽自白陷害他人。本案被告陳憶隆於八十四年十月二十三日偵查庭中陳稱：其警詢筆錄中之供述係因黃春棋將事情推到渠身上，為證明渠非主嫌所以把事情說明清楚。從此一說詞可見陳憶隆對黃春棋當時在警局諉責予伊作為感到憤恨不滿，故其所為之供述，難以盡信其全部為真實。而陳憶隆其後亦於八十七年二月十六日接受臺灣高等法院受命法官陳志洋訊問時陳明其在偵查時稱黃春棋有全程參與，係因通緝時黃春棋把事情全推到我身上，警察說我不可翻供，否則要借提我出來等語，亦足證陳憶隆於偵查中所為之供詞係基於對黃春棋之憤怒與懼怕警方借提刑求所為之陳述，已非無瑕疵，本案判決未調查其他必要之證據，即遽予採信，並認定黃春棋對本案有全程參與，似嫌速斷。且最高法院八十七年度台上字第二五四〇號判決認為原判決依據陳憶隆在警訊中之自白資為認定黃春棋犯行之主要證據，摒棄不用陳某審理中有利於黃某之證詞，自應就該不利於他被告之陳訴情節詳查勾稽，被告黃春棋迭稱作案用汽車非其所偷。原審前審所供有偷車，但不知是要擄人勒贖係誤記……此並非不能調查，乃原審僅於審判期日前訊問各上訴人一次未為任何調查（如調聽該其日錄音帶：）證據調查顯有未盡等語之疑問，顯亦未在確定判決中獲得確認。本案判決認定之事實有違經驗法則與論理法則並有應於審判期日調查之證據而未予調查之違誤。

六、本案判決對於被告陳憶隆有利於己之辯解未予詳查，有判決不備理由之違法：

被告陳憶隆對於取贖之過程固供認不諱，惟辯稱：其係遇泰國返回之黃銘泉，黃銘泉表示以前與人合夥做仲介，還有一筆錢未收，因其有車可供使用，乃要求其開車去看看，至勘查作案現場後不知何以變成擄人勒贖。該被告並辯稱：若有殺人犯意怎可能只有帶一把刀，也不可能如原審判決事實所載駕駛自己所有之IV6859號小客車前往云云，其所辯並非全無理由，本案判決對此未予詳查亦未說明不足採信之理由，自有判決不備理由之違法。

七、法務部應督促所屬檢察官於被告陳述曾遭受刑求時，立即詳細調查相關事證，以明實情並保障被告之基本權利：

本案被告黃春棋於偵查時供稱警詢時遭刑求等情，檢察官李玉卿僅囑臺灣士林看守所對其身體加以驗傷，而驗傷結果為正面右手臂上部血紅色、左手腕割傷、左大腿上部泛紅色；背面右腰部微腫，並未傳訊相關調查借提員警詢問經過及為何黃春棋身上有傷並調取錄影帶或錄音帶等證物，以查明是否確有刑求其事，是其對於被告依憲法與刑事訴訟法規定所賦予之基本權利之保障顯然過於輕忽，是故法務部應督促所屬檢察官於被告陳述曾遭受刑求或其他不正方法取供時，應立即詳細調查相關事證暨調取錄音帶或錄影帶查核，以明實情並保障被告之基本權利。

附錄三

二〇〇一年四月檢查總長第一次非常上訴

最高法院檢察署檢察總長非常上訴書 九十年度非上字第一〇五號

被告 徐自強 男 民國五十八年十一月十日生

送達代收人：陳建宏 律師

右列被告因擄人勒贖案件，經最高法院於中華民國八十九年四月二十七日以八十九年度台上字第二一九六號判決確定。本檢察總長認為違背法令，應行提起非常上訴，茲將原判決主文及非常上訴理由分述於後：

原判決主文

上訴駁回

非常上訴理由

一、按判決不適用法則或適用不當者，為違背法令，又應於審判期日調查之證據而未予調查者，或判決不載理由或所載理由矛盾者，其判決當然為違背法令，刑事訴訟法第三百七十八條、第三百七十九條第十款、第十四款定有明文。本件原判決以被告徐自強意圖勒贖而擄人而故意殺被害人，經再三斟酌，仍認有與社會永久隔離之必要，予以判處死刑，並宣告褫奪公權終身，經查固非無見。惟死亡乃一無可回復之極刑，且人命關天，因此法院務必極盡調查之能事，期使全案任何疑點均能得到澄清而無絲毫瑕疵，方能避免錯誤之發生與違法。

二、本案判決以被告徐自強於八十四年九月二十一日下午，向日昇公司負責人許世恩承租FF四八三一號天藍色小客車備用，據以認定被告徐自強參與作案，核與經驗法則及論理法則尚有違誤：

按共同被告不利於己之陳述，固得採為其他共同被告之證據，惟此項不利之陳述，須無瑕疵可指，而就其他方面調查，又與事實相符，始得採為其他共同被告犯罪事實之認定（參見最高法院四十六年台上字第四一九號判例）。本案判決係以共同被告陳憶隆於臺灣士林地方法院供述係由徐自強去租車用以作案，及證人許世恩指證徐自強共租過三次車等證詞，認定徐自強確有參與作案。惟查被告徐自強則供稱有租車借予黃春棋但不知黃春棋做何種用途，且據證人許世恩（84.10.14.警訊筆錄）陳述：徐自強向渠租用車子共三次，前兩次均由徐自強本人付款及還車，但第三次則由徐自強承租先付一天車資，而後再由徐自強一起前來租車之男子續租並付車資，最後還車時則由徐自強女友卓嘉惠歸還並付一天車資云云，故徐自強自始至終均否認知情而幫黃春棋租車為作案工具。徐自強此項辯解，衡情並非全然不可採。設若被告等係預謀擄人，當知犯案過程應避免洩露行跡，此亦為黃春棋竊取丁功培車輛作案之緣故。被告徐自強非痴非愚，焉有照實以自己名義租車作案，而不慮東窗事發之理？徐自強辯稱遭黃銘泉利用，似非無理。本案判決因共同被告之指述及徐自強借車之事實便加以認定被告徐自強為共同正犯，且歷歷如繪指出：黃春棋即將車開到十分接近內壢火車站之桃園市文化路一號公共電話亭，……即遭警方逮捕。然對徐自強所租用FF四八三一號天藍色小客車，警方何以並未於現場查獲該車，反由徐自強之女友卓嘉惠返還，則未有交代。從而本案判決認定確使用徐自強所租用之車作案與徐自強共同參與本案之論斷基礎便生動搖，其據此而坐實其死罪，顯有違背經驗法則與論理法則之違誤。

三、本案判決未調查其他證據即認定被告徐自強提出之八十四年九月一日未參與擄人勒贖之不在場證明不足採信，有違證據法則：

本案判決認定被告徐自強所提出案發當日上午十點四十七分至十點四十八分，曾赴桃園郵局第五支局領款之不在場證明並不足證明被告徐自強於當日並未參與擄人勒贖。觀其所持理由無非以原審法院曾於八十五年十月十一日上午十時許模擬案發現場，在成功交流道上中山高速公路，至五股交流道下中山高速公路，沿縱貫路駛至被告徐自強居住之桃園縣龜山鄉自強西路一七二巷口，其中尚包括塞車及路徑不熟悉詢問多人之時間費時一小時；再由被告徐自強居住之地點至桃園郵局第五支局約有七百公尺；原審另命臺北市政府警察局內湖分局警員於八十五年十月十六日上午，攜同被告陳憶隆由案發之臺北市中山區北安路六〇八巷經北安路轉大直橋往濱江街上中山高速公路由林口交流道下高速公路左轉長庚醫院往林口、龜山方向行駛，沿路經過舊路村西舊路接萬壽路二段到達自強西路檳榔攤，費時四十五分鐘（在林口交流道匝道口塞車費時九分鐘），認為被告徐自強擄人後下車擦拭黃春樹車上指紋至返回桃園居住所，再於同日上午十時四十七分許前往桃園郵局第五支局提領現款，時間上綽綽有餘，核與被告陳憶隆、黃春棋所述涉案情節並無相悖之處，且擄人勒贖而殺人乃唯一死罪，已為被告等知悉，如無其事，自不可能傷天害理誣指徐自強而坐實其死罪，是被告等就徐自強涉案部分之指述，應與事實相符等語為其論斷基礎。然原審法院既認定九月一日當天被告等所駕駛之兩輛車均開往汐止山區，則被告徐自強在擄人現場擦拭黃春樹車上指紋後，究係用何種交通工具回家，攸關上開模擬路程時間之計算是否正確，自應一併查明。又共同被告陳憶隆、黃春棋自白：車行一段距離後，使徐自強下車步行，返回現場擦拭指紋之過程，亦不合情理，蓋本件既屬預謀擄人，且備有手套，豈有置而不用，赤手擄人之理？依陳憶隆之自白渠等係於被害人步行至車後擬開行李廂取備用輪胎之際，突發而至，將黃春樹強擄上車。果爾，渠等既係在「車後」將人擄走，衡情不會留下指紋於被害人車上，黃銘泉何必使徐自強返回擦拭指紋。豈不慮遭人識破？徐自強並無擦拭工具，豈又如何擦拭？本案原審對以上各情均未詳查，並無確實證據，即謂該被告搭車經上開路線返回桃園，再前往郵局提款時間上充裕有餘，不足資為不在場證明，有違證據法則。

四、本案原審法院未依被告徐自強之聲請，傳訊證人洪〇〇，亦有應於審判期日調查之證據而未予調查之違誤：

查被告徐自強於八十七年二月十六日曾具狀聲請傳喚證人洪○○詢問「被告在八十四年九月一日中午是否在美洋髮型工作室用餐？用餐之後是否曾經外出？」，用以證明「被告當日下午絕未與其他同案被告會合並分取贓款及分派取贖工作」。原審法院不予調查之理由主要理由在於：「被告徐自強於下手實施前揭犯行後始返家，則其返家之作息，非但與本案無甚關連，且不影響於前述論斷基礎。」惟查，原審顯然誤解上開聲請調查證據之待證事實。蓋被告徐自強聲請傳訊洪佩珊意在證明八十四年九月一日下午二時許或四時許，並未如本案判決所認定有再與黃銘泉等人兩度會合於租屋處，謀議勒贖細節及分贓之事實，原審將之誤為係「擄人」時之不在場證明，而未准調查，顯然誤解上開聲請調查證據之待證事實，自有應於審判期日調查之證據而未予調查之違誤。

五、本案判決認定被告黃春棋自始即有擄人勒贖之犯意聯絡與行為分擔，違背經驗法則與論理法則，並有審判期日應調查之證據未予調查之違誤：

本案判決以共同被告陳憶隆於警訊筆錄及偵查筆錄（84.10.23.）均指證被告黃春棋於八十四年八月二十日起，即開始輪流跟蹤黃春樹及作案用車為黃春棋所偷等語，作為黃春棋自始即參與擄人勒贖論證之依據。經查歷審法院除共同被告陳憶隆之供述外均無其他證據可資補強，按共犯之自白往往為期能免除或減輕自己之刑事責任而有不確實之情形，自應調查兩種不同之補強證據，即其一為被告自己犯罪之補強證據，另一為被告自己與他人共犯之補強證據。倘若只有自己犯罪之補強證據而缺乏被告與他人共犯之補強證據，則被告自白涉及他人共犯之部分，尚不足以遽予採用，以免被告利用虛偽自白陷害他人。本案被告陳憶隆於八十四年十月二十三日偵查庭中陳稱：其警詢筆錄中之供述係因黃春棋將事情推到渠身上，為證明渠非主嫌所以把事情說明清楚。從此一說詞可見陳憶隆對黃春棋當時在警局諉責予伊作為感到憤恨不滿，故其所為之供述，難以盡信其全部為真實。而陳憶隆其後亦於八十七年二月十六日接受臺灣高等法院受命法官訊問時陳明其在偵查時稱黃春棋有全程參與，係因通緝時黃春棋把事情全推到我身上，警察說我不可翻供，否則借提我出來等語，亦足證陳憶隆於偵查中所為之供詞係基於對黃春棋之憤怒與懼怕警方借提所為之陳述，已非無瑕疵，本案判決未調查其他必要之證據，即遽予採信，並認定黃春棋對本案有全程參與，似嫌速斷。且最高法院八十七年度台上字第二五四〇號判決認為原判決依據陳憶隆在警訊中之自白資為認定黃春棋犯行之主要證據，摒棄不用陳某審理中有利於黃某之證詞，自應就該不利於他被告之陳訴情節詳查勾稽，被告黃春棋迭稱作案用汽車非其所偷。原前審所供有偷車，但不知是要擄人勒贖係誤記。此並非不能調查，乃原審僅於審判期日前訊問各上訴人一次，未再進而為任何調查（如調聽該期日錄音帶）以查明真相。原判決認定之事實不無違經驗法則與論理法則並有應於審判期日調查之證據而未予調查之違誤。

六、本案判決對於被告陳憶隆有利於己之辯解未予詳查，有判決不備理由之違法：

被告陳憶隆對於取贖之過程固供認不諱，惟辯稱：其係遇泰國返回之黃銘泉，黃銘泉表示以前與人合夥做仲介，還有一筆錢未收，因其有車可供使用，乃要求其開車去看看，至勘查作案現場後不知何以變成擄人勒贖。該被告並辯稱：若有殺人犯意怎可能只有帶一把刀，也不可能如原審判決事實所載駕駛自己所有之IV6859號小客車前往云云，其所辯並非全無理由，原審判決對此未予詳查亦未說明不足採信之理由，自有判決不備理由之違法。

七、本案既經判決確定，爰依刑事訴訟法第四百四十一條、第四百四十三條提起非常上訴，以資糾正。

此致

最高法院

中　華　民　國　九十　年　四　月　三　日

檢察總長 盧仁發

附錄四

二〇〇三年十月徐自強案判決評鑑

民間司法改革基金會
政治大學法學院副教授何賴傑
東吳大學法學院教授黃朝義
臺灣大學法學院教授李茂生
（依公布時頭銜）

壹、概述

這是一件發生在民國八十四年九月間的擄人勒贖案，被綁架的建築商人黃春樹慘遭歹徒撕票，而其中一位歹徒則在取贖的過程中遭警方逮捕。涉嫌參與犯案的，除了沒有爭議的黃銘泉、黃春棋及陳憶隆之外，黃春棋的表哥徐自強亦遭判處死刑，全案歷經五次更審後在民國八十九年四月定讞，而最高法院檢察署檢察總長自民國九十年起先後提起三次非常上訴，均遭最高法院駁回。

在詳細審閱全案卷宗筆錄、書狀判決等相關資料之後，發現諸多可議之處：刑事偵查過程草率，對於被害人的車輛扣案紀錄、被告間犯罪通聯紀錄均未保存於偵查卷內；法官判案僅憑其他共同被告之自白，在無任何其他補強證據之情況下，即判決徐自強死刑，對於徐自強所提出之不在場證明等有利證據均未審酌，凡此種種，造成徐自強陷於生命可能隨時被剝奪的危機中。

本案所出現的檢警蒐證方法、法官對於事實認定、共犯自白效力以及以共犯自白作為補強證據的做法，不僅可能大大影響刑事裁判的正確性，更可能進而動搖司法的公信力。作者無意藉本案的評鑑挑戰法院的權威，而是希望從個案中看制度良窳的冰山一角，進而促使刑事司法的改革與進步。

貳、法院認定事實

一、法院所認定之犯罪事實

本案被告黃春棋、黃銘泉及徐自強等三人因經濟狀況不順遂亟需現款解決經濟窘境，故於黃銘泉及徐自強巧遇財力豐厚之房地產業者黃春樹後萌生擄人勒贖之意，但因人手不足及欠缺交通工具而邀陳憶隆共同參與。八十四年八月中旬，徐自強、黃春棋、黃銘泉及陳憶隆等四人，均齊聚於桃園龜山鄉徐自強租屋處謀劃作案過程，又因黃春樹認識黃銘泉及徐自強，因此決定擄得黃春樹後立即滅口，以免遭警方追捕。並由黃春棋、陳憶隆及徐自強購買小長刀及手銬。而三瓶硫酸、土黃色寬型膠帶、透明手套五雙則由徐自強購買。

九月一日清晨五時許，四人由徐自強租屋處出發，前往黃春樹住處附近。同日七時多，由黃春棋及徐自強持小長刀將黃春樹車左前輪胎刺破。八時四十分左右，黃春樹欲駕車發現左前輪破損，正打開後行李箱拿取備胎更換時，黃春棋、徐自強及陳憶隆一擁而上，黃春棋持刀抵住黃春樹頸部，陳憶隆持手銬銬住黃春樹一隻手，徐自強在旁助力推拉，將黃春樹押上黃銘泉所駕駛之贓車後座，以膠帶貼住黃春樹雙眼，由陳憶隆駕車前導及警戒。黃銘泉指示徐自強下車折返現場擦拭指紋後，自行返回龜山租屋處等候。黃銘泉、黃春棋及陳憶隆隨即前往汐止山區。近十時許，黃銘泉等人抵達預定殺人地點，取得黃春樹之父黃健雲的聯絡電話，黃銘泉即將黃春樹殺害，將屍體丟入事先挖好的坑洞內，潑灑硫酸並進行掩埋。事畢，由黃銘泉駕贓車載黃春棋引導陳憶隆下山，途中黃銘泉先將贓車棄於伯爵山莊門口，取出車上行動電話後搭乘陳憶隆車返回徐自強租屋處，並打電話至徐自強妻所經營之檳榔攤將徐自強召回會合。

翌日清晨，陳憶隆接連打電話至黃健雲家要求贖款，此後即不斷打電話至黃健雲家勒贖。直至同年九月十五日，雙方決定以一千五百萬元贖人。同年月十六日黃銘泉搭機避往泰國，惟仍以電話聯絡方式參與取贖過程。九月二十五日黃春棋等人已約定地點取贖，適為員警埋伏逮捕黃春棋。陳憶隆、徐自強知黃春棋被捕後開始逃亡，陳憶隆於同年十月二十二日遭警方逮捕，徐自強則於八十五年六月二十四日自行到案。

二、法院認定徐自強參與犯案所根據之理由及證據

(一)有關徐自強之犯案動機，法官係根據陳憶隆八十四年十月二十二日警訊筆錄：「因為我們四個都缺錢用，經濟困難。……徐自強稱有向岳家借錢及貸款也要還……我們都缺錢用，才商議要綁票勒索贖金。」認定徐自強經濟狀況不甚順遂進而鋌而走險。

(二)有關徐自強是否參與事前謀議，法官係根據陳憶隆八十四年十月二十二日警訊筆錄：「八月中旬，我和黃銘泉、黃春棋、徐自強四人……，徐自強的住處第一次商議要做綁票案。」而認定徐自強參與本案之事前謀議。

(三)有關於徐自強是否參與事前跟蹤，歷審法官均根據陳憶隆八十四年十月二十二日警訊筆錄：「因為只知道黃春樹上班的工地，……即由黃銘泉開車載徐自強到黃春樹的工地去找黃春樹，確定黃春樹尚在該工地上班之後，我們四人又前後二次(一次開我的車……，另一次開徐自強的車)到汐止工地去尾隨跟蹤黃春樹，跟蹤至大直黃春樹家的附近，我們確定他的車輛及住處後即返回桃園。」「每一次都是我們四個人一起參與，最後乙次是九月一日使用兩輛車子，乙輛由我駕駛我的自小客車搭載黃春棋，另乙輛由黃銘泉駕駛贓車搭載徐自強。」而認定徐自強曾參與事前跟蹤。

(四)有關徐自強是否購買犯案工具的部分，係根據陳憶隆八十四年十月二十三日檢察官偵訊筆錄：「……我們把作案工具買齊，……另徐自強自己在龜山的一處西藥房買了硫酸三瓶、膠帶乙捲、透明一封手

套五副。」而認定徐自強有準備犯案工具。

（五）九月一日是否參與擄人，法官係根據陳憶隆八十四年十月二十二日警訊筆錄：「我們九月一日上午約五點多即自徐自強的住處出發，……停妥車輛後，徐自強及黃春棋以先下車……持小武士刀刺破黃春樹車輛左前輪，……黃春樹……發現前輪已破……準備換胎，此時，我和徐自強、黃春棋三人就衝向黃春樹，由黃春棋手持小武士刀押住黃春樹的脖子，我持手銬銬住黃春樹的手，三人合力強行將黃春樹押進黃銘泉所駕駛之贓車內，押入車內後，我將黃春樹雙手銬住，然後由黃銘泉駕駛，黃春樹被押在後座中間，兩邊分別坐黃春棋及徐自強，負責看住。……我回我的車上……開動了一段路程之後，徐自強便在附近加油站附近先下車，返回綁架現場，查看動靜，並且負責清理擦淨黃春樹車上我們可能留下的指紋。」認定徐自強曾參與九月一日的擄人行動；另外，對於徐自強所提出之不在場證明，則以八十五年十月十一日上午十時許模擬從案發現場至被告徐自強居住處所需時間約一小時，及臺北市政府警察局內湖分局警員八十五年十月十六日上午勘驗，從案發地點至龜山鄉自強西路所需時間僅需四十五分鐘，認定徐自強下車擦拭指紋至返回桃園居住處或檳榔攤之時間應為八十四年九月一日上午十時之前，因此不採同日上午徐自強桃園郵局第五局之不在場證明。

（六）九月一日下午徐自強是否參與分贓，法官以陳憶隆八十四年十月二十二日警訊筆錄：「……下山時，由黃銘泉駕駛贓車載黃春棋先行，我開我自己的車子隨後跟行，一直開到汐止山下伯爵山莊附近，即將贓車棄置，我們三人共乘我的車子由我駕駛，攜帶工具等物，一起離開山區返回桃園徐自強住處與徐自強會合。」

（七）針對徐自強與黃春樹是否為舊識，則係根據共犯黃春棋之姊黃〇〇八十四年十一月八日檢察官偵訊時證稱：「黃銘泉是我哥哥、黃春棋是我弟弟，徐自強是我表弟……黃春樹是我男友胡〇〇的朋友。」「我聽胡〇〇說他們因仲介上的生意應該有認識。」及被告黃春棋姊黃〇〇之同居人胡〇〇於八十四年十一月八日檢察官偵訊時證稱：「黃銘泉、徐自強好像在六、七年前合組仲介公司向黃春樹租用松山火車站對面的一個二樓做為辦公室……」，因此認定徐自強認識黃春樹。

（八）有關徐自強與其他三名被告的關係及犯案期間的聯絡狀況，法官以黃春棋、徐自強為表兄弟，而陳憶隆與徐自強是合夥好友，且徐自強未否認黃銘泉自泰國返臺後與其同住於桃園縣龜山鄉……之租屋處，而認定徐自強與其他被告關係密切，因此陳憶隆及黃春棋所稱在徐自強租屋處會商之供述屬實。此外，法官亦以徐自強曾於九月八日呼叫被告陳憶隆十一次之多，認為徐自強與陳憶隆之間聯絡密切。

參、程序法之評論

何賴傑教授

一、共犯自白之效力

（一）違法的偵查方法

我國偵查實務一向偏重「自白」，似乎把它看作「證據之王」，因而如果沒有從被告口中，讓被告親口供出犯罪事實，似乎其他所有證據的證明力都可能會受到質疑。這種過度重視「自白」的辦案心態，可能是導致刑求等違法偵查方式，於國內偵查實務無法杜絕的主因。而這種重視「自白」的辦案心態，在偵辦共同正犯之犯罪時，更是變本加厲地顯現出來。

數人共同犯罪與一人單獨犯罪相較，前者有其特殊性，例如犯罪人間對於犯罪，雖有共同利益，但未必完全相同，而且由於多人共同犯案，通常需要較縝密的計畫，因而除非犯罪行為人「自己爆料」（自白），否則外人（當然包括偵查人員）常不易發現真相。這些特性，導致偵查人員更加依賴且看重犯人的自白，因為透過一人自白，不但可以較為容易偵查整個共犯犯罪結構，而且藉著一人自白，還可以套出其他人的自白（個人詭稱其為「以自白養自白」），例如偵查人員告訴被告甲，另一被告乙已經全盤托出犯罪事實，而且供出犯罪主要是甲做的，甲一聽，當然不能如此善罷甘休，因而也供出另一套犯罪「版本」，再把犯罪責任推還給乙。由於這種辦案方式，對於偵查人員「百利而無一害」，實務自然也樂此不疲的使用。

不過，利用共同犯罪人間的「矛盾」而套出自白的犯罪偵查方法（我姑且稱之為「狗咬狗」偵查方式，因為偵查人員心態上就是想讓共同犯罪人彼此間「咬來咬去」以供出犯罪），其合法性，頗值得懷疑。基本上，如果偵查人員確實已獲得共同犯罪人一人的供詞，而且該供詞也供出其他人共同犯罪，偵查人員為辨明真相而將該供詞提示給被供出的人看或讓其知曉，藉此讓該人有反駁機會，如此偵查方法，並不違法，因為這種偵查方式，與《刑事訴訟法》第九七條所規定的共同被告的對質，具有同樣的功能與目的。但如果偵查人員是以詐術騙取被告自白，例如甲根本沒有自白，而偵查人員騙乙說，甲已自白且供出甲犯罪，乙一聽隨即自白，或甲自白只是稍微點到乙，但偵查人員在甲自白上添油加醋而不實告訴乙自白內容以獲取乙自白，此些偵查方式即屬違法（《刑事訴訟法》第九十八條）。

實務對於這種「狗咬狗」偵查方式，似乎並沒有深刻反省其可能產生的弊病，畢竟法治國刑事訴訟，被告不應淪為客體——狗，被告應是訴訟主體。但由於這種偵查方式，對於「破案」，功效宏大，因而一而再，再而三被偵查機關使用，甚而法律還明文承認共犯自白之效力（刑訴法一五六Ⅱ規定）。歸根究底，也許始作俑者，是過於重自白的辦案心態所致。不過，被告供出自己犯罪與被告供出他人犯罪，無論從犯罪心理學、刑事偵訊科學、刑事訴訟法學等各種角度觀之，仍存有很大的歧異性，不應等同視之。雖然利用共同犯罪人彼此間矛盾以發現真實，並非當然違法，不過，國家偵審機關不能一味耽溺於如此「狗咬狗」、「以自白養自白」等並非完全合法之偵查手段，仍應以科學物證為主，以物證引導偵查方向，較能符合現代法治國刑事訴訟的要求。

上述種種違法偵查方法，從本案偵查筆錄內，並無法看出是否有此情事，而本案偵查經過，又無錄音錄影等資料足以驗證，因而無法斷定警方獲得同案被告黃春棋、陳憶隆之自白是否有此違法事由。不過，本案情形，同樣可以看出共犯自白的另一層「妙用」。本案被告黃春棋及陳憶隆皆向警方自白，不過，顯然兩者自白犯罪之內容存有差異（前者供出徐自強，但無黃銘泉，後者則供出兩者皆有參加）。警方當然可以這兩套犯罪「版本」，作為判斷如何進一步偵查的參考，不過，最後，法院卻是從共同被告所供出的「版本」，推論出其他「版本」（常常是「綜合版」）而作為最後定罪的「院定版」，一網打盡所有共同犯罪人。從本案徐自強等四人之犯罪事實來看，不但自白的二人（黃春棋、陳憶隆）所供出的犯罪，各有各的「版本」，之後歷經更五審的法院判決，又出現不同的「修正版」，最後雖然似乎是以被告陳憶隆的「版本」為法院最後認定的「院定版」，不過，仍然還是停留於以推論方式得出該「綜合版」，因為國家偵審機關從黃春棋及陳憶隆自白內，無法進一步獲得任何能明確證明徐自強涉及擄人勒贖殺人犯罪之直接物證，因而徐自強被認定是擄人勒贖殺人罪的共同正犯，只是從各家「版本」推論而得出的結果。靠如此推來推去而推出第三套「綜合版」來定所有徐自強的罪，這樣的判決，當然難以讓人信服。

（二）「他白」不是「自白」

如上所述，被告除供出自己之犯罪事實外，將其他共同犯罪的人也一併供出，在偵訊實務上所在多有。被告供出自己的犯罪，屬於刑事訴訟法上的「自白」，應該沒有疑義，但供出他人犯罪的供詞，是否也算是刑事訴訟法上的「自白」，並非毫無問題。為了區分兩者，對於後者，我姑且稱之為「他白」，因為犯罪人涉嫌犯罪是「被他人所供出」，該犯罪人本身並沒有「自白」自己犯罪。

與一般單純的被告「自白」（供出自己犯罪）相比，「他白」的可信度顯然較低，因為這是人性——對自己涉案部分能逃就逃、避重就輕，而將罪責盡量推給其他被他拖下水的人（本案共同被告黃春棋的初供，並無供出黃銘泉涉案，而事後證明，黃春棋為了掩護其胞兄黃銘泉之犯行，將黃銘泉所犯的罪全部推給徐自強）。另外，被告亦可能挾怨報復，將其平日苦無機會報復的人，藉著供出其為共犯而讓該人無端受累。無論如何，基本上，此種「他白」存有相當多先天不可靠因素，因而必須非常小心的處理。

我國實務對於這種「他白」，不認為它跟單純的「自白」有何不同，因而實務將舊《刑事訴訟法》第一五六條第二項規定之「被告」概念，擴張解釋為包括「共同被告」，因而共同被告之「他白」也可以作為被供出的被告有罪判決依據，此種做法，如基於上述犯罪偵查及對抗犯罪等現實因素，即不足為奇。

對於實務這樣的擴張解釋，學者在評論蘇建和案時，即已提出嚴厲批評，認為「他白」無法擬制為被供出的共同被告的「自白」。[1]這種見解，值得贊同。面對這樣批評，實務及立法者回應的方式，卻是修改法律，明確將「共犯自白」與「被告自白」並列規定於現行《刑事訴訟法》第一五六條第二項，藉此想擺脫此一爭議。不過，縱然如此修法，依然無法解決「他白」所可能引發的爭議，畢竟此處之「共犯自白」依然是供出他人犯罪之「他白」，不會是自白。兩者於程序上必須分別對待處理。

(三)「他白」必須以證言方式處理

基本上，被告「自白」自己犯罪，附帶提及其他共犯之犯罪時，仍應就被告之陳述嚴以區分為「自白」及「他白」兩部分，就自己犯罪部分之陳述為「自白」，就他人犯罪部分之陳述則為「他白」。「自白」應依刑事訴訟法自白規定處理，「他白」則應依證人證據方法處理。畢竟透過對證人之對質及詰問，比較可能發現「他白」之錯誤之處，當然還必須以其他更明確的直接物證作為有罪判決的依據，始有可能減低使用「他白」所可能導致的錯誤判決。於德國學說上，甚且有認為，存有犯罪關連性的共犯之陳述，不應當成「自白」，也不應當成證人的證言，因而該陳述不能作為證據。[2]不過，如此處理方式，必然不會被實務認同（德國實務亦不贊同實質共同被告概念），畢竟數人共同犯罪有其隱密性，為發現犯罪，實務斷然不會放棄共犯陳述之效用。

總之，對於供出他人為共犯之陳述，無論稱為「自白」也好，稱為「他白」也好，法官必須以其他直接證據或證據方法作為犯罪佐證，小心求證，盡一切可能反覆推敲該「他白」的正確性。畢竟「自白」、「他白」都不是「立可白」！不能用來掩蓋錯誤的事實認定。

二、徐案中補強證據不足下之影響

黃朝義教授

（一）法制下之補強證據要求

自白由於係屬被告供述自己所為，只要該自白具有足夠的可信度，不可諱言地，即擁有決定性的證據價值。因而所取得之自白設若屬於虛偽或非任意之自白，且未來之判決亦以該自白為依據時，反而會造成一些冤獄的產生。

為免除冤獄之產生，在法制與實務面上乃依據各案例之經驗累積而導出所謂的「認定法則」或「注意法則」等法則。因而將此些法則一律提昇至以法律層次予以強制或保障之法則，即指「補強法則」。[3]換言之，為期認定被告有罪，除自白以外，必須有自白以外之證據（補強證據）予以補強，方可依此認定事實。而自白要有補強證據補強其作用，其目的在於間接防止自白之強取，以及避免在事實認定上過度偏重自白，以達真正防止誤判之產生。

具體而論，刑訴法第一五六條第二項規定「被告或共犯之自白，不得作為有罪判決之唯一證據，仍應調查其他必要證據，以察其是否與事實相符」。此之所謂「被告之自白」係指公判庭上之自白或公判庭外之自白或兼含兩者之自白。[4]換言之，不論是公判庭上被告之自白，抑或是公判庭外被告之自白皆須有補強證據存在。蓋因若從防止自白強取之危險發生而論，公判庭上之自白並無任何強取之危險可能，縱使無補強證據補強亦較無問題；惟若從防止偏重自白之點而論，公判庭上之自白與公判庭外之自白並無不同，為防止偏重自白之情形產生，理應認為不分公判庭內與公判庭外之自白，皆要有補強證據之補強。

（二）補強證據之實質內涵

犯罪事實之認定，除有自白外，仍需有補強證據補強。至於自白如何補強，在補強證據之內涵上，可從三部分內容，亦即1.補強之對象與範圍；2.補強之程度與3.補強證據之適格等，加以論述。

1.補強之對象與範圍

（1）補強之對象

犯罪事實依其性質與內容約可分為A.犯罪的客觀面（諸如行為、客體、結果等外在的事實）；B.犯罪的主觀面（諸如故意、過失、知情、目的等被告內心的狀態）與C.犯罪的主體面（犯人與被告為同一人之事實）等三部分。犯罪事實之何種部分應有補強證據，學說上有以下數種之不同看法。亦即a.有認為關於犯罪客觀面的全部或至少其重要部分需有補強證據（較占多數）；b.有認為不僅犯罪的客觀面，即連關於犯罪的主體面亦需有補強證據；c.有認為關於公判庭外之自白，須有補強證據（與a.同），相對地，公判庭內之自白部分，只要對犯罪客觀面事實之一部分存有足以擔保自白真實性之補強證據即可。

從前述三種見解得知，大致上認為犯罪的主觀面毋須有補強證據。蓋因犯罪之主觀面係以被告之內心狀態為探討對象，除自白以外無其他證據存在乃屬平常之事，故在犯罪主觀面之證明上，設若一再要求須有補強證據補強時，反而會被譏為苛求過度。[5] 然相對的，倘在無其他相關補強證據存在下，亦不得勉強地僅依據矛盾之自白或不明確之自白，以推斷犯罪者之主觀面（知情或謀議）。

在本案相關情節中，同案陳憶隆及黃春棋曾自白稱「徐自強有參與事前謀議」，惟若參照黃春棋八十五年八月十九日之訊問筆錄，徐自強是否曾參與謀議，黃春棋稱「不知道」；復參照黃春棋於八十五年八月三十日之訊問筆錄，其又稱「我向他（指徐犯）說去討債，是我哥哥要他去的」。依前後矛盾之黃春棋自白，顯然得以發現，無法判斷徐自強事先知道案情（不知情）。尚且依黃春棋曾矢口否認在徐自強處謀畫作案過程；陳憶隆亦稱不知是擄人勒贖，更加得以判斷其等並未於徐自強租屋處謀議犯案，徐某之租屋與有無謀議犯案無直接關係，亦即租屋事實不能成為謀議之補強證據，自然不得以租屋之事實作為徐某參與本案謀議或知情之依據。

有關犯人與被告是否相同之同一性證明部分，亦會因證據之蒐集有所困難，無法強加要求須有補強證據（多數學者認為）。針對此一論點，亦有認為從「祕密的暴露」（破案）之觀點而論，偵查機關以自己所知之事實使得被告自白，嗣後偵查機關倘無法否定有強取被告自白之事實時，被告所為之自白不可謂之屬於任意性之「祕密的暴露」。在此情形下，犯人是否為被告之事實（同一性），除有被告之任意性自白外，亦應有補強證據之存在。[6] 惟相對地，藉由偵查人員事先所未知之事項，透過偵查以確認犯罪之事實時，只要存有相關事證得以顯示犯人為被告之事實時，即毋須補強證據。

本案徐犯自始否認犯情，亦提出案發當日上午十時五十分赴郵局提款以及同日下午於其母經營之美容院用膳等相關不在場證明，惟偵查機關卻綜合同案陳憶隆與黃春棋已知之自白內容鎖定徐犯亦涉案，亦即無其他有力佐證下，僅依據所謂陳憶隆與黃春棋等之「共犯之自白」以推斷徐犯即為被告之一人，在認定上稍顯牽強，有違被告同一性之證明。

（2）犯罪客觀面之補強

關於為證明犯罪的客觀面，多數學者認為自白以外需有補強證據。因而認為補強之範圍係以該犯罪的客觀面（罪體）為主，亦即認為只要犯罪事實之客觀面（或主要部分）有補強證據即可（形式說）。換言之，形式說者認為犯罪事實需有補強證據，亦即關於「罪體」部分需有補強證據。至於「罪體」之意義，有三種類別，亦即指A.客觀法益之侵害事實（如屍體）；B.顯示為某一人之行為所侵害之法益事實（如他殺行為之屍體）與C.顯示為被告之行為所侵害之法益事實（如為被告所殺之屍體）等三種。[7]

主張形式說之論者，一般會認為關於罪體之補強證據，只要達到對B.內容之補強即可。[8] 相對的，實質說之論者卻認為，補強被告自白之證據，未必需要對與犯罪構成要件有關的全部自白加以補強，只要足以保證與自白有關之事實的真實性即可。[9] 因此，依實質說之看法，例如有關故買贓物罪，只要有被告之自白與被害人被竊之報案紀錄即可，至於有關買「物」之事實，縱無補強證據亦無問題。換言之，在犯罪之客觀面上，故買贓物罪包含兩種事實。亦即A.買「物」之事實；與B.該物為贓物之事實。被害人被害之報告在證明該物為贓物上可為證據，但在購買贓物之事實上並無法成為具有證據價值。是故強調罪體說（形式說）之論者認為A.買「物」之事實與B.該物為贓物之事實理應全部需有補強證據；惟實質說之論者卻認為買「物」之事實毋須有補強證據。

形式說與實質說兩見解所訴求者在某種程度上可謂係屬一致，兩者無非皆在於要求證明自白事實之真實性。惟實質說所要求之補強僅只屬於犯罪事實之一部分。因此，若以此實質說之見解推認犯罪事實之全部為真實時，在論理上恐有以偏蓋全之嫌。基於此點，為確保事實真相不受懷疑，形式說之見解似乎較為可行。然若過度強調自白之客觀事實全數須有補強證據時，犯罪事實之認定似乎會變為困難，甚至會演變成無法認定。針對此點，如何處理各具體案件之爭執，實質說之見解便有其值得參考之處。

考查本案陳憶隆及黃春棋供稱共同殺人之事實中，陳憶隆在警訊時曾供稱，犯案之「硫酸三瓶、黃色寬形膠帶一捲及透明手套五雙，均為徐自強所買（龜山鄉某西藥房購買）」。惟後來陳憶隆及黃春棋分別在第一審、第二審及歷次發回更審中，均一再供稱「不知硫酸、手套及膠帶係何人所買，僅知係由黃銘泉所帶來」。此部分無法確認徐犯有購買殺人用之相關工具。

甚且，陳憶隆更明確證稱，在警訊時係受到警察之教唆，稱「徐自強住在那裏，就說徐自強好了」。從此部分內容可知，陳憶隆在警訊時自白購物事實係為警方所誘導，並非真實。

復查法院認為，黃銘泉等四人於跟蹤黃春樹途中，在汐止鎮某五金行購買二枝圓鍬，一同攜往前述山窪，挖出一個深六十公分，寬九十公分，長一四〇公分之坑洞以作為埋屍之用；期間並由黃春棋、陳憶隆及徐自強前往臺北「第一家行」軍品店購買小長刀及手銬。惟因所提之圓鍬、小長刀及手銬迄今未被尋獲，無法以此為補強證據補強有犯案之準備。

黃春棋與陳憶隆亦供稱，「案發當日押解黃春樹，在車行一、二分鐘後，黃銘泉鳴按喇叭通知陳憶隆一同停車，指示徐自強下車折返現場擦拭指紋後，自行返回龜山租屋處等候……近十時許，黃銘泉等人抵達預定殺人地點，三人分別戴上手套，由黃銘泉拿小長刀等作案工具，黃春棋、陳憶隆負責將黃春樹押進山窪內，並由陳憶隆拿膠帶纏緊黃春樹口鼻及雙腳，三人開始逼問黃健雲聯絡電話，取得黃健雲電話後，黃銘泉即將黃春樹殺害，取其身上物品後，將屍體丟入事先挖好的坑洞內，潑灑硫酸並進行掩埋。事畢，三人將硫酸空瓶、膠帶、手套、小長刀放入塑膠袋，在分別拿取圓鍬、塑膠袋等物一同走出山窪」。顯然得以判斷，徐犯並無參與實施殺害行為。

據上所述，即便是採用實質說之見解，亦因無補強證據足以保證黃春棋與陳憶隆所自白之徐犯曾參與殺人有關事實的真實性。亦即就殺人事實，包括謀議或實施等行為在內之全部內容，皆無補強證據足以說明徐犯涉及殺人。另一方面，倘依形式說之見解，更加顯現出該案補強證據之不足。惟對於如徐案般重大案件，理應採形式說之見解較為合理。蓋因證明有無參與殺人事實之認定上，在無相關物證等補強證據存在下，僅憑共犯之自白即予以判定，解讀上稍嫌牽強。

另外，案件發生後，徐犯並未打過任何一通勒贖電話。對此，分別供稱參與犯案之徐犯與被害人家屬係熟識者，容易被識破，故而勒贖之電話皆為黃春棋與陳憶隆兩人所打。惟經查據被害人父親及妻子指稱並不認識徐犯，顯然此種未打電話在於怕被識破之說詞不足採信。至於，黃春棋與陳憶隆進行勒贖過程中，徐犯曾經租車提供勒贖交通工具之事實，是否得以成為徐犯確實參與勒贖行為之補強證據，恐有爭議。蓋因本案勒贖行為進行中，徐犯租車時係以其本人名義登記，且前後不只一次，依一般經驗法則而論，徐犯如此之租車行為很明顯地應與一般租車行為無異，否則豈有自曝缺點，以租車留下得以讓警察人員輕易地追查到犯案紀錄。因此，在無其他有利的物證等有利補強證據存在下，斷然判斷徐犯租車之行為與勒贖行為具有密切關係，實在欠缺說服力。

2. 補強之程度

補強證據之量與證明力（證據價值）等補強程度之要求，有兩種截然不同之見解。一為「絕對說」之見解，認為僅依補強證據即足以形成一定心證程度之證明力；另一為，相對說認為只要補強證據與自白兩者之相互關係得以達到證明事實程度即可。[10] 從自白需有補強證據之觀點而論，補強證據自然必須與自白分離。因此，補強證據本身絕對需要擁有一定心證程度之證明力，否則將喪失補強證據之功能。基此論點得知，所要求之補強程度較與「絕對說」類似。

然若配合前述實質說之見解得以發現，有關補強證據之證明力部分，其本身之要求未必屬於一定要達到某種程度之證明力。換言之，補強證據與自白兩者在互補之情形下，補強證據只要擁有得以認定犯罪事實程度之證明力即可，是故此所要求之程度較與「相對說」類似（如七十四年台覆字第十號[11]、八十八年台上字第三九一八號）。

依刑訴法第一五六條第二項「被告之自白，不得作為有罪判決之唯一證據，仍應調查其他必要之證據，以察其是否與事實相符」之規定內容，無法對補強證據所要求之程度加以判斷。然若依實務之見解，係將刑訴法第一五六條第二項之規定內容解釋為「補強證據之要求僅只在於足以補強自白之證明力，並非要求補強證據必須具有絕對之證明力」，基本上係持「相對說」之見解。徐案所採之態度與一般實務之見解並無不同，係以同案被告黃春棋與陳憶隆之供述內容為依據認定徐犯為共同正犯之一。亦即經查本案除黃春棋與陳憶隆之自白外，別無其他具體事證及人證等補強證據足以證明徐犯涉有本案之犯罪事實。又徐犯除自始否認犯行外，並有其他殺害被害人時之不在場證明，且徐犯未曾打過任何勒贖電話，殊不知如何判斷徐犯涉案。

3. 補強證據之適格

（1）適格補強證據之種類

所謂「補強證據之適格」，即指何種證據得以為自白之補強證據之意。基本上，補強證據因屬用以認定犯罪事實之實質證據，必須是具有證據能力，且從補強法則之旨趣而論，實質上補強證據若非屬獨立於自白以外之證據，係無法成為補強證據。因此，除非是雖屬被告之供述，但未具備自白實質內容之物（諸如脅迫書狀、帳簿等），方可成為補強證據，否則被告本人之供述原則上不能成為補強證據。亦即該等可為補強證據之供述係在被懷疑之前作成，且作成之物純粹屬於與偵查無關之紀錄，因而在與自白無直接關係之前提下，例外地認定其具有補強證據之適格，否則不得將被告之自白列為補強證據。[12] 甚且即便是屬於第三人之陳述，惟在實質上卻被認定為只不過是被告自白內容之重覆時，該第三人之陳述亦不能成為補強證據。

排除上述一些不得成為補強證據之證據，只要符合法所要求之補強要件，不論其係屬人證抑或是物證、書證，亦不分直接證據與間接證據，皆可成為補強證據。

（2）共犯自白與補強證據

就我刑訴法之整體規範而論，在論理及文理解釋上，刑訴法第一五六條既然將「被告之自白」與「共犯之自白」並列，因此，在意義上，共犯之自白，亦須適用補強法則較為合理。

尤其是，共犯為期能夠免除自己之刑事責任或減輕自己之刑事責任，經常會栽贓他人或將責任轉嫁於他人而為虛偽之供述。因此，為能求取共犯自白之可信度，自然地亦應求取足夠的補強證據。同時共犯對其他共犯為不利之供述時，相互間所為之不利供述，整體而論，亦應僅限定於被認為十分吻合之情事部分，方容許相互間可為不利之證據，亦即不得輕易容許共犯之自白可為補強證據或互為補強證據。[13]

另一方面，被告已為自白之後，直接將共犯所為之自白作為認定被告有罪之補強證據時，可能在解釋上亦存有問題。蓋因共犯之供述由於不可謂之與被告本人之自白完全相同，所以，即使對共犯之自白要求要有補強證據，其他獨立於共犯自白之外的供述，若不加以設限排除，仍然可能解釋為得以成為補強證據。[14]亦即共犯之自白經常會形成栽贓他人與推卸責任之危險，而且將共犯之自白作為補強證據使用時，亦會發生相同情形。基本上，共犯之自白並非該當於被告本人之自白，被告在為自白時，不得將共犯之自白作為補強證據，以認定被告之罪行。然而，被告已為自白時，除非其自白之內容經證明真實性有問題，設若並未存有矛盾現象（如存有自白以外之補強證據），自然對於會造成栽贓與推卸責任之誤判危險降至最低，所以，僅在此情形之下，獨立於被告自白之外的共犯自白，在某些程度上並無必要將其全部解釋為不得作為補強證據。[15]

另外，基於被告以外之兩名以上共犯所為之自白，可否直接作為否認犯罪事實之被告的有罪證據或補強證據，亦為處理共犯自白的問題之一。[16]此從共犯之自白毋須補強證據之觀點而論，以兩名以上共犯之自白便得以認定否認犯罪事實之被告的罪行。甚至認為共犯之自白包含在被告本人自白在內之見解者，亦有認為存有兩名以上共犯之自白，且此些自白彼此相互間具有補強效果時，即可作為認定否認犯罪事實之被告的罪行[17]；再者，亦有認為為迎合偵查人員之暗示意圖，雖然不能說沒有將其他人帶入犯罪漩渦中之危險，但此種危險之判斷係屬法院自由心證之問題，尚不足以謂共犯之自白相互間不得作為補強證據。[18]惟須注意者，設若重視會造成將他人捲入犯罪漩渦中之共犯自白所存在的危險時，即使兩名以上共犯之自白內容一致，但有關被告與犯罪者間關聯之補強證據不存在時，自然不得以此作為認定被告有罪之證據，尤其是，被告否認犯情，又無自白以外之證據存在時，更不應為如此之解釋。[19]

基此，在複數共犯相互間關係著之案件裡，為避免共犯可能將責任轉嫁給被告而使複數之共犯造成供述內容一致之危險與替身之危險，原則上，不得以複數共犯之供述相互間作為補強證據，以作為認定被告有罪之證據（我國實務上所採，與被告無共同被告關係之二共犯自白或其他不利於己之陳述，亦得互為補強證據之見解有待檢討，此為最高法院八十八年台上字第三八〇號判決之實務見解）[20]，在此種情形下，即使被告沒有自白，或是被告否認犯罪，仍然會因為其他共犯之自白的自白相互補強後，被認定有罪。

徐犯所存在之疑問亦在此，其自始否認犯情，竟然在無其他具體事證存在下，遽然地依據其他被告黃春棋與陳憶隆之自白為主要依據，以認定其罪行。亦即徐犯有無涉案之主要依據乃為透過黃春棋與陳憶隆之自白相互補強以認定徐犯之犯罪，完全忽略了被告本人之辯駁，亦扭曲了補強法則之原義。換言之，對於徐犯有無涉案部分黃春棋陳憶隆兩人分別所為之自白，業已無其他具體之補強證據存在，其自白本身已有問題，法院卻將此有問題之兩共犯自白互為補強，以認定另一人之涉案，可謂違反了對於補強法則之法理要求，屬於重大程序上之違法，甚且有違反憲法所要求之程序保障。

（三）小結

有關共犯之自白的適用，不可否認的，存有相當多複雜之認定問題。在實務之運作上，設若一再強調共犯或共同被告自白之重要性，甚且大量的使用或引用該等自白作為認定事實之主要根據，或者一再將該等證據作為證明自白者（被告）或否認犯情者之證據或充當補強證據，或將該等自白彼此互為補強證據使用，其結果，在形式上似乎已將事情解決（案件告確定）。惟就實際而論，此種實務運作方式，在方向上，非但可能如同回復到過去偏重自白之時代，將自白視為證據之王，尚且因過度偏重自白，進而濫用自白，最後造成更多的誤判或冤獄情事，亦不無可能。

肆、對徐自強案論以共謀共同正犯的可能性

李茂生教授

一、前言

徐自強案的犯罪事實共分成四部分。首先是共謀，然後是擄人，之後是殺人，最後是勒贖。就徐自強的犯行，

綜觀法院用之於認定事實的證據，除共同被告的（矛盾百出的）自白外，其他具有非供述證據價值的應該只有兩樣。其一為徐自強曾於自己的租屋處收容過共犯之一的黃銘泉，另一則是徐自強曾租車，而該車被用之於勒贖的犯行。

如本評鑑報告有關法院事實認定部分的論述所云，除去共同被告的自白，並無任何證據可以證明徐自強曾參與過擄人、殺人以及勒贖的實行行為。假若法院能夠嚴格遵守證據法則，則應該是無法僅憑共同被告的自白即論斷徐自強就擄人勒贖而殺人的罪行應負實行共同正犯之責。不過，既然法院根據共同被告的自白以及「徐自強曾於事案發生前以及犯案期間收容過由泰國返國後無住處的黃銘泉」這個補強證據，認定了徐自強與其他共犯間有「謀議」的存在，此再加上徐自強確實有租車而該車被用之於勒贖的實行行為，該租車行為雖然不是實行行為但是卻仍可認為是一種幫助行為，則按現在的實務見解似乎仍可認定徐自強應該就擄人勒贖而殺人的犯罪事實負起共謀共同正犯的責任。

不過，本評鑑報告認為縱或按照現行的實務見解似乎可以認定徐自強的共謀共同正犯之責，但是共謀共同正犯是一個非常曖昧的概念，而現行實務上對於此概念的掌握似乎又有點浮濫，並不符合當代的刑法理論思潮。因此以下先討論共謀共同正犯理論的發展，嘗試尋出符合刑法現代思潮的理論定位，然後再將法院所認定的事實納入定位後的理論中加以檢驗，並得到較為合理的罪刑認定。

二、日本共謀共同正犯概念的發展

共謀共同正犯意指：共同參與犯罪謀議（共謀）的人雖然事後沒有實際上分擔客觀的構成要件行為，仍可論以共同正犯之責。因為法律條文上共同正犯是指共同實施犯罪行為的人，所以雖然共謀共同正犯仍為共同正犯的一種，事實上卻是一個例外，是一種擴張真正的（實行）共同正犯成立範疇的概念。

共謀共同正犯的概念是源諸於日本明治中葉時的法院判決，最初僅限於詐欺、恐嚇取財等智能犯的犯罪類型始予以適用。這種狀況一直延續到現行刑法施行後仍然沒有變化。大正末期起，法院開始擴張適用範圍，逐漸將共謀共同正犯的概念適用到放火、殺人等暴力犯罪。

時至昭和初期，當時的學者型法官——草野豹一郎氏開始嘗試在理論上合理化共謀共同正犯的概念[21]，並提出所謂的共同意思主體說。此說在二次世界大戰的前夕被大審院所採納，並形塑出實務見解的典範判決。[22]於該判決後，實務界開始將有了理論基礎的共謀共同正犯概念擴張適用到一般的竊盜、強盜等案件，到二次世界大戰結束前，這個概念已經是適用到所有的犯罪類型。

戰後學界開始爆發出驚人的創作力，除基於形式的實行共同正犯論的觀點而質疑「對於沒有從事任何形式的實行行為的共謀者科以共同正犯之責一事的合理性」的否定說[23]以外，大部分的學說都是採取實質的實行共同正犯論的觀點而趨於肯定共謀共同正犯概念的存在。[24]不過，這些肯定說並不贊同前期的共同意思主體說，而是利用規範性、評價性的實質觀點嘗試擴張「實行行為」的範疇，企圖使得「形式上沒有從事實行行為的人」，可以被實質上評價成「從事了類似的實行行為的人」，據此將共謀共同正犯這個共同正犯理論的例外納入原則之內。

實務界之所以會採取共謀共同正犯的概念是有其一定的社會事實基礎，不去觀察這些事實基礎，即基於法官立法不妥、違背罪刑法定主義或實務界屈從於上級法院的決定不知反省等理由，而反對共謀共同正犯的概念一事，確實是沒有多少的實質意義。就正如團藤重光氏在東京大學法學院當教授時，雖然採取否定說，但是一旦成為最高法院的法官後，即改變見解開始承認共謀共同正犯的概念，對於這種事態假若僅是認為人當了官以後就會改變初衷，則批判的力道即會僅止於批判而已，對於實態不會有任何的幫助。事實上當實務家面對千奇百怪的犯罪事實，而且又有適用刑法維護民眾遵法意識[25]的壓力時，這種的觀點轉變是可以理解的。[26]而比較務實的作法應該是面對實際上存在的共謀共同正犯概念的實務運用，盡可能地利用刑法理論的力量，將其適用範圍限縮到可以忍受的程度。

在這種意義下，以下先簡單介紹肯定說的諸種理論，然後再選擇其中矛盾最少的一說，用此說觀察日本實務見解的變化。

共同意思主體說創設了一個虛擬的（實行）行為主體，然後要求每個基於共謀而被納入這個行為主體中的個人負起集團責任，這顯然違背了近代的個人責任主義的要求，如今是已經沒有任何論者會直接採用此說。最先取代共同意思主體說的理論是間接正犯類似說與行為支配說。此二說共通點在於認為未繼續為實行行為的共同正犯，其是將實際上從事實行行為的其他共同正犯當成道具或對其擁有優越的支配地位，並藉著這個實行行為實現自己的犯罪。

這兩個理論一方面固守了形式的實行共同正犯論的要求（支配行為與利用行為並不是形式上的實行行為），另一方面又實質地擴張了實行行為的射程範圍，讓形式上未為實行行為的共謀者，可以被視為共同正犯予以處罰，只要能夠進一步將支配行為與利用行為予以定型化，那確實是個優秀的理論。不過，這兩個理論僅能解釋支配型的共謀共同正犯現象，而無法解釋協力型（多數地位平等的人之間的共謀）的共謀共同正犯現象。

針對這種缺失，新的學說興起。這個新學說有諸多名稱，有謂之為包括的共同正犯說，亦有謂之為實行為準據說（準實行共同正犯論）的論者，足見其學說內容尚未統一。不過，主張這個新學說的論者都共通地採用了真正的實質的實行共同正犯理論，認為共謀行為是一個實質的、評價上的實行行為（或準實行行為），而這個共謀行為正是處罰參與共謀者的客觀基礎（取代了以往的形式實行行為分擔要件）。[27]

其實，這種想法早在新的學說興起前，早就有蛛絲馬跡存在。除了後述的練馬事件的判決外，連共同意思主體說的最後一代主張者——西原春夫氏的見解中，亦可看到對於具體共謀行為的重視。西原氏認為所謂的共謀不僅僅是一種單純的主觀犯意聯絡或謀議，而是一種客觀的要件，是使得（共謀）共同正犯「得以成立罪責的客觀事實」。[28]只不過，西原氏仍舊主張只有虛擬的心理上共同體才是形式上實行行為的行為主體，而參與共謀者則是因為有客觀的共謀行為而成為負責任的主體，這種將行為者與負責任者切割的見解使得一般論者無法苟同，進而也忽略了西原氏對於共謀行為見解的正當性。[29]

雖然這種新的學說因為會將實行行為與準備行為混為一談，而且也會使得著手的時點提前，造成實際上的處罰擴張現象。不過，準備行為的處罰需要有特別規定，而且毋須準備行為之後的形式實行行為，反之在共謀共同正犯的情形，假若後續並沒有發展出形式上的實行行為，則根本不會被處罰，實際上二者在具體的案例中是不會被混淆的。此外，如果能將實行行為定義成「客觀上具有得類型化的（產生犯罪結果的）危險性的行為」，而所謂的著手則是「從具體發生或預測會發生的犯罪結果往前觀察，在因果流程中所得確定的發生具體危險的時點」，則一個是客觀行為，一個是具體時點，兩者可以分開討論，在著手的時點上，根本毋須一定要求要有犯罪實行行為存在。[30]之所以會認為將共謀視為實行行為時會導致著手時點的提前，這是因為傳統上都認為所謂的著手即是開始為實行行為的時點。其實我們是沒有必要去堅持這種的傳統見解的。

在這個最新的理論下，所剩的問題有兩個。其一，如何透過類型化的危險來將共謀行為定型化，其二，參與共謀的人其可能的責任分擔量（更正確而言應該是參與型態），應該如何決定。

第一個問題牽涉到各個犯罪類型的不同的危險性，所以必須要靠判例的累積才能夠釐清問題。不過就共通的要素而言，所謂的共謀行為應該包含主觀的犯意聯絡以及其他例如時間、地點、行為分擔的決定內容等的客觀要素。[31]後者比較容易理解，但是前者則頗為曖昧。不過，跳過細膩的論述，則似乎可以解釋成共同謀議者間的交互心理狀態，而不是指單純地認知對方的存在或主張的內容而已。於此我們可以看到學說理論的延續性，亦即共同意思主體說、間接正犯類似說與支配行為說等，其不外就是解釋這種的交互心理狀態（或影響程度）的名詞。由此點而言，最新的理論可以說是不僅整合了以往有關處罰根據的所有理論，其更進一步提出除主觀要素外的客觀要素。如此說來，在最新理論的架構下，就處罰根據的主觀要素方面，我們是不是仍然無法避免要對於以往爭論不休的各個學說做一個選擇，總不能不負責任地主張「諸說的折衷」？其實不然。

此處雖然稱犯意聯絡為主觀要素，不過並不是指各個共謀者內心中的「心理事實」，而是指存在於共謀者間得客觀地利用科學經驗法則測定（或推測）出來的「心理性影響力」，亦即客觀上得觀察到的心理性交互影響程度。這不是一般所謂的構成要件事實中的主觀要素，而是客觀要素。既然說是客觀的影響程度，則這就不是選擇的問題，而是認定的問題。有些情形是形成集團意識，有些情形是某方控制他方，當然也有些情形是互相利用的心理依賴。行為人透過參與共謀的行為而使得自己的存在變得對結果的發生產生一定的貢獻（惹起說），而這個貢獻當然有程度上的區別，心理的依賴如果到達以集團意識互相拘束，或某人可以心理上拘束其他人的程度時，當然有可能成立（共同）正犯，反之如果相互利用的心理依賴程度並不高的情形，此際即應考慮是否僅為狹義共犯。換個角度而言，這不外是共犯因果性中的心理因果性，實際上直接牽涉到上述的第二個問題。

第二個問題是有關（狹義）共犯與正犯間區別的理論，也就是到底參與共謀的人其到底是共同正犯還是僅是教唆、幫助等狹義共犯的問題。特別是當參與共謀的人，事後又有在其他共謀者進行形式實行行為時從事了其他非形式實行行為的行為時，問題更為明顯。本案徐自強租車的行為即是一例。

以往主觀犯論風犯行的時候，行為人只要被認定是以自己的犯罪意思進行犯罪時即為正犯，其餘則為幫助犯等（為他人的犯罪而行為）。而共謀中的犯意聯絡又被視為是證明參與者是以自己犯罪的意思而進行共謀。此際只要參與了共謀，不論在共謀的內容上參與者的實際角色分擔如何，縱或切割共謀行為與形式上實行行為，而且在形式實行行為的階段，行為人僅是從事了實行行為以外的其他行為，該其他行為的存在僅會成為鞏固行為人身為共謀共同正犯的地位的客觀證據，自然也不會使得行為人一下子就從共謀共同正犯的地位降到幫助犯。

如今學說上主觀正犯論已經淪為少數說，取而代之的客觀正犯論又以實質客觀說為主流。所以到底是正犯還是狹義共犯的區別已經是必須以行為人對於構成要件該當事實（結果）的因果上危險程度為判斷標準。雖然這種學說上的轉變對於實務見解的影響力似乎尚未充分顯現出來，不過至少實務界接受了學界見解的轉變，而於認定正犯性時採取了主客混和的見解。

這種轉變使得參與共謀的人，不僅是因為「自己犯罪的意思」而已，其另會基於客觀的參與行為態樣等的差別，而分別成立共同正犯或單純的狹義共犯。雖然這點也會牽涉到共謀行為定型化的問題，不過於此姑不論某行為到底是不是屬於實質實行行為中的共謀行為的問題，以成立共謀行為為前提，進一步應該討論各個參與者的共謀行為的定型化問題，亦即其到底是共謀共同正犯抑或僅是教唆、幫助犯而已的問題。

形式實行共犯理論下的否定說，有將共同正犯、教唆與幫助明確區分的機能，而這點就不是肯定說中的任何一說可以完全取代。只不過共同正犯的因果性中有心理的因果性與物理的因果性二者不可偏廢[32]，而物理因果性的重點在於形式實行行為的分擔，確實當諸人處於共謀共同正犯的情形時，物理性因果性是很難判斷，但是其仍有心理的因果性，過度重視物理的因果性的否定說即難免輕忽心理的因果性之譏[33]。

反之，假若僅因為共謀共同正犯的物理的因果性很難認定，於是就只著重心理因果性[34]，則也會產生一些困擾。特別是在「主觀正犯論—意思聯絡—心理的因果性」這種主客觀諸說相互混淆的情形下，問題會更為深刻。有時僅憑「自己犯罪的意欲」、「認識自己為共同正犯下所為共謀」、「相互認識」等屬於行為人內在的主觀要素就會直接地認定參與共謀者即為共謀共同正犯[35]。此際如果共謀關係中行為人的物理因果性並不高，例如僅消極參與或角色並不重要等，縱或事後於其他共犯進行形式上實行行為時，僅從事了輕微的幫助行為，該幫助行為不會減輕行為人的參與程度，自然也不會因此而變成單純的幫助犯而已。

以上為至今有關共謀共同正犯理論的學界意見的整理[36]，因為理論本具有抽象的性質，所以例如最後的一個議題，亦即於共謀的關係中要如何透過心理的、物理的因果性的判斷將一些參與者排除在共同正犯之外的標準方面，學界亦僅能提出一個抽象的標準，這個標準諸如對於犯罪的實現是必要不可或缺，或對於構成要件該當事實有重要的因果貢獻[37]，或於構成要件實現過程中被分配的任務的重要性[38]等，雖然是經過一連串的論述後所得的結論，但是終究是無法直接適用到具體事例。這點就要靠實務判決的累積了[39]。

前述一九三六年的日本大審院刑事連合部判決，已經看得出來學界與實務界的互動。該判決認為共謀共同正犯的關係是指諸人如一體同心般地相互支援依賴，進而共同地實現各自的犯意。由這種定義看來，該判決應該是採取共同意思主體說，而共同正犯與狹義共犯間的區分標準是採用主觀的正犯論。

上述的判決是到第二次世界大戰前有關共謀共同正犯理論的實務見解的集大成。二次世界大戰後，學說紛云形同戰國時代，而實務見解也開始變得「不純正（亦即不會定於一尊）」。最明顯的應該是一九五八年的練馬事件判決。[40]該判決認為所謂的共謀共同正犯是指二人以上在共同意思之下成為一體，相互利用對方的行為，從事以「將各自的意思付諸實行」為內容的謀議，依此而實行犯罪。這個判決除了仍有共同意思主體說的陰影外，事實上已經採用了間接正犯類似說的見解[41]，不過在共同正犯與狹義共犯的區分標準方面，仍舊是維持了主觀正犯論的立場。

不過，練馬事件判決對於其後的諸判決的影響絕對不在於其具有主觀主義刑法意涵大雜燴形象，而在於其對於「共謀」這個事實的觀點。判決中的諸點顯示出以下的見解上的轉變。該判決認為共謀不僅是單純的意思聯絡或共同犯行的認識（主觀要素）而已，其更是可以比擬實行共同正犯的「實行行為分擔」的客觀要件，亦即是一種「得以成立罪責的事實」，需要經過嚴格的證明（依據有證據能力的證據經過合法的證據調查程序所為的證明）。在實質的實行行為論尚未出現的那個時代，這甚至可以說是「引導學界動向的判決」。

可惜的是練馬事件判決雖然是將共謀行為視為應經過嚴格證明的事實，但是卻又認為毋須就共謀的日期、場所、詳細內容、每個參與者的角色分擔等一一為具體的證明與判示。如此一來，需要證明的就僅剩下例如犯意的聯絡、各自的正犯意思的認識等所謂的「共謀的主觀要素（不是前述的心理的因果性）」了。無怪乎論者主張訴訟程序上對於共謀行為的嚴格證明要求，在實際上經常會被輕視，特別是當共謀僅僅被當成一種犯罪成立的主觀要素（犯意聯絡）時，被告與共同被告的自白將會非常容易成為證明這個主觀要素存在的證據，如果又再認為共犯者的自白可以互相作為補強證據時，幾乎無法阻止實務於認定罪刑時的自白偏重傾向。[42]

奇妙的是翌年的松川事件大法庭判決有了個決定性的轉折。松川事件中，大多數的最高法院法官受到練馬事件判決的影響，在嚴格證明的要求下懷疑犯行參與者間存在有過主要的聯絡謀議行為，進而下達了全體無罪的判決。於審判中曾有少數的法官主張縱或沒有聯絡謀議會議的存在，只要能透過其他的謀議、實行行為的存在等推定任何的意思聯絡事實，則僅以此主觀的事實亦得認定共謀共同正犯。不過，這種的「主觀謀議說」未被大多數採取「客觀謀議說」的法官所接納，而這個決定也間接地將「共謀（行為）＝犯意聯絡」的臍帶切斷，並影響到日後的判決動向。

在「應有客觀上經得起嚴格證明考驗的謀議行為的存在」的前提下，日本的實務界開始著手嘗試確立認定謀議內容（事關共犯因果性的重要性程度的認定）的客觀標準。時至一九七七年的朝霞駐屯地自衛官殺害事件判決[43]，有關共謀內容方面的認定已經發展出一定的一般標準，該判決在（責任判斷階段的）犯意認定上雖然仍舊維持了共同意思主體說、間接正犯類似說與主觀正犯論的混和見解（要求一體化的共同犯意與利用其他共犯而實現自己的犯罪的意思），但是卻在「（構成要件要素判斷階段的）於犯罪遂行過程中所擔當的角色的重要性」方面，認為應該就（一）協議中誰決定犯罪計畫（二）參與的諸人於犯罪遂行過程中的任務分配（三）犯罪遂行中的利害關係（四）對於實行行為者是否有心理性的拘束（五）是否有得以證明實現犯罪的意欲的緊密人際關係等，進行綜合性的判決。[44]姑不論該判決將責任要素與構成要件要素加以混同的誤謬，僅以其已經提出類似於認定心理以及物理因果性是否存在的客觀判斷標準而言，即可大書特書，甚至可以說是前述最新理論的先驅。

之後直至今日日本的實務界一直不斷地嘗試透過共犯因果性的判定而具體地決定共謀者是否具有（共謀共同）正犯性。有一些判例是受到了論者的質疑。例如[45]：

（一）於相對抗的兩集團械鬥之際，集團成員之一的被告雖然沒有實際上參與實行行為，但是卻滯留在現場旁觀（東京高判昭和55.1.30判タ416,173）。

（二）僅僅是同意於主導者的提案，而隨行於主嫌殺人行為的人（名古屋地判平元6.28判時1132,36）。

不過更多的判例則是受到了正面的肯認評價，這些否定正犯性的重要下級法院判決內容如下[46]：

I 雖然曾被告知犯罪計畫，不過沒參加事前謀議也未參與現場勘查，其所受贓款為數不多，而且在整體的犯行中僅處於從屬的地位（千葉地松戶支判昭和55.11.20判時1015,143）。

Ⅱ　縱或在國外有為被告購買走私用槍枝，但這僅是在外國合法範圍內的協助而已，其對於槍枝是否走私成功、在國內販賣給誰等毫不關心，而且與正犯間並無緊密的人際關係（東京地判昭和57.7.28判時1073,159）。

Ⅲ　雖然知道被告企圖詐欺，也曾建議過販賣方法、欺騙方法等，但是卻未曾詢問過正犯所欲欺騙的對象、欺騙的手段與時間，再者也未介入實行行為，事後也未受任何報告或接受任何詐欺所得金錢（東京高判昭和57.12.12判時1085,150）。

Ⅳ　雖然替正犯斡旋了購買被竊試題的對象，也曾介入販賣的行為，不過就竊取的方法未曾受過具體的說明，也無事前商量或謀議，與正犯間應無會感受到心理拘束力的親密人際關係（扎幌高判昭和60.3.20判時1169,157）。

這些事實雖然不一定都是經過嚴格證明程序而被認定的，而且主觀正犯性理論也仍舊有其固有的勢力，這都會造成偏重於被告或共同被告自白的傾向，不過縱或如此，這些判決均是些重視謀議內容或犯罪遂行過程中的非實行行為所意涵的共犯因果性的判決，可謂是從「基於主觀事實而判斷」轉向到「基於客觀事實而判斷」的踏腳板。

三、我國共謀共同正犯概念的現況與徐案判決中的實務見解

分配給筆者的篇幅以及期間限制異常嚴格，以上的論述分量已經逼近極限，不過比諸上述日本學界與實務界的發展，我國的情形不僅是貧弱了許多，而且亦有陳子平教授頗為完整的論述[47]，所以應該可以採用簡略補足的方式進行論述。

與日本方面相同，我國有關共謀共同正犯概念的適用亦是起源於實務上的需要。從民國元年到舊刑法施行之前，實務界大多肯認共謀共同正犯的概念，只要有共謀、同謀或預謀（意涵不明）再加上事後分贓（實行行為

以外的行為）通常都會被認定（共謀）共同正犯。時至舊刑法時代，因為重要犯罪都有同謀犯（共謀共同正犯）的規定，所以實務見解趨於否定說。

不過這段期間非常短，到現行刑法施行後，實務界立即改變見解開始寬鬆地承認共謀共同正犯。這段期間的顛峰應該是一九六五年的釋字第一〇九號解釋文。該解釋文中以「以自己犯罪的意思為共同犯意的聯絡」為主觀要素，而以「事前同謀」為客觀要素肯認了共謀共同正犯的成立可能性。雖然其理由書中的諸種觀點矛盾百出，而且也未明示處罰的根據到底是意思共同體說抑或他說，但是卻因為這是大法官的解釋文，所以成了我國處罰共謀共同正犯的「法」的依據。之後的諸判決、判例均未說明處罰的根據，就直接依據釋字第一〇九號解釋文肯認了共謀共同正犯的存在。至於共同犯意的聯絡、共謀行為等應如何認定一事則一概不提，僅於最近有幾個判決因為下手實施犯罪行為的正犯其行為超過了共謀犯罪計畫的範疇而有錯誤的問題存在，所以才要求應於事實欄中書明共同謀議犯罪的範疇，並於理由欄內說明所憑依據。[48]

這並不代表法院對於共謀的存在、共謀的內容、與結果間的因果性等要求嚴格的證明。其實早在釋字一〇九之前，曾有過一個契機可以讓法院對於共謀這個事實採取較為嚴格的認定態度，不過這個契機卻是一閃即逝。於一九四二年時曾有一個民國三十一年院字第二四〇四號解釋，該解釋將刑法第二八條中的「實施」文句解釋為對象包含陰謀、預備等行為的概念，而共謀正是一種被犯罪人所「實施」的行為，只有在其對於結果有直接關係的情形，始可成立共謀共同正犯。姑不論諸多論者對於這種見解的批判，如果這個解釋能夠在實務界得到重視，則共謀行為即有可能會被視為類似於實行行為的行為，需要嚴格證明，而且該行為與結果間的物理、心理因果性，也會成為審判時的重點。不過，可惜的是院字第二四〇四號解釋只是一個曇花一現的奇蹟罷了。

總而言之，如今我國的實務見解，不僅是只著重於「為自己的犯罪＝犯意聯絡」這個（可有可無的）主觀要素，連得區分客觀的心理因果性程度的共同意思主體、間接正犯、行為支配等等的理論都不屑一顧，其偏重自白恣意認定共謀共同正犯的傾向，應該還會持續一段時間。

與以上的實務傾向相比對，我國的學說理論則較為進步。不過不僅是進步有限，而且也沒有任何契機可以與實務接軌，兩者間形同平行線。

學界方面從早期的民國二十餘年開始，例如趙琛、余承修氏等均反對共謀共同正犯的概念，時至中期的民國六〇年代，周治平、楊大器等氏仍然維持早期學者的見解，堅決認為縱或實務上有這類的概念，但學理上不應予以認可。不過到民國七〇年代起，學界的見解開始轉變成贊成說。從以往一面倒反對共謀共同正犯概念的局勢發展至今只剩下少數論者堅決反對[49]，大部分的學者都是採取肯認實務傾向但是加以限縮適用的態度。

例如蘇俊雄氏採行為支配理論[50]，林山田氏雖然未使用共謀共同正犯一語，但是按其語意應該同樣是採行為支配理論。[51]不過這些論者，並沒有進一步去討論之後的發展。

比較有趣的是蔡墩銘氏認為共謀共同正犯成立的要素除「共同意思」的主觀要素外，另應有客觀要素，而這個客觀要素不是一般論者所謂的謀議行為（的存在）而已，其必須是客觀上具有精神參與作用（支配作用）的類似構成要件行為（實質構成要件行為）。[52]而於陳子平氏雖是異於我國通說見解而採（修正的）間接正犯理論，於內容上比較偏向於行為人相互間的利用關係，但是亦提及共謀者間的心理因素。[53]兩氏均已留意到作為（類似的）實行行為的共謀行為[54]，除共同意思外，另應有客觀的心理因果性，此客觀的心理因果性，應該透過參與者間的關係，亦即支配關係或相互利用關係等而得到證明。不過，於論文中實在是無法確認兩氏是否也注目到共謀行為的物理因果性。與此相對應，黃榮堅氏則是一語點破關鍵點，氏認為只要能夠肯認因果關係，則並非不得將共謀者視為共同正犯。[55]含糊的發言，倒是創造了無限的想像空間。

姑不論此，以上心理因果性的重視如果加上關於（共同）正犯與（狹義）共犯間的區別標準，學界都是主張主觀要素與客觀要素混和（兩者兼備）[56]的狀況，一旦所謂的「心理的」因果性被視為是主觀要素時，即大有可能會被共同意思所吸收，結果就是造成主觀主義的偏向。而實務上在認定主觀要素的時候，因為證明的困難性，所以經常容易偏向於被告或共同被告的自白。兩者相成造成了我國實務界的最大缺點。

徐自強案中，有關共謀的部分，在極度強烈的主觀正犯論下，其結果是實務上特別重視行為人的「主嫌意識」，這使得法官不知不覺中即開始重視徐嫌「為自己犯罪而為的犯意聯絡」，並認為這是共謀的主觀要素，亦即只要徐自強是以自己犯罪之意參與共謀，即可認定是（共謀）共同正犯。這正是為何徐案中的法官毫不猶豫地即利用共同被告的自白在無任何其他補強證據的情形下恣意地認定徐嫌的主嫌身分的理由（法官一直在強調犯案的動機，例如欠債等）。其餘例如共謀這個行為事實是否存在，其內容如何，有無對結果的重要（物理的、心理的）因果性等，其實都是附帶的、無所謂的法院判斷中的論述而已，當然也不需要經過嚴格的證明。

判決書中謂主嫌之一曾於徐自強的租屋處共居，徐自強曾夥同其他共犯探查被害人生活起居習慣，其曾參與事前挖掘埋屍用洞穴，亦曾購買擄人以及殺人用道具。這些都指涉著共謀行為確實存在，而且也對結果的發生產生了不可或缺的因果性。不過以客觀的證據而言，縱或有租屋共居以及租車的客觀情事，這個客觀情事並不能證明徐嫌參與了犯罪的共謀，而該共謀中徐嫌的地位已達重要的、不可或缺的程度。租屋共居以及租車的行為，根本無法直接與有關共謀行為的其他共同被告的自白連結在一起，因為其間充滿了無數的解釋可能性。

正如當徐嫌提出某日數通電話的通聯紀錄時，法官毫不猶豫地即將這個被告所提出的證據解釋成通聯紀錄，正是證明了徐嫌與其他共同正犯間的（有關犯行的）密切關係一樣，既然在不知通話內容的情形下，法官即可認定通話的內容，那當然也可以恣意地解釋租屋共居與租車一事的意涵。

主觀恣意地判定徐嫌的「主嫌意識」，然後將租屋共居以及租車的客觀事實當成補強證據，主觀地推定共謀的存在與詳細內容，然後由此推定強烈的因果性。所有的錯誤都是源自於「主觀正犯犯意的恣意認定」上面。

四、小結

共謀是一個規範性、評價性的實行行為，按理應該要有產生結果的類型化物理以及心理因果性，這些都是要經過嚴格證明的客觀事實（包含行為本身的存在與其內容）。心理因果性是一般的單獨正犯所不可能會存在的因果關係，但是這並不會使得（共謀）共犯關係中的物理因果性失去重要性或其需要被嚴格證明的地位。過度地主張主觀的正犯論，重視「為自己犯罪的意思」，然後將本來應該透過共同意思主體、類似的間接正犯關係或類似的行為支配理論等確立的心理因果性的客觀程度，予以無限地主觀化，最後再輕忽所有的客觀的物理因果性的認定一事，正是我國在判斷共謀共同正犯是否成立時的最大缺失。

按照現在的實務習慣，或許徐自強確實是擄人勒贖而殺人的共謀共同正犯。因為雖然不能證明徐嫌進行了形式上的實行行為，但是共謀行為方面則有共同被告的自白以及客觀存在的租屋共居以及租車的事實以資證明，所以假若毫不反省的話，徐嫌確實應該被判死刑。

不過不論是理論抑或實務見解，我國的實際情況應該僅到達日本一九三〇到一九六〇年代左右的程度而已，學外國的東西，但又不用功不用心，結果導致了四不像的現況。臺灣人民受到法律以及司法的保障程度，實在堪虞。

反觀日本的情形，其由實際案例需要發展出共謀共同正犯概念，然後也受學界影響而從實際的判決中發展出限制共謀共同正犯適用範圍的判斷標準，此足證日本的法官不僅是用功，他們還會思考。看來我國司法改革的進程，重點應該不是交互詰問等制度的引進，而是法學教育的改革以及法官們自我進修機會的增加。

伍、結論

綜觀本件徐自強案之判決可知，基本上法院認定徐自強涉犯共同擄人勒贖並殺被害人之犯罪事實，係以二名同案共同被告陳憶隆及黃春棋之自白為主要之依據，並以該二名共犯之自白相互補強，構成判決所認定事實之證據基礎（包括證據能力及證明力）。而此種「共犯自白」之相互補強，從判決形式觀之，似乎並不違背目前之實務見解及思潮，惟，細繹本案共犯陳憶隆及黃春棋之自白，就其對自己不利部分之自白，已然欠缺確實之補強證據（如事先謀議之過程、擄人及殺人之犯案之工具等），更遑論渠等自白關於徐自強涉案部分到底有何確實之證據可資補強此部分自白之真實，尤有甚者，陳憶隆、黃春棋二人自己之自白前後亦存有矛盾及不一致之瑕疵（包括對自己不利及對徐自強涉案之自白），則法院以該二名共犯有瑕疵之自白互為補強作用之綜合認定下，否定徐自強否認犯案之辯駁，直接依共犯自白之內容認定徐自強亦為共犯之一，不僅與「補強證據法則」之以被告自白以外之證據擔保自白內容真實之法理相違，在依循共犯有瑕疵自白為演繹、論證之下所產生之心證，在論理上恐更難趨近真實。

事實上，對於共犯自白是否具有補強證據之適格及證據價值，得否相互補強之質疑，並非本判決評鑑報告所獨有之創見，在實務上，即有最高法院七十四年台覆字第十號判例意旨認為：「《刑事訴訟法》第一五六條第二項規定，被告雖經自白，仍應調查其他必要之證據，以察其是否與事實相符。立法目的乃欲以補強證據擔保自白之真實性；亦即以補強證據之存在，藉之限制自白在證據上之價值。而所謂補強證據，則指除該自白本身外，其他足資以證明自白之犯罪事實確具有相當程度真實性之證據而言。雖其所補強者，非以事實之全部為必要，但亦須因補強證據與自白之相互利用，而足使犯罪事實獲得確信者，始足當之。」，另最高法院八十七年台上字第二五八〇號裁判更進一步指明：「……被告之自白，不得作為有罪判決之唯一證據，仍應調查其他必要之證據，以察其是否與事實相符。立法目的乃欲以補強證據擔保自白之真實性，亦即以補強證據之存在，藉之限制自白在證據上之價值，防止偏重自白，發生誤判之危險。以被告之自白，作為其自己犯罪之證明時，尚有此危險；以之作為其他共犯之罪證時，不特在採證上具有自白虛偽性之同樣危險，且共犯者之自白，難免有嫁禍他人，而為虛偽供述之危險。是則利用共犯者之自白，為其他共犯之罪證時，其證據價值如何，按諸自由心證主義之原則，固屬法院自由判斷之範圍。但共同被告不利於己之陳述，雖得採為其他共同被告犯罪之證據，惟此項不利之陳述，須無瑕疵可指，且就其他方面調查，又與事實相符者，始得採為其他共同被告犯罪事實之認定。若不為調查，而專憑此項供述，即為其他共同被告犯罪事實之認定，顯與《刑事訴訟法》第一五六條第二項之規定有違。因之，現行《刑事訴訟法》下，被告之自白，或共同被告不利於己之陳述，其證明力並非可任由法院依自由心證主義之原則，自由判斷，而受相當之限制，有證據法定主義之味道，即尚須另有其他必要之補強證據，來補足其自白之證明力，始得採為斷罪資料。」

而審理之過程中從最高法院之發回更審理由，亦可發現法院對於上開共犯自白之補強問題，並非渾然不知，如本案第一次發回更審之最高法院八十六年台上字第四八三二號裁判意旨即指明：「上訴人徐自強始終否認犯罪，原判決則以共同被告黃春棋、陳憶隆不利於己之供述為論據。惟對所認定徐自強因經營電動玩具店為警查獲賭博情事，急款紓困；四人聚集徐自強處，謀劃作案；徐自強與房屋仲介黃春樹而熟識；其間徐自強從桃園縣龜山鄉某藥房購得硫酸、膠帶、手套各等情。或未能詳查以佐證前開自白屬實；或對黃春樹之父黃健雲所述，其與徐自強不認識云云（訴緝字第一〇五頁），未再傳黃春樹之妻，以查證徐自強、黃春樹是否相識；對陳憶隆黃春棋先後所述硫酸等物是否徐自強所購，並不一致，亦未詳敘採證依據。凡此難謂已以補強證據擔保該共同被告不利供述之真實性，而有證據調查未盡及理由欠備之違法。此與共犯人數、所參與犯行等攸關，原審未徹查明白，遽行判決，疏嫌速斷……」，以及第二次發回更審之最高法院八十七台上字第一五六號裁判意旨亦稱：「又陳憶隆、黃春棋在審理中固仍指稱徐自強參與作案，惟均否認渠等事先在徐某住處謀議殺害被擄人，此攸關其有無殺人之共同犯意聯絡，原判決亦未敘明其心證之理由，均屬理由不備。」等，均可見最高法院對於陳憶隆及黃春棋二名共犯自白之真實性，並非純然無疑，故要求能提昇補強證據之質與量，提醒下級法院不要僅以複數共犯間之自白為相互補強，故就上開最高法院之判決見解而言，實已堅守補強證據之法理，將共犯之自白排除在補強證據之外，避免認定犯罪之證據，流於「供述」證據，甚者僅為同案被告之主觀供述，別無客觀上之具體事證。

惟，歷經各次發回更審之調查、審理，對於上開最高法院判決所指摘之部分，始終無法查明積極、具體之補強證據，以證明及擔保同案被告陳憶隆及黃春棋之自白為真實，但各次更審判決仍因循抄錄前審及第一審所剪輯黃銘泉、陳憶隆二名共犯之自白以為有罪判決之理由，最後更五審後最高法院亦放棄原先對補強證據之堅持未再發回更審，使本案死刑判決而告確定，實令人感到遺憾及不解；但與其認為係法院之疏虞，毋寧稱係傳統實務上偏重「自白」之心態使然，故被告之自白常有「證據之王」之戲稱，在偵查之過程中，如能獲得被告之自白，且未發現明顯之矛盾，並與偵查人員之偵查方向大致符合，常即為宣布破案之時機，至於之後之偵查、蒐證工作往往即流於形式，而事實之真相往往因事發當時未能確實蒐證而無法再探究或重建；因此，本案在歷經數年警、檢及法院各審審理之後，對於最高法院所指之補強證據部分，當然在產生調查上之困難，則法院在面對其他共犯對徐自強不利之自白之情況下，無法排除對徐自強之懷疑，雖無其他補強證據亦僅能依據共犯之自白對徐自強為有罪之認定，似乎成為現行實務上偏重自白之制度上必然之結果，但此最後之判決認定結果，依卷內證據所示，是否可對徐自強有罪且應判決死刑之「確信」？實無法排除否定答案之可能，而此又為永不可回復之死刑判決，猶如以徐自強之生命，作為共犯自白是否真實之賭注，而此代價並非公義之司法制度所得以承擔，如果對於共犯自白之證據價值不予釐清，往後仍會有相同之判決情形產生，此亦為本判決評鑑作成之原因之一。

綜上所述，可知對於共犯自白之使用，必須加以限縮其證據價值，並應以客觀之補強證據來取得證據能力，以免產生僅以他人主觀上之供述成為認定犯罪事實之依據。而面對目前對於共犯自白之爭議，實務及立法者於刑事訴訟法修正時，固將「共犯自白」與「被告自白」並列規定於現行刑事訴訟法第一五六條第二項，藉此確定共犯自白亦須補強證據之法律依據。惟查，關於被告或共犯之補強證據之種類及範圍為何？被告與共犯間，或共犯與共犯間之自白是否可以互相補強？以及補強證據所須補強自白內容之強度為何，即是否要就自白之全部內容或主要內容，抑或一部之內容為補強？以及是否要為嚴格證明等，均無從就目前修法之規定得到解決。當僅能期待實務界能就立法意旨及外國立法潮流欲限制自白之證據價值之思考上，就上開問題形成具體妥適之一致見解及適用標準，否則爭議難免，將會再產生類似徐自強案極具有爭議性之判決，斲傷人民對司法之信賴，以及對於正義之實現。

1 許玉秀，〈共同被告的自白〉，《刑事訴訟之運作——黃東熊教授六秩晉五華誕祝壽論文集》，五南，一九九七，頁四〇四。

2 學說稱此為實質共同被告概念，參見許玉秀，同前注，頁四一〇。

3 田宮裕，《刑事訴訟法》，新版，有斐閣，一九九六，頁三五三。

4 認為此處之被告之自白包含著公判庭內之自白與公判庭外之自白，如黃東熊，《刑事訴訟法論》，二版，三民，一九九九；團藤重光，《新刑事訴訟法綱要》，七版，創文社，一九六七，頁二八五；平野龍一，《刑事訴訟法》，頁二三二；鈴木茂嗣，《刑事訴訟法》，改定版，青林書院，一九九〇，頁二二三。惟日本最高裁判所持反對見解（最高裁判所昭和二十三年七月二十九日判決刑集二卷九號，頁一〇一二）。在英美法之概念中，認為自白係指法庭外之陳述，基本上法庭內之陳述自然無所謂補強證據之問題。

5 持此種見解者如日本最高裁判所昭和二十四年七月十九日判決刑集三卷八號，頁一三四八、最高裁判所昭和二十六年一月三十一日判決刑集五卷一號，頁一二九。黃東熊，同注4，《刑事訴訟法論》頁三五七，同黃東熊，《證據法綱要》，中央警官學校，一九八〇，頁一一一以下亦持相同見解。

6 渥美東洋，《刑事訴訟法》，二版，有斐閣，二〇〇九，頁三六五。

7 田宮裕，同注3，頁三五六；安富潔，〈補強法則〉，《搜查研究》五二〇號，頁七十五、七十六。

8 田宮裕，同注3，頁三五六。

9 日本最高裁判所採此種見解，如最高裁判所昭和二十五年十一月二十九日判決刑集四卷十一號，頁二四〇二。

10 如日本最高裁判所昭和二十四年四月七日判決刑集三卷四號，頁四八九、最高裁判所昭和二十三年十月三〇日判決刑集二卷十一號，頁一四二七、最高裁判所昭和二十八年五月二十九日判決刑集七卷五號，頁一一三二。

11「……所謂補強證據，則指除該自白本身外，其他足資以證明自白之犯罪事實確具有相當程度真實性之證據而言，雖其所補強者，非以事實之全部為必要，但亦需因補強證據與自白之相互利用，而足使犯罪事實獲得確信者，使足當之」。黃東熊，同注4，頁三五九，亦持此種見解。

12 基隆地檢處（當時）五十七年五月研究結果亦指出「被告之自白原包括審判中之自白與審判外之自白。其方式則不論以口頭或書面為之均可。被告某甲在法院外所作成之自白書或以自白為內容之其他書狀或原在他人刑事案件中作證時所供認關於自己之犯罪事實既均屬審判之外之自白，則法院於該被告在審判中自白犯罪後調查補強證據時，自不得再以此等審判外之自白採為其自白之補強證據」。

13 參照渥美東洋，同注6，《刑事訴訟法》，新版，頁三三一。另我國多數學者亦認為須有補強證據，如黃東熊，同注4，頁三六一以下；褚劍鴻，《刑事訴訟法論》，上冊，臺灣商務印書館，二〇〇一，頁二三五以下；陳樸生，《刑事證據法》，三民，一九九二，頁五一八以下；李學燈，《證據法比較研究》，五南，一九九二，頁二〇一以下。

14 此若不將任何自白排除於補強證據適格之外，亦即不徹底採取防止自白偏重之結果，必然會有此種結果產生。

15 參照田宮裕，同注3，頁三五八。

16 採此觀點之裁判例，如最高法院八十八年台上字第三八〇號判決。外國之例，如日本最高裁判所昭和五一年一〇月二八日判決刑集三〇卷九號，頁一八五九。

17 參照團藤重光，同注4，頁二八五。

18 參照田宮裕，同注3，頁三五〇，後述之最高法院八十八年台上字第三八〇號判決，亦有採此種看法之傾向。

19 參照渥美東洋，同注6，頁三三〇。

20 謂「所謂補強證據，係指該自白或不利於己之陳述本身外，其他足資證明自白之犯罪事實確具相當程度真實性之證據，與被告無共同被告關係之二共犯自白或其不利於己之陳述，亦得互為補強證據。」

21 草野豹一郎〈刑法改正草案と共犯の従属性〉，《法学協会雑誌》五十卷六号，一九三二。

22 昭和十一年（一九三六）五月二十八日大審院刑事連合部判決（刑集十五卷，頁七一五）。

23 關於否定說的立場，詳請參照，村井敏邦〈共謀共同正犯—否定説の立場から〉，《刑法雑誌》三十一卷三号，一九九一，頁五四以下。

24 這種局勢大體上是於八〇年代的後半才被確定下來的。

25 有關刑法（刑罰）的社會機能的分析，詳請參照李茂生〈論刑法部分條文修正草案中保安處分相關規定〉，《月旦法學雜誌》第九十三期，二〇〇三，頁一〇一至一一三。
26 松本時夫，〈共謀共同正犯と判例・実務〉，《刑法雜誌》三十一卷三号，一九九一，頁三九至四二。
27 西田典之，〈共謀共同正犯論——肯定説の立場から—〉，《刑法雜誌》，三十一卷三号，一九九一，頁三四至三七。
28 西原春夫，《刑法総論》，成文堂，一九七八，頁三四〇以下。
29 岡野光雄〈共同意思主体説と共謀共同正犯論〉，《刑法雜誌》三十一卷三号，一九九一，頁二三至二四。
30 例如挖陷阱的行為事實行行為，而被害人走到陷阱前的時點是著手。
31 陳子平，〈論共謀共同正犯〉，《警大法學論集》第二期，一九九七，頁四〇四至四〇五。
32 前田雅英，《刑法総論》，第三版，東京大學出版會，一九九八，頁三八五以下。
33 正因為共謀共同正犯也重視心理的因果性，所以其不可能會有在實行共同正犯中會存在的片面共同正犯。
34 林幹人，《刑法総論》，東京大學出版會，二〇〇〇，頁四〇五、四一七至四一八。不過，林氏似乎誤解了所謂的心理因果性的內容，所以不用這個名詞而獨創出參與者相互間的「精神關係」以資替代。
35 園田寿，〈共謀共同正犯〉，刑法の争点・第三版［ジュリスト増刊］，有斐閣，二〇〇〇，頁九九。
36 雖然說是整理，但是查看了許多教科書的內容後發覺其實學者間的討論並沒有一定的結構與流程，為求精簡論述，筆者加入了許多的連結點，將諸種論述整合起來。其結果特別是關於最新理論的詮釋方面，或許會有一些部分與實際上的主張者的意見有所出入。於此事後聲明。
37 山口厚，《刑法総論》，有斐閣，二〇〇一，頁二七四至二七七。
38 內藤謙，《刑法講義・総論（下）II》，有斐閣，二〇〇二，頁一三三三。
39 以下日本實務見解的整理，主要的資料來自於內藤謙，同前注，頁一三六八以下。
40 昭和三十三・五・二十八，刑集十二卷八号，頁一七一八（傷害致死事件）。
41 這個判決的犯罪事實是支配型的共謀共同正犯。

42 町野朔はか，《考える刑法》，弘文堂，一九八六，頁三〇六堀内担当部分。

43 東京高判昭和五十二年六月三十日，判例時報八八六号頁一〇四，最決昭和五十七年七月十六日，刑集三十六巻六号，頁六九五。

44 野村稔，〈共謀共同正犯理論の総合的研究——はじめに〉，《刑法雜誌》三十一巻三号，一九九一，頁三至四。

45 内藤謙，同注38，頁一三七六。

46 林幹人，同注34，頁四一八至四一九。

47 陳子平，同注31，頁三六一以下。

48 最高法院九〇年台上字第四九五二號判決、最高法院八十六年台上字第四二九〇號判決。

49 廖正豪〈共謀共同正犯論〉，《刑事法雜誌》第二十一卷第四期，一九七七，頁七二（1977年）。褚劍鴻，同注49，頁二七二。黃常仁，《刑法總則（下）》，著者自版，一九九五，頁九六。

50 蘇俊雄，《刑法總論Ⅱ》，元照，一九九七，頁四二六。

51 林山田，《刑法通論（下）》，七版，著者自版，二〇〇一，頁八六至九〇。

52 蔡墩銘，《刑法總則爭議問題研究》，五南，一九八八，頁二六。蔡墩銘《中國刑法精義》，漢林，一九九九，頁二三六。

53 陳子平，同注31，頁四〇二至四〇三。

54 其實嚴格而言，這種論斷是有問題的。蔡墩銘氏並未明示共謀即是一種擴張的、規範的、評價性的實行行為，而陳子平氏則是基於罪刑法定主義的要求質疑這種擴張的危險性（亦即，可能會無法將實行行為定型化）。

55 黃榮堅，《基礎刑法學（下）》，元照，二〇〇三，頁三四〇。

56 陳子平，《共同正犯與共犯論——繼受日本之軌跡及其變遷》，二〇〇〇，頁二二一以下。周金芳，〈論正犯與共犯之區別——以共謀共同正犯之判斷為中心〉，《法令月刊》第四十四卷第四期，一九九三，頁十三至十六。

附錄五

二〇〇三年十月辯護律師團釋憲聲請書

茲依司法院大法官審理案件法第五條第一項第二款及第八條第一項之規定，聲請解釋憲法，並將有關事項敘明如左：

壹・聲請解釋憲法之目的

請求解釋：於被告否認犯罪，但兩名以上共同被告或共犯均自白指述該被告犯罪之情形，最高法院三十一年上字第二四二三號、四十六年台上字第四一九號、三十年上字第三〇三八號、七十三年台上字第五六三八號及七十四年台覆字第一〇號等刑事判例，准許法院在除共同被告或共犯自白外，無其他足可證明被告犯罪之獨立補強證據（即非僅增強自白之可信性，而係具備構成要件犯罪事實之證據）的情況下，逕以上開複數共犯或共同被告之自白互為補強，作為認定被告有罪之證據，已侵害刑事被告受憲法保障之生命權及訴訟基本權，並有違憲法所要求之正當法律程序原則。

貳・疑義之性質與經過暨所涉及之憲法條文

一、聲請人即被告徐自強前因擄人勒贖案件，為臺灣士林地方法院檢察署以八十四年度偵字第八七七五、九七一八號提起公訴，被告經通緝後於八十五年六月二十四日主動自行到案說明。惟，臺灣士林地方法院以八十四年度重訴字第三三號、八十五年度重訴緝字第三號，判決被告徐自強共同意圖勒贖而擄人而故意殺被害人，處死刑，褫奪公權終身。被告不服遞經提起上訴，經最高法院第五次發回後，臺灣高等法院雖以八十八年重上更〈五〉字第一四五號撤銷原判決，惟仍判決被告共同意圖勒贖而擄人而故意殺被害人，處死刑，褫奪公權終身（附件一）。被告不服提起上訴，最高法院以八十九年度台上字第二一九六號判決駁回確定（附件二）。

二、所涉及之憲法條文：生命權、憲法第十六條之訴訟權及正當法律程序原則。

參．聲請解釋憲法之理由及聲請人對本案所持之立場與見解

一、最高法院之判例及判決對法規適用所表示之見解，經法官於確定終局裁判引用者，得為違憲審查之對象：

就此觀大院釋字第三七四號解釋理由書首即明揭謂：「司法院大法官審理案件法第五條第一項第二款規定，人民於其憲法上所保障之權利，遭受不法侵害，經依法定程序提起訴訟，對於確定終局裁判所適用之法律或命令發生牴觸憲法之疑義，得聲請解釋憲法。其中所稱命令，並不以形式意義之命令或使用法定名稱（如中央法規標準法第三條之規定）者為限，凡中央或地方機關依其職權所發布之規章或對法規適用所表示之見解（如主管機關就法規所為之函釋），雖對於獨立審判之法官並無法律上之拘束力，若經法官於確定終局裁判所引用者，即屬前開法條所指之命令，得為違憲審查之對象，迭經本院著有解釋在案（釋字第二一六號、第二三八號、第三三六號等號解釋）。至於司法機關在具體個案之外，表示其適用法律之見解者，依現行制度有判例及決議二種。判例經人民指摘違憲者，視同命令予以審查，已行之有年（參照釋字第一五四號、第一七七號、第一八五號、第二四三號、第二七一號、第三六八號及第三七二號等解釋），最高法院之決議原僅供院內法官辦案之參考，並無必然之拘束力，與判例雖不能等量齊觀，惟決議之製作既有法令依據（法院組織法第七十八條及最高法院處務規程第三十二條），又為代表最高法院之法律見解，如經法官於裁判上援用時，自亦應認與命令相當，許人民依首開法律之規定，聲請本院解釋，合先說明」等語，即明。一、最高法院三十一年上字第二四二三號、四十六年台上字第四一九號、三十年上字第三〇三八號、七十三年台上

字第五六三八號及七十四年台覆字第一〇號等刑事判例之見解，經本件聲請之原因案件即最高法院八十九年度台上字第二一九六號刑事判決所引用，侵害聲請人徐自強受憲法保障之生命權及訴訟基本權：

（一）最高法院三十一年上字第二四二三號、四十六年台上字第四一九號、三十年上字第三〇三八號、七十三年台上字第五六三八號及七十四年台覆字第一〇號等判例准許法院在除共同被告或共犯自白以外，缺乏其他足可證明被告犯罪之獨立補強證據的情況下，逕以複數共同被告或共犯之自白相互補強而認定被告犯罪：

1.最高法院三十一年上字第二四二三號刑事判例謂：「共同被告所為不利於己之供述，固得採為其他共同被告犯罪之證據，惟此項不利之供述，依刑事訴訟法第二百七十條第二項之規定，仍應調查其他必要之證據，以察其是否與事實相符，自難專憑此項供述，為其他共同被告犯罪事實之認定。」等語，雖認共同被告指述其他共同被告犯罪之自白，於有補強證據可證明與事實相符的情況下，得採為認定被告犯罪之證據，但未就補強證據之適格、補強之範圍與程度有所限定。

2.其後同院四十六年台上字第四一九號判例再稱：「共同被告不利於己之陳述，固得採為其他共同被告犯罪之證據，惟此項不利之陳述，須無瑕疵可指，而就其他方面調查，又與事實相符，始得採為其他共同被告犯罪事實之認定。」等語，僅重申同院三十一年上字第二四二三號判例之意旨，既未有所補充增益，即無能就共同被告指述他人犯罪之自白所需補強證據，其適格、範圍與程度如何，有所闡明。

3.雖最高法院三十年上字第三〇三八號判例謂：「所謂必要之證據，自係指與犯罪事實有關係者而言，如僅以無關重要之點，遽然推翻被告之自白，則其判決即難謂為適法。」同院七十三年台上字第五六三八號判例則稱：「被告之自白固不得作為認定犯罪之唯一證據，而須以補強證據證明其確與事實相符，然茲所謂之補強證據，並非以證明犯罪構成要件之全部事實為必要，倘其得以佐證自白之犯罪非屬虛構，能予保障所自白事實之真實性，即已充分。又得據以佐證者，雖非直接可以推斷該被告之實施犯罪，但以此項證據與被告之自白為綜合判斷，若足以認定犯罪事實者，仍不得謂其非屬補強證據。」同院七十四年台覆字第一〇號判例再謂：「刑事訴訟法第一百五十六條第二項規定，被告雖經自白，仍應調查其他必要之證據，以察其是否與事實相符。立法目的乃欲以補強證據擔保自白之真實性；亦即以補強證據之存在，藉之限制自白在證據上之價值。而所謂補強證據，則指除該自白本身外，其他足資以證明自白之犯罪事實確具有相當程度真實性之證據而言。雖其所補強者，非以事實之全部為必要，但亦須因補強證據與自白之相互利用，而足使犯罪事實獲得確信者，始足當之。」等語，就共同被告關於自己犯罪之自白所需補強證據之範圍與程度，上開三號判例或可為一定程度之澄清，但就共同被告所為與他人共同犯罪之自白所需補強證據之適格、範圍與程度等問題之解決，尤其：

(1)兩名以上共同被告或共犯之自白與被告指述犯罪，則該複數共同被告或共犯之自白，能否在缺乏其他獨立於上開自白以外之補強證據的情況下，互為補強證據而逕以該複數自白為認定被告犯罪之證據？

(2)倘若只有共同被告自己犯罪之自白的補強證據，而缺乏共同被告與他人共同犯罪之自白的補強證據，則共同被告自白涉及他人犯罪部份，能否採用？均尚未能自上開三號判例一窺解決之途徑。

4.正因前引最高法院三十年上字第三〇三八號、七十三年台上字第五六三八號及七十四年台覆字第一〇號判例，均未就共同被告與他人共同犯罪之自白所需補強證據之適格、補強之範圍與程度有所設限，寖假以致我國實務竟准許法院在被告否認犯罪，又缺乏其他獨立於共同被告或共犯自白以外之補強證據的情況下，逕以兩名以上共同被告或共犯指述被告犯罪之自白相互補強，進而逕以該複數自白為認定被告犯罪之證據。就此有最高法院八十八年台上字第三八〇號刑事判決謂：「又與被告無共同被告關係之共犯自白及其不利於己之陳述，亦為證據之一種，如無瑕疵可指，復有補強證據證明其確與事實相符，仍得採為認定被告犯罪事實之根據；而所謂補強證據，係指該自白或不利於己之陳述本身外，其他足資證明自白之犯罪事實確具相當程度真實性之證據，與被告無共同被告關係之二共犯自白或其不利於己之陳述，亦得互為補強證據。」等語（附件三）可稽。

（二）本件聲請之原因案件即最高法院八十九年台上字第二一九六號刑事確定判決，即係在聲請人徐自強否認犯罪，又缺乏獨立於共同被告黃春棋及陳憶隆自白以外之補強證據的情況下，逕以上開兩名共同被告指述與徐自強共同犯罪之自白相互補強，進而據以認定徐自強犯罪：

1.監察院就本案曾作成調查報告，指出本案確定判決之認事用法有諸多違誤（請參該調查報告第柒．調查意見，附件四）。該調查報告「第陸．調查事實三、法院認定被告徐自強涉案行為與證據分析摘要」，就本案確定判決所認定被告徐自強涉案行為與所憑證據，分依係「共同被告自白與偵審筆錄」及「間接證據或補助證據」而列表分析。由該表確可看出，從本案謀議、跟蹤被害人、竊車作為作案工具、勘查路線及殺人地點、準備作案工具、守候被害人乃至擄人、返回擄人現場擦拭指紋、再至向被害人家屬取贖之整個犯罪流程，本案確定判決認定徐自強均有參與，但所憑證據僅有共同被告黃春棋與陳憶隆之自白與偵審筆錄，經確定判決引為間接證據或補助證據者，至多僅能證明徐自強與另二名共同被告有親友關係（此為徐自強在審判中所自承），且曾向日昇公司負責人許世恩承租FF四八三一號天藍色小客車備用等，與前述本案確定判決認定構成本案擄人勒贖犯罪要件事實無關之事實，易言之，無從為獨立於共同被告自白之外而足可證明徐自強參與本案犯罪之必要證據。

2.最高法院檢察署檢察總長為本案三次提起非常上訴，均遭駁回。其中，九十一年度非上字第一〇九號非常上訴書謂：「經查本案除共同被告陳憶隆、黃春棋之自白外，別無其他具體事證及人證足以證明被告徐自強涉有本案之犯罪事實，又被告徐自強除自始堅決否認犯行外，並有其他被告殺害被害人時之不在場證明，且被告徐自強未曾打任何勒贖電話，亦有扣案之錄音帶可稽，則如何認定徐自強涉案？易言之，前開關於被告徐自強涉案之不利自白，實有甚多與事實不符，自不可作為認定其涉案之依據。」等語（附件五），亦可佐證本案係於無其他具體事證及人證之情況下，僅憑共同被告陳憶隆、黃春棋之自白，即認定徐自強有參與犯行。

3. 我國學者黃朝義教授就本案有關徐自強涉案情節之補強證據何在，亦分析指出：

⑴共同被告黃春棋、陳憶隆自白指述徐自強參與謀議部份，欠缺補強證據：其謂：「然相對地，倘在無其他相關補強證據存在下，亦不得勉強地僅依據矛盾之自白或不明確之自白，以推斷犯罪者之主觀面（知情或謀議）。在本案相關情節中，同案陳憶隆及黃春棋曾自白稱『徐自強有參與事前謀議』，惟若參照黃春棋八十五年八月十九日之訊問筆錄，徐自強是否曾參與謀議，黃春棋稱『不知道』；復參照黃春棋於八十五年八月三十日之訊問筆錄，其又稱『我向他（指徐犯）說去討債，是我哥哥要他去的。』依前後矛盾之黃春棋自白，顯然得以發現，無法判斷徐自強事先知道案情（不知情）。尚且依黃春棋曾矢口否認在徐自強處謀畫作案過程；陳憶隆亦稱不知是擄人勒贖，更加得以判斷其等並未於徐自強租屋處謀議犯案，徐某之租屋與有無謀議犯案無直接關係，亦即租屋事實不能成為謀議之補強證據，自然不得以租屋之事實作為徐某參與本案謀議或知情之依據。」（參附件六）。

⑵共同被告黃春棋、陳憶隆有關指述徐自強購買殺人工具之自白，亦欠缺補強證據：其謂：「考查本案陳憶隆及黃春棋供稱共同殺人之事實中，陳憶隆在警訊時曾供稱，犯案之『硫酸三瓶、黃色寬形膠帶一捲及透明手套五雙，均為徐自強所買（龜山鄉某西藥房購買）』。惟後來陳憶隆及黃春棋分別在第一審、第二審及歷次發回更審中，均一再供稱『不知硫酸、手套及膠帶係何人所買，僅知係由黃銘泉所帶來』。此部分無法確認徐犯有購買殺人用之相關工具。甚且，陳憶隆更明確證稱，在警

訊時係受到警案之教唆，稱『徐自強住在那裏，就說徐自強好了。』從此部份內容可知，陳憶隆在警訊時自白購物事實係為警方所誘導，並非真實。」，「復查法院認為，黃銘泉等四人於跟蹤黃春樹途中，在汐止鎮某五金行購買二枝圓鍬，一同攜往前述山窪，挖出一個深六十公分，寬九十公分，長一四〇公分之坑洞以作為埋屍之用；期間並由黃春棋、陳憶隆及徐自強前往臺北『第一家行』軍品店購買小長刀及手銬。惟因所提之圓鍬、小長刀及手銬迄今未被尋獲，無法以此為補強證據補強有犯案之準備（參附件六）。

(3)徐自強有租車之事實，也不足以作為共同被告黃春棋、陳憶隆指述其參與勒贖行為之自白之補強證據：其謂：「黃春棋與陳憶隆進行勒贖過程中，徐犯曾經租車提供勒贖交通工具之事實，是否得以成犯確實參與勒贖行為之補強證據，恐有爭議。蓋因本案勒贖行為進行中，徐犯租車時係以其本人名義登記，且前後不只一次，依一般經驗法則而論，徐犯如此之租車行為很明顯地應與一般租車行為無異，否則豈有自曝缺點，以租車留下得以讓警察人員輕易地追查到犯案紀錄。因此，在無其他有利的物證等有利補強證據存在下，斷然判斷徐犯租車為與勒贖行為具有密切關係，實在欠缺說服力。」（參附件六）。

(4)綜上分析，本案中共同被告指述徐自強犯罪之自白，完全沒有補強證據，法院卻以此自白相互補強，已扭曲補強法則之原意，而有悖憲法之程序保障：

其謂：「徐案所採之態度與一般實務之見解並無不同，係以同案被告黃春棋與陳憶隆之供述內容為依據認定徐犯為共同正犯之一。亦即經查本案除黃春棋與陳憶隆之自白外，別無其他具體事證及人證等補強證據足以證明徐犯涉有本案之犯罪事實。又徐犯除自始否認犯行外，並有其他殺害被害人時之一場證明，且未曾打過入勒贖電話，殊不知如何判斷徐犯涉案。……犯所存在之疑問亦在此，其自始否認犯情，竟然在無其他具體事證存在下，遽然地依據其被告黃春棋與陳憶隆之自白為主要依據，以認定其罪行。亦即徐犯有無涉案之主要依據乃為透過黃春棋與陳憶隆之自白相互以認定徐犯之犯罪，完全忽略了被告本人之辯駁，亦扭曲了補強法則之原義。換言之，對於徐犯有無涉案部分，黃春棋與陳憶隆兩人分別所為之自白，業已無其他具體之補強證據存在，其自白本身已有問題，法院卻將此有問題之兩共犯自白互為補強，以認定另一人之涉案，可謂違反了對於補強法則之法理要求，屬於重大程序上之違法，甚且有違反憲法所要求之程序保障。」（參附件六）

（三）本件聲請之原因案件即最高法院八十九年度台上字第二一九六號刑事判決，係引用前揭最高法院三十一年上字第二四二三等號刑事判例准許在缺乏獨立補強證據之情況下，逕以共同被告之自白相互補強而認定被告犯罪之見解，駁回聲請人徐自強之上訴：

本案既係於別無其他足以證明徐自強參與犯罪之補強證據的情況下，逕以兩名共同被告指述與徐自強共同犯罪之自白相互補強而認定徐自強之犯行，而徐自強就此於對最後事實審即臺灣高等法院八十六年重上更〈五〉字第一四五號刑事判決提起三審上訴時，復於上訴理由中指摘該判決違背最高法院三十一年上字第二四二三號判例（參聲請人八十八年十二月八日上訴理由狀第四大點，附件七），最高法院八十九年度台上字第二一九六號刑事判決卻不予理會而認為：「查原判決對於上訴人等有關犯罪之證據，已盡其調查能事，其論處上訴人等罪刑，復已詳敘其所憑之證據及認定之理由，所為論敘亦與卷內資料悉相符合，其證據取捨與證據證明力判斷職權之行使，暨法則適用之闡述及判處死刑之理由說明，亦均無悖乎證據法則及論理法則。其依法論處上訴人等罪刑，經詳加審核，於法並無違誤。」云云（參附件二），則該確定判決雖未於判決理由欄內具體引註指明字號，但確係認可前揭最高法院三十一年上字第二四二三等號判例容許法院於被告否認犯罪，復缺乏獨立補強證據之情況下，得逕以複數共同被告或共犯之自白相互補強，進而認定被告犯罪之見解並引用之，進而駁回聲請人徐自強之上訴無疑。

（四）聲請人徐自強受憲法保障之生命權及訴訟基本權因此受到侵害，並有違憲法所要求之正當法律程序：

1.死刑係國家剝奪人民生命權之處置，須依據內容實質正當之法律程序，始得為之：

(1)我國憲法雖未將生命權明文化，然則此係因人之生命實為其享有一切自由與權利之前提，故制憲者以生命權受憲法所保障為當然之理，本無待乎憲法明文規定，致未予明文。

(2)再觀世界人權宣言（Univesal Declaration of Human Rights）第三條規定：「人人有權享有生命、自由與人身安全。」《公民及政治權利國際公約》（*International Covenant on Civil and Political Rights*）第六條第一項亦明定：「人人有固有的生命權。這個權利應受法律保護。不得任意剝奪任何人的生命。」由以上國際人權文件益可知：生命權係人類所有基本權利之核心，乃一切文明社會共同承認之根本原則，我國當無自外之理。

(3)「人民身體自由享有充分保障，乃行使其憲法上所保障其他自由權利之前提，為重要之基本人權。故憲法第八條對人民身體自由之保障，特詳加規定。該條第一項規定：『人民身體之自由應予保障。除現行犯之逮捕由法律另定外，非經司法或警察機關依法定程序，不得逮捕拘禁。非由法院依法定程序，不得審問處罰。非依法定程序之逮捕，拘禁，審問，處罰，得拒絕之。』係指凡限制人民身體自由之處置，在一定限度內為憲法保留之範圍，不問是否屬於刑事被告身分，均受上開規定之保障。除現行犯之逮捕，由法律另定外，其他事項所定之程序，亦須以法律定之，且立法機關於制定法律時，其內容更須合於實質正當，並應符合憲法第二十三條所定之條件，此乃屬人身自由之制度性保障。」以上意旨為大院釋字第三八四號解釋理由書所明。對於人民享有、行使其他自由權利而言，生命權較諸人身自由，乃更為基本之前提，固不待言，從而舉輕以明重，國家藉死刑剝奪人民生命權時，更應依據內容實質正當之法律程序始得為之，此參諸美國憲法增修條文第五條謂：「未經正當法律程序不得剝奪任何人的生命、自由或財產。」日本憲法第三十一條明定：「任何人非依法律所定程序，不得剝奪其生命、自由，或科以其他刑罰。」益明。

2.於遭受刑事控訴時，有權受法院依正當法律程序所為之審判，乃人民受憲法保障之訴訟權的核心內涵：

就我國憲法第十六條所保障之訴訟權的其具體內涵，大院釋字第二五六號解釋理由書謂：「憲法第十六條規定人民有訴訟之權，旨在確保人民有依法定程序提起訴訟及受公平審判之權益。」已揭示於人民遭受刑事控訴時，有權受法院依內容實質正當之法律程序所為之審判，乃人民訴訟基本權保護領域之核心。此參諸大院釋字第四三六號解釋文謂：「至軍事審判之建制，憲法未設明文之規定，雖得以法律定之，惟軍事審判機關所行使者，亦屬國家刑罰權之一種，其發動與運作，必須符合正當法律程序之最低要求，……」等語，益明。

3.無罪推定原則係憲法之正當法律程序原則在刑事訴訟程序中具體化之首要原則，進而指導包括自白法則在內其他刑事訴訟原則之具體內涵：

(1)世界人權宣言第十一條第一項規定：「凡受刑事控告者，在未經依法公開審判證實有罪前，應視為無罪，審判時並須予以答辯上所需之一切保障。」《公民及政治權利國際公約》第十四條第二項則稱：「凡受刑事控告者，在未依法證實有罪之前，應有權被視為無罪。」

(2)我國憲法雖無與右引國際人權文件相類之條文，而大院迄今就正當法律程序原則在刑事訴訟程序中應有之具體內涵所為解釋，亦未曾直接提及無罪推定原則，但大院釋字第五〇九號解釋理由書曾稱：「刑法第三百十條第三項前段規定：『對於所誹謗之事，能證明其為真實者，不罰』，係以指摘或傳述足以毀損他人名譽事項之行為人，其言論內容與事實相符者為不罰之條件，並非謂行為人必須自行證明其言論內容確屬真實，始能免於刑責。惟行為人雖不能證明言論內容為真實，但依其所提證據資料，認為行為人有相當理由確信其為真實者，即不能以誹謗罪之刑責相繩，亦不得以此項規定而免除檢察官或自訴人於訴訟程序中，依法應負行為人故意毀損他人名譽之舉證責任，或法院發現其為真實之義務。就此而言，刑法第三百十條第三項與憲法保障言論自由之旨趣並無牴觸。」以上所列盡為確保刑事被告毋庸承受自證無罪之負擔所需之制度性保障。再參將無罪推定原則明文化之我國九十二年一月修正之刑事訴訟法第一五四條第一項的立法理由第一點謂：「一、按世界人權宣言第十一條第一項規定：『凡受刑事控告者，在未經獲得辯護上所需的一切保證的公開審判而依法證實有罪以前，有權被視為無罪。』此乃揭示國際公認之刑事訴訟無罪推定基本原則，大陸法系國家或有將之明文規定於憲法者，例如義大利憲法第二十七條第二項、土耳其憲法第三十八條第四項、葡萄牙憲法第三十二條第二款等，我國憲法雖無明文，但本條規定原即蘊涵無罪推定之意旨，爰將世界人權宣言上揭規定，酌予文字修正，增訂第一項，以導正社會仍存有之預斷有罪舊念，並就刑事訴訟法保障被告人權提供其基礎，引為本法加重當事人進行主義色彩之張本，從而檢察官須善盡舉證責任，證明被告有罪，俾推翻無罪之推定。」等語，均可見得無罪推定原則確係正當法律程序原則在刑事訴訟程序中之核心，其他經大院釋字第三八四號解釋闡明為正當法律程序原則所包覆內含之刑事訴訟原則，尤其是與本案有關之自白法則，均應在無罪推定原則指導下形成其具體內容，此亦本於正當法律程序原則之憲法位階所具備之放射效力，因此而生當然之解釋。

4. 基於無罪推定原則，於刑事被告否認犯罪，但兩名以上共同被告或共犯之自白指述該被告犯罪之情形，刑事訴訟程序之自白法則應禁止事實審法院在缺乏獨立於上開複數自白以外，而足可證明被告犯罪之必要證據（即非僅增強自白之可信性，而係具備構成要件犯罪事實之獨立證據）的情況下，逕以上開複數自白互為補強，作為認定被告有罪之證據：

(1)無罪推定原則要求被告犯罪事實之證明，無論是基於直接證據或間接證據，均須臻於一般人不致有合理之懷疑而得確信其為真實之程度，始得據為有罪之認定。倘其證明尚未達於此程度而仍有合理懷疑存在時，本諸無罪推定原則，自應為被告無罪之判決。

(2)由於被告之自白在我國過往實務上具有「證據女王」之地位，往往具有決定性之證據價值，以致偵查機關在過度偏重自白之刑事審判環境下，汲汲追求刑事被告之自白，甚而為取得自白而無所不用其極地出以各種不正方法，此冤獄所由生之重要原因。為免冤獄，並確保被告之自白確能證明其犯罪事實達於無合理懷疑之程度，九十二年一月修正前之我國刑事訴訟法第一五六條第一項及第二項乃規定被告之自白須具備任意性（任意性法則），且須有補強證據證明自白內容屬實（補強法則），始得採為認定被告犯罪之證據，此即學說上所謂自白法則，並經大院釋字第三八四號解釋明揭為正當法律程序原則之內涵。

(3)關於右揭自白法則中之補強法則，雖最高法院三十一年上字第二四二三號判例將適用範圍擴及於共同被告，而該法則所要求之補強證據的適格、範圍與程度問題，雖經最高法院三十年上字第三〇三八號、七十三年台上字第五六三八號及七十四年台覆字第一〇號判例就被告關於自己犯罪之自白，為一定程度之說明，然就共同被告或共犯所為涉及他人犯罪之自白所需補強證據，則仍未見澄清，已如前述（參本聲請書第參、二、(一)點之說明）。

(4)共同被告或共犯指述他人犯罪之自白，對該自白所需補強證據之要求，應較關於其自己犯罪自白之補強證據更為嚴格，始符合無罪推定原則之要求：

①共同被告或共犯為期能夠免除自己之刑事責任或減輕自己之刑事責任，甚或僅為挾怨報復，經常會栽贓他人或將責任轉嫁於他人而為虛偽之供述，就此我國實務早有體認，最高法院八十七年台上字第三五二五號判決謂：「(二)犯罪事實應依證據認定之，無證據不得推定其犯罪事實，刑

事訴訟法第一百五十四條定有明文。而認定犯罪事實所憑之證據，須適於被告犯罪之證明者，始得採為斷罪資料。被告之自白，雖為證據之一種，但依刑事訴訟法第一百五十六條第一項規定，被告之自白，須非出於強暴、脅迫、利誘、詐欺、違法羈押或其他不正之方法，且與事實相符者，始得為證據。又依同條第二項規定，被告之自白，不得作為有罪判決之唯一證據，仍應調查其他必要之證據，以察其是否與事實相符。立法目的乃欲以補強證據擔保自白之真實性，亦即以補強證據之存在，藉之限制自白在證據上之價值，防止偏重自白，發生誤判之危險。以被告之自白，作為其自己犯罪之證明時，尚有此危險；以之作為其共犯之罪證時，不特在採證上具有自白虛偽性之同樣危險，且共犯者之自白，難免有嫁禍他人，而為虛偽供述之危險。是則利用共犯者之自白，為其他共犯之罪證時，其證據價值如何，按諸自由心證主義之原則，固屬法院自由判斷之範圍。但共同被告不利於己之陳述，雖得採為其他共同被告犯罪之證據，惟此項不利之陳述，須無瑕疵可指，且就其他方面調查，又與事實相符者，始得採為其他共同被告犯罪事實之認定。若不為調查，而專憑此項供述，即為其他共同被告犯罪事實之認定，顯與刑事訴訟法第一百五十六條第二項之規定有違。因之，現行刑事訴訟法下，被告之自白，或共同被告不利於己之陳述，其證明力並非可任由法院依自由心證主義之原則，自由判斷，而受相當之限制，有證據法定主義之味道，即尚須另有其他必要之證據，來補足其自白之證明力，始得採為斷罪資料。犯麻醉藥品管理條例第十三條之一第二項各款之罪，供出麻醉藥品來源因而破獲者，得減輕其刑，該條例第十三條之三定有明文。則吸用或販賣安非他命之人，如供出安非他命之來源因而破獲者，既得邀減輕其刑之寬典，為擔保其所為不利於其他共同被告之陳述（即麻醉藥品來自其他共同被告之陳述）之真實性，尤應有足以令人確信其陳述真實之證據，始能據以為論罪之依據。」等語（附件八），足資參照。

②是以共同被告或共犯所為涉及他人犯罪之自白，較諸其所為自己犯罪之自白，除同有遭以不正方法強取而虛偽不實之風險外，尚多出其為脫免己罪、邀得寬典或栽贓嫁禍而故入人罪之疑慮，從而共同被告或共犯所為指述他人犯罪之自白，較諸其所為自己犯罪之自白，所需之補強證據應更為嚴格，始符合無罪推定原則之要求。

(5)於刑事被告否認犯罪，但兩名以上共同被告或共犯自白指述該被告犯罪的情形，應有獨立於上述複數共同被告或共犯自白以外而足可證明構成犯罪要件事實之補強證據，佐證上開自白之真實性達於無合理懷疑之程度，而不得逕以上開複數自白相互補強：

①對於共同被告或共犯所為指述他人犯罪之自白，應有更嚴格之補強證據，始符合無罪推定原則之要求，已如前述。準此，此等補強證據自非只增強上開自白之可信性為已足，仍應係具備構成犯罪要件事實之獨立證據，而可佐證上開自白之真實性達於無合理懷疑之程度，始足當之。

②苟僅以複數共同被告或共犯指述被告犯罪之自白相互補強，即認定該否認犯罪之被告犯罪，不啻三人成虎，曾參殺人，是上開複數自白不足以相互補強而擔保彼此之真實性達於無合理可疑之程度，其理至淺。

③從我國偵查實務現況而言，尤其應禁止以複數共同被告或共犯指述他人犯罪之自白相互補強：

A就我國偵查實務之現況，有我國學者何賴傑教授於其就本件聲請原因案件所為分析報告中謂：

「我國偵查實務一向偏重『自白』，似乎把他看作『證據之王』，因而如果沒有從被告口中，讓被告親口供出犯罪事實，似乎其他所有證據的證明力，都可能會受到質疑。這種過度重視『自白』的辦案心態，可能是導致刑求等等違法偵查方式，於國內偵查實務上無法杜絕的主因。而這種重視『自白』的辦案心態，在偵辦共同正犯之犯罪時，更是變本加厲的顯現出來。數人共同犯罪與一人單獨犯罪相較，前者有其特殊性，例如犯罪人間對於犯罪，雖有共同利益，但未必完全相同，而且由於多人一齊犯案，通常需要較縝密的計畫，因而除非犯罪行為人『自己爆料』（自白），否則外人（當然包括偵查人員）常不易發現真相。這些特性，導致偵查人員更加依賴且看重犯罪人的自白，因為以一人自白，不但可以定該人的罪，甚而藉著一人自白，還可以套出其他人的自白（個人謔稱其為『以自白養自白』）。例如偵查人員告訴被告甲，另一被告乙已經全盤托出犯罪事實，而且供出犯罪主要是甲做的，甲一聽，當然不能如此善罷甘休，因而也供出另一套犯罪『版本』，再把犯罪責任推還給乙。這種方式，對於偵查人員辦案，當然是『百利而無一害』。藉此，偵查人員至少有兩套犯罪『版本』，可以作為判斷如何進一步偵查的參考，甚而偵查人員結合這兩套犯罪『版本』，或許還可出第三套『版本』。透過這麼多『版本』，國家偵審機關（偵查機關及法官）或許可以發現犯罪真相，但也可能是最糟糕的結果，也就是從被告所供出的『版本』裡，推論得出自以為是的第三套『版本』（常常是「綜合版」），而法院即以『綜合版』作為後定罪的『院定版』，一網打盡所有共同犯罪人。特別是偵查人員從被告供詞『版本』裡，無法進一步發現其他更直接的證據（尤其是物證），最後僅能靠如此推來推去而推出的第三套「綜合版」來定所有犯罪人的罪。這樣的判決，當然難以讓人信服。

……實務對於這種『狗咬狗』偵查方式，似乎並沒有深刻反省其可能產生的弊病，畢竟法治國刑事訴訟，被告不應淪為客體－狗，被告應是訴訟主體。但由於這種偵查方式，對於『破案』，功效宏大，因而一而再，再而三被偵查機關使用，甚而大力擴張其使用。歸根究底，也許始作俑者，是過於重自白的辦案心態所致。不過，被告供出自己犯罪與被告供出他人犯罪，無論從犯罪心理學、刑事偵訊科學、刑事訴訟法學等各種角度觀之，仍存有很大的歧異性，不應等同視之。雖然利用共同犯罪人彼此間矛盾以發現真實，並非當然違法，不過，國家偵審機關不能一味耽溺於如此『狗咬狗』、『以自白養自白』等並非完全合法之偵查手段，仍應以科學物證為主，以物證引導偵查方向，較能符合現代法治國刑事訴訟的要求。」等言可佐（附件九）。

B正因我國偵查實務之現況如此，我國學者多有對實務過度強調共同被告或共犯自白之實況提出嚴厲批評者。黃朝義教授於其就本件聲請原因案件所為分析報告中即稱：「基於被告以外之兩名以上共犯所為之自白，可否直接作為否認犯罪事實之被告的有罪證據或補強證據，亦為處理共犯自白的問題之一。此從共犯之自白毋須證據之觀點而論，以兩名以上共犯之自白便得以認定否認犯罪事實之被告的罪行。甚至認為共犯之自白包含在被告本人自白在內之見解者，亦有認為存有兩名以上共犯之自白，且此些自白彼此相互間具有補強效果時，即可作為認定否認犯罪事實之被告的罪行；再者，亦有認為為迎合偵查人暗示意圖，雖然不能說沒有將其他人帶入犯罪漩渦中之危險，但此種危險之判斷係屬法院自由心證之問題，尚不足以謂共犯之自白相互間不得作為補強證據。惟須注意者，設若重視會造將他人捲入犯罪漩渦中之共犯自白所存在的危險時，即使兩名以上共犯之自白內容一致，但有關被告與犯罪者間關聯之補強證據不存在時，自然不以此作為認定被告有罪之證據，尤其是，被告否認犯情，又無自白以外之證據存在時，更不應為如此之解釋。基此，在複數共犯相互間關係著之案件裡，為避免共犯可能將責任轉嫁給被告而使複數之共犯造成供述內容一致之危險與替身之危險，原則上，不得以複數共犯之供述相互間作為補強證據，以作為認定被告有罪之證據（我國實務上所採，與被告無共同被告關係之二共犯自白或其他不利於己之陳述，亦得互為補強證據之見解有待檢討，此為最高法院八十八年台上字第三八〇號判決之實務見解），在此種情形下，即使被告沒有自白，或是被告否認犯罪，仍然會因為其他共犯之自白的自白相互補強後，被認定有罪。」（參附件六）。

5.本件聲請原因案件即最高法院八十九年度台上字第二一九六號刑事確定判決，僅憑共同被告黃春棋與陳憶隆自白之指述，在別無其他獨立之補強證據的情況下，竟於重重疑點中判處聲請人徐自強死刑定讞，實屬草菅人命而有違憲法上之正當法律程序原則：

(1)基於無罪推定原則，於刑事被告否認犯罪，但兩名以上共同被告或共犯之自白指述該被告犯罪之情形，刑事訴訟程序之自白法則應禁止在缺乏獨立於上開自白以外而足可證明該被告犯罪之補強證據的情況下，逕以上開複數自白相互補強而據以認定被告犯罪，已如前述。

(2)前揭最高法院八十九年台上字第二一九六號刑事判決，係在缺乏獨立於共同被告黃春棋及陳憶隆自白以外之補強證據的情況下，逕以上開兩名共同被告指述聲請人徐自強共同犯罪之自白相互補強，進而據以認定徐自強犯罪，亦已如前述（參本聲書第參、二、(二)）。

(3)綜右可見，最高法院八十九年台上字第二一九六號刑事確定判決僅憑此等證據判處聲請人徐自強死刑定讞，有違無罪推定原則，聲請人徐自強於死刑定讞前未曾受法院依正當法律程序所為之審判，更難稱國家係依據內容實質正當之法律程序而為此等剝奪聲請人徐自強生命權之處置，聲請人徐自強之生命權及訴訟基本權已因此遭受上開最高法院八十九年台上字第二一九六號刑事確定判決之侵害，殆無可疑。

(4)再觀上開最高法院八十九年台上字第二一九六號刑事確定判決中仍留有疑點重重，相對於死刑乃無可回復之極刑而言，益可見得僅憑兩名共同被告之自白即論處聲請人死刑，實屬草菅人命：

①該判決以共同被告黃春棋、陳憶隆指述聲請人徐自強參與犯罪之自白相互補強，然則該二名共同被告之自白在偵查階段不僅彼此嚴重歧異，而且同一名共同被告的供述也有明顯前後不一致的情形，可信度顯然堪虞：

A共同被告黃春棋八十四年九月二十五日被警方首先逮捕時，先則否認所有犯行，隨後始於同年九月二十七日之警訊筆錄中供稱犯案，並稱徐自強及陳憶隆倆人持開山刀將被害人押至蘆竹鄉海邊殺害；次日，當警方帶黃春棋去找尋被害人屍體時，黃才坦承屍體係埋在汐止山區而非蘆竹海邊，但仍指稱係徐、陳二人押被害人至埋屍現場由陳憶隆持刀將被害人殺害，在當日檢察官訊問時，黃春棋再次為相同之陳述。迨至九月二十九日檢察官李玉卿訊問時，黃春棋仍再次指稱被害人係徐、陳二人殺害。甚至到十月二十六日陳憶隆落網之後（陳係十月二十二日被警查獲），黃春棋仍向檢察官陳稱徐自強有在案發現場目睹黃銘泉殺害被害人，當檢察官告以徐自強有不在場證明時，黃春棋當時仍不明所以的回答「不知道」，惟當時並未供稱徐自強先行離去或去擦指紋云云，且在檢察官詢「綁架死者時有幾部車？」，黃春棋依然堅稱：「我開車，我哥哥坐右前座，陳憶隆坐右後座，徐自強坐在左後座，死者坐中間。」而陳憶隆落網後得知徐自強家屬提出徐自強在被害人被殺害時之不在場證明後，即向警方供稱徐自強先折返現場回去擦指紋，係四人（包括被害人、陳憶隆、黃春棋及黃銘泉）分乘兩輛車前往汐止山區，與黃春棋所稱之五人共同一輛車之情形不同。直至日後，黃春棋確知徐自強真有不在場證明時，方附和陳憶隆之說詞，於日後之審判程序中改稱徐自強係中途下車去擦指紋云云。但由此可知，渠等之說詞是否真實，極為可疑，否則一同在場擄人之黃春棋及陳憶隆，怎會對於徐自強在場之情形、作案之經過及作案之車輛有完全不同之描述？但前開最高法院八十九年度台上字第二一九六號判決仍根據渠等二人先後歧異、相互矛盾之自白，就指述徐自強涉案之部分加以綜合剪輯，而完全無視前述多處前後歧異、彼此矛盾之重大瑕疵。

B我國學者黃朝義教授就本案所為分析報告指出共同被告黃春棋與陳憶隆之自白相互歧異，前後矛盾，並不可信：

（A）黃、陳二人關於徐自強是否參與謀議之自白前後矛盾：

其謂：「在本案相關情節中，同案陳憶隆及黃春棋曾自白稱『徐自強有參與事前謀議』，惟若參照黃春棋八十五年八月十九日之訊問筆錄，徐自強是否曾參與謀議，黃春棋稱『不知道』；復參照黃春棋於八十五年八月三十日之訊問筆錄，其又稱『我向他（指徐犯）說去討債，是我哥哥要他去的』。依前後矛盾之黃春棋自白，顯然得以發現，無法判斷徐自強事先知道案情（不知情）。尚且依黃春棋曾矢口否認在徐自強處謀畫作案過程：陳憶隆亦稱不知是擄人勒贖，更加得以判斷渠等並未於徐自強租屋處謀議犯案」（參附件六）。

（B）該二人關於徐自強購買殺人工具之自白亦前後矛盾，相互歧異：

其謂：「考查案陳憶隆及黃春棋供稱共同殺人之事實中，陳憶隆在警訊時曾供稱，犯案之『硫酸三瓶、黃色寬形膠帶一及透明手套五雙，均為徐自強所買（龜山鄉某西藥房購買）』。惟後來陳憶隆及黃春棋分別在第一審、第二審及歷次發回更審中，均一再供稱『不知硫酸、手套及膠帶係何人所買，僅知係由黃銘泉所帶來』。此部分無法確認徐犯有購買殺人用之相關工具。甚且，陳憶隆更明確證稱，在警訊時係受到警察之教唆，稱『徐自強住在那裡，就說徐自強好了』。從此部份內容可知，陳憶隆在警訊時自白購物事實係為警方所誘導，並非真實。」（參附件六）

C我國學者何賴傑授於其就本案所為分析報告，指出黃、陳二人指述徐自強犯罪之自白很可能係推卸之詞其稱：「從本案徐自強等四人之犯罪事實來看，不但自白的二人（黃春棋、陳憶隆）所供出的犯罪，各有各的『版本』，之後歷經更五審的法院判決，又出現不同的『修正版』，最後雖然似乎是以被告陳憶隆的『版本』為法院最後認定的『院定版』，不過，仍然還是停留於以推論方式得出該『綜合版』，因為國家偵審機關從黃春棋及陳憶隆自白內，沒有獲得任何能明確證明徐自強涉及擄人勒贖殺人犯罪之直接物證，因而徐自強被認定是擄人勒贖殺人罪的共同正犯，只是從各家「版本」推論而得出的結果。……與一般單純的被告『自白』（供出自己犯罪）相比，『他白』的可信度顯然較低，因為這是人性—對自己涉案部份能逃就逃、避重就輕，而將罪責盡量推給其他被他拖下水的人（本案共同被告黃春棋的初供，並無供出黃銘泉涉案，而事後證明，黃春棋為了掩護其胞兄黃銘泉之犯行，將黃銘泉所犯的罪全部推給徐自強）。另外，被告亦可能挾怨報復，將其平日苦無機會報復的人，藉著供出其為共犯而讓該人無端受累。無論如何，基本上，此種「他白」存有相當多先天不可靠因素，因而必須非常小心的處理。」（參附件九）

②正因前開最高法院八十九年台上字第二一九六號刑事確定判決所認定之犯罪事實，係剪輯、拼湊共同被告黃春棋及陳憶隆所為眾多彼此矛盾、前後歧異之自白版本而來，以致不但該最終之「院定綜合版」本身即有重大疑點，而且也與卷證有不符之處。茲分述如後：

A該判決因查無徐自強打勒贖電話之事實，因而認定係：「因黃銘泉、徐自強與黃春樹認識，恐聲音為黃春樹家屬識出，即決定由黃春棋、陳憶隆以電話聯絡之方式進行勒贖。」，而就擄人及殺人之經過情節則認定：「迄八時四十分許，黃春樹準備駕車離去，發現左前車輪破損洩氣，不知有異，正擬以備胎更換時，黃春棋、徐自強、陳憶隆一同擁上，黃春棋手持小長刀抵住黃春樹頸部、陳憶隆持手銬銬住黃春樹一隻手，徐自強則在旁助力推拉，三人一同須臾間將黃春樹押上黃銘泉所駕駛之贓車後座中間，陳憶隆隨即銬緊黃春樹雙手，轉身返回其車，徐自強、黃春棋亦迅速分坐於黃春樹左、右邊，並以膠帶貼住黃春樹之雙眼，以防其認出路徑找機會脫逃。……黃春樹供出電話號碼七九九二四七五 五七八八八八後，識出其中一人為黃銘泉，即一再叫喊黃銘泉之名，懇求予以釋放並願帶渠等前去銀行提領存款……待黃銘泉將電話號碼抄錄於香菸盒上，見計已得逞且身分遭黃春樹識破，乃依原計畫，基於共同殺人之故意，由黃銘泉以小長刀刺進黃春樹前頸喉頭處，一刀刺斷氣管，黃春樹隨即癱倒於地。」云云（參附件二）。然則，苟被害人係遭擄走而押上由黃銘泉駕駛之贓車後座中間，則其既本即認識黃銘泉、當時即可認出其身分，又何待至殺人現場始行識破，進而引發黃銘泉之殺機？再者，若徐自強果真認識被害人，則被害人遭擄走當時，「徐自強在旁助力推拉」之際，暨於稍後徐自強與黃春棋在車後座分坐其左、右邊之時，均可輕易認出徐自強。然則，若黃銘泉、黃春棋及陳憶隆三人均因不願遭被害人識破身分，以致於逼問被害人電話號碼時仍不撕下黏貼其雙眼之膠帶，且黃銘泉尚因身分遭識破而啟動殺機，則徐自強如何可能獨甘冒於擄人之際為被害人認出之風險？再參該判決認定渠等尚因恐被害人逃脫而有日後被指認之風險，乃於將被害人架上車後隨即以膠帶貼住其雙眼，以防其認出路徑找機會脫逃等情，益可見得渠等於犯罪之際均非有恃無恐，反而仍深懼身分遭被害人識破，豈獨徐自強有例外之理？綜上可見，該判決所認定上開事實，均屬自相矛盾以致疑點重重。

B 該判決認定被告所預備之犯罪工具中有透明手套五雙，並認定於將被害人擄上車後黃銘泉復指示徐自強下車折返現場擦拭被害人車上可能留有之渠等指紋，又認定渠等於到達殺害被害人現場後始戴上手套之後黃銘泉為免留下指紋而命黃春棋、陳憶隆將死者身上三處膠帶取下，並潑灑硫酸以破壞屍身上之指紋云云（參附件二）。然則，既知準備透明手套作為犯罪工具，則怎會留下指紋而留待徐自強返回現場擦拭？既於到達殺人現場後即已戴上手套，又何須取下膠帶並以硫酸破壞屍身上之指紋？就上開疑點，監察院對本案之調查報告亦質疑：「又共同被告陳憶隆、黃春棋自白：車行一段距離後，使徐自強下車步行，返回現場擦拭指紋之過程，亦不合情理，蓋本件既屬預謀擄人，且備有手套，豈有置而不用，赤手擄人之理？依陳憶隆之自白渠等係於被害人步行至車後擬開行李箱取備用輪胎之際，突發而至，將黃春樹強擄上車。果爾，渠等既係在『車後』將人擄走，衡情不會留下指紋於被害人車上，黃銘泉何必使徐自強返回擦拭指紋。再者，犯案時間係上午八時左右，上班、上學人車正多，使徐自強返回現場擦拭車上指紋，豈不慮遭人識破？徐自強並無擦拭工具，其又如何擦拭？」（參附件四）。

C該判決認定徐自強向日昇小客車租賃公司租用ＦＦ一四八二九號墨綠色小客車，以供取贖之用。就此監察院之調查報告指出：「蓋若被告等係預謀擄人，深知犯案過程應避免洩露行跡，此亦為黃春棋竊取丁功培車輛作案之緣故。被告徐自強非痴非愚，焉有照實以自己名義租車作案，而不慮東窗事發之理？徐自強辯稱遭黃銘泉利用，似非無理。本案判決因共同被告之指述及徐自強借車之事實便加以認定被告徐自強為共同正犯，且歷歷如繪指出：黃春棋即將車開到十分接近內壢火車站之桃園市文化路一號公共電話亭，……即遭警方逮捕。然對徐自強所租用ＦＦ四八三一號天藍色小客車，警方何以並未於現場查獲該車，反由徐自強之女友卓嘉惠返還，則未有交代。從而本案判決認定確使用徐自強所租用之車作案與徐自強共同參與本案之論斷基礎便生動搖，其據此而坐實其死罪，顯有違背經驗法則與論理法則之違誤。」（參附件四）

D該判決認定徐自強於擦拭完被害人車上指紋後，隨即返回龜山住處，並於案發當日上午十點四十七分至十點四十八分，曾赴桃園第五支局領款（參附件二）。就此認定，監察院調查報告亦質疑：「本案判決認定被告徐自強所提出案發當日上午十點四十七分至十點四十八分，曾赴桃園郵局第五支局領款之不在場證明並不足證明被告徐自強於當日並未參與擄人勒贖。觀其所持理由無非以原審法院曾於八十五年十月十一日上午十時許模擬案發現場，在成功交流道上中山高速公路，至五股交流道下中山高速公路，沿縱貫路駛至被告徐自強居住之桃園縣龜山鄉自強西路一七二巷口，其中尚包括塞車及路徑不熟悉詢問多人之時間約費時一小時；再由被告徐自強居住之地點至桃園郵局第五支局約有七百公尺；原審另命臺北市政府警察局內湖分局警員於八十五年十月十六日上午，攜同被告陳憶隆由案發之臺北市中山區北安路六〇八巷北安路轉大直橋往濱江街上中山高速公路，由林口交流道下高速公路左轉長庚醫院往林口、龜山方向行駛，沿路經過舊路村西舊路接萬壽路二段到達自強西路檳榔攤，費時四十五分鐘（在林口交流道匝道口塞車費時九分鐘），認為被告徐自強擄人後下車擦拭黃春樹車上指紋至返回桃園居住所，再於同日上午十時四十七分許前往桃園郵局第五支局提領現款，時間上綽綽有餘，核與被告陳憶隆、黃春棋所述涉案情節並無相悖之處，且擄人勒贖而殺人乃唯一死罪，已為被告等知悉，如無其事，自不可能傷天害理誣指徐自強而坐實其死罪，是被告等就徐自強涉案部分之指述，應與事實相符等語為其論斷基礎。然原審法院既認定九月一日當天被告等所駛之兩輛車均開往汐止山區，則被告徐自強在擄人現場擦拭黃春樹車上指紋後，究係用何種交通工具回家，攸關上開模擬路程時間之計算是否正確，自應一併查明。……本案法院對以上各情均未詳查，並無確實證據，即謂該被告搭車經上開路線返回桃園，再前往郵局提款時間上充裕有餘，不足資為不在場證明，尚嫌率斷，有違證據法則。」（參附件四）

E共同被告黃春棋、陳憶隆已於八十四年五月十六日遭臺灣士林地方法院判處死刑，徐自強卻於同年六月二十四日向臺灣士林地方法院投案，相較於黃春棋、陳憶隆均係為警查獲之情形，如徐自強果有參與本案，為何不但不逃亡，反而在明知可能被判處死刑的情況下，主動投案？

③綜上，最高法院八十九年台上字第二一九六號判決在缺乏獨立之補強證據的情況下，逕以共同被告黃春棋、陳憶隆指述徐自強參與犯罪之自白相互補強（實則係剪輯、湊和上開二名共同被告版本眾多而且相互矛盾、前後歧異之自白，嚴格而言，連相互補強都談不上），以致於仍有重重疑點未明的情況下，草率判處徐自強死刑定讞，如此豈能稱徐自強係受公平審判後獲判死刑？

我國學者黃朝義教授對此評論稱：「徐犯所存在之疑問亦在此，其自始否認犯情，竟然在無其他具體事證存在下，遽然地依據共同被告黃春棋與陳憶隆之自白為主要依據，以認定其罪行。亦即徐犯有無涉案之主要依據乃為透過黃春棋與陳憶隆之自白相互以認定徐犯之犯罪，完全忽略了被告本人之辯駁，亦扭曲了補強法則之原義。換言之，對於徐犯有無涉案部分，黃春棋與陳憶隆兩人分別所為之自白，業已無其他具體之補強證據存在，其自白本身已有問題，法院卻將此有問題之兩共犯自白互為補強，以認定另一人之涉案，可謂違反了對於補強法則之法理要求，屬於重大程序上之違法，甚且有違反憲法所要求之程序保障。」等語（參附件六），寧屬的論。

肆·解決疑義必須聲請解釋憲法之理由

一、聲請人徐自強之生命權及訴訟基本權，業因最高法院八十九年台上字第二一九六號刑事確定判決爰用同院三十一年上字第二四二三號、四十六年台上字第四一九號、三十年上字第三〇三八號、七十三年台上字第五六三八號及七十四年台覆字第一〇號刑事判例之見解（允許法院在缺乏獨立之補強證據的情況下，逕以共同被告或共犯指述被告犯罪之自白相互補強，進而據以認定被告有罪），判處徐自強死刑定讞，而受到侵害，基於釋憲制度本即具有有效保障人民基本權之主觀目的，聲請人徐自強自有必要聲請大院解釋系爭疑義，以免含冤而死。

二、揆諸我國實務，過度偏重自白的流弊久為各界垢病，且就補強證據之概念及運用所設標準異常寬鬆，根本不足以導正過度偏重自白的流弊。甚至因此於共同被告或共犯自白指述否認犯罪之被告犯罪之情形，因准許逕以該複數自白相互補強，而不要求須在此之外更有獨立之補強證據，更不容忽視該遭指述之被告受有因上開複數共同被告串謀誣諂，而於三人成虎的情形下遭羅織入罪之風險，前經總統特赦的蘇炳坤先生，即屬遭共同被告攀誣入罪的佳例。為免因目前實務對補強法則之違憲見解，造成日後更多的冤獄，本於釋憲制度闡明憲法真義並維護合憲法程序之客觀目的，亦有必要聲請大院將憲法上之正當法律程序原則具體化於刑事訴訟程序之補強法則中。

此　致

司法院

所附關係文件之名稱及件數

附件一：臺灣高等法院八十八年重上更〈五〉字第一四五號刑事判決影本乙份。

附件二：最高法院八十九年度台上字第二一九六號刑事判決影本乙份。

附件三：最高法院八十八年台上字第三八〇號刑事判決影本乙份。

附件四：監察院就徐自強案所作調查報告影本乙份。

附件五：最高法院檢察署檢察總長九十一年度非上字第一〇九號非常上訴書影本乙份。

附件六：黃朝義著，徐案中補強證據不足下之影響，乙份。

附件七：聲請人八十八年十二月八日上訴理由狀影本乙份。

附件八：最高法院八十七年台上字第三五二五號刑事判決乙份。

附件九：何賴傑著，徐自強案評釋，乙份。

聲請人：徐自強

代理人：林永頌　律師

陳建宏　律師

尤伯祥　律師

中　華　民　國　九十二　年　十　月　一　日

附錄六

釋字五八二號本文

解釋字號	釋字第五八二號
解釋日期	民國九十三年七月二十三日
解釋爭點	相關判例認「共同被告所為不利於己之陳述，固得採為其他共同被告犯罪之證據」，是否違憲？
解釋文	憲法第十六條保障人民之訴訟權，就刑事被告而言，包含其在訴訟上應享有充分之防禦權。刑事被告詰問證人之權利，即屬該等權利之一，且屬憲法第八條第一項規定「非由法院依法定程序不得審問處罰」之正當法律程序所保障之權利。為確保被告對證人之詰問權，證人於審判中，應依法定程序，到場具結陳述，並接受被告之詰問，其陳述始得作為認定被告犯罪事實之判斷依據。刑事審判上之共同被告，係為訴訟經濟等原因，由檢察官或自訴人合併或追加起訴，或由法院合併審判所形成，其間各別被告及犯罪事實仍獨立存在。故共同被告對其他共同被告之案件而言，為被告以外之第三人，本質上屬於證人，自不能因案件合併關係而影響其他共同被告原享有之上開憲法上權利。最高法院三十一年上字第二四二三號及四十六年台上字第四一九號判例所稱共同被告不利於己之陳述得採為其他共同被告犯罪（事實認定）之證據一節，對其他共同被告案件之審判而言，未使該共同被告立於證人之地位而為陳述，逕以其依共同被告身分所為陳述採為不利於其他共同被告之證據，乃否定共同被告於其他共同被告案件之證人適格，排除人證之法定調查程序，與當時有效施行中之中華民國二十四年一月一日修正公布之刑事訴訟法第二百七十三條規定牴觸，並已不當剝奪其他共同被告對該實具證人適格之共同被告詰問之權利，核與首開憲法意旨不符。該二判例及其他相同意旨判例，與上開解釋意旨不符部分，應不再援用。

刑事審判基於憲法正當法律程序原則，對於犯罪事實之認定，採證據裁判及自白任意性等原則。刑事訴訟法據以規定嚴格證明法則，必須具證據能力之證據，經合法調查，使法院形成該等證據已足證明被告犯罪之確信心證，始能判決被告有罪；為避免過分偏重自白，有害於真實發見及人權保障，並規定被告之自白，不得作為有罪判決之唯一證據，仍應調查其他必要之證據，以察其是否與事實相符。基於上開嚴格證明法則及對自白證明力之限制規定，所謂「其他必要之證據」，自亦須具備證據能力，經合法調查，且就其證明力之程度，非謂自白為主要證據，其證明力當然較為強大，其他必要之證據為次要或補充性之證據，證明力當然較為薄弱，而應依其他必要證據之質量，與自白相互印證，綜合判斷，足以確信自白犯罪事實之真實性，始足當之。最高法院三十年上字第三〇三八號、七十三年台上字第五六三八號及七十四年台覆字第一〇號三判例，旨在闡釋「其他必要之證據」之意涵、性質、證明範圍及程度，暨其與自白之相互關係，且強調該等證據須能擔保自白之真實性，俾自白之犯罪事實臻於確信無疑，核其及其他判例相同意旨部分，與前揭憲法意旨，尚無牴觸。

按確定終局裁判援用判例以為裁判之依據，而該判例經人民指摘為違憲者，應視同命令予以審查，迭經本院解釋在案（釋字第一五四號、第二七一號、第三七四號、第五六九號等解釋參照）。本聲請案之確定終局判決最高法院八十九年度台上字第二一九六號刑事判決，於形式上雖未明載聲請人聲請解釋之前揭該法院五判例之字號，但已於其理由內敘明其所維持之第二審判決（臺灣高等法院八十八年度上更五字第一四五號）認定聲請人之犯罪事實，係依據聲請人之共同被告分別於警檢偵查中之自白及於警訊之自白、於第二審之部分自白，核與擄人罪被害人之父母及竊盜罪被害人指證受勒贖及失竊汽車等情節相符，並經其他證人證述聲請人及共同被告共涉本件犯罪經過情形甚明，且有物證及書證扣案及附卷足資佐證，為其所憑之證據及認定之理由，該第二審法院，除上開共同被告之自白外，對於其他與聲請人被訴犯罪事實有關而應調查之證據，已盡其調查之能事等語；核與本件聲請書所引系爭五判例要旨之形式及內容，俱相符合，顯見上開判決實質上已經援用系爭判例，以為判決之依據。該等判例既經聲請人認有違憲疑義，自得為解釋之客體。依司法院大法官審理案件法第五條第一項第二款規定，應予受理（本院釋字第三九九號解釋參照）。

憲法第十六條規定人民有訴訟之權，就刑事審判上之被告而言，應使其在對審制度下，依當事人對等原則，享有充分之防禦權，俾受公平審判之保障（本院釋字第三九六號、第四八二號解釋參照）。刑事被告對證人有詰問之權，即屬該等權利之一。早於十七年七月二十八日公布之刑事訴訟法第二百八十六條、二十四年一月一日修正公布同法第二百七十三條即已規定「證人、鑑定人由審判長訊問後，當事人及辯護人得聲請審判長或直接詰問之。（第一項）如證人、鑑定人係聲請傳喚者，先由該當事人或辯護人詰問，次由他造之當事人或辯護人詰問，再次由聲請傳喚之當事人或辯護人覆問。但覆問以關於因他造詰問所發見之事項為限。（第二項）」嗣後五十六年一月二十八日修正公布之刑事訴訟法第一百六十六條，仍為相同之規定，九十二年二月六日修正及增定同法第一百六十六條至第一百六十七條之七，進而為更周詳之規定。刑事被告享有此項權利，不論於英美法系或大陸法系國家，其刑事審判制度，不論係採當事人進行模式或職權進行模式，皆有規定（如美國憲法增補條款第六條、日本憲法第三十七條第二項、日本刑事訴訟法第三百零四條、德國刑事訴訟法第二百三十九條）。西元一九五〇年十一月四日簽署、一九五三年九月三日生效之歐洲人權及基本自由保障公約（European Convention for the Protection of Human Rights and Fundamental Freedoms）第六條第三項第四款及聯合國於一九六六年十二月十六日通過、一九七六年三月二十三日生效之公民及政治權利國際公約（International Covenant on Civil and Political Rights）第十四條第三項第五款，亦均規定：凡受刑事控訴者，均享有詰問對其不利之證人的最低限度保障。足見刑事被告享有詰問證人之權利，乃具普世價值之基本人權。在我國憲法上，不但為第十六條之訴訟基本權所保障，且屬第八條第一項規定「非由法院依法定程序不得審問處罰」、對人民身體自由所保障之正當法律程序之一種權利（本院釋字第三八四號解釋參照）。

在正當法律程序下之刑事審判，犯罪事實應依證據認定之，即採證據裁判原則（本院釋字第三八四號解釋、十七年七月二十八日公布之刑事訴訟法第二百八十二條、二十四年一月一日修正公布之同法第二百六十八條、五十六年一月二十八日修正公布之同法第一百五十四條前段及九十二年二月六日修正公布同法條第二項前段參照）。證據裁判原則以嚴格證明法則為核心，亦即認定犯罪事實所憑之證據，須具證據能力，且經合法調查，否則不得作為判斷之依據（五十六年一月二十八日及九十二年二月六日修正公布之刑事訴訟法第一百五十五條第二項參照）。所謂證據能力，係指證據得提出於法庭調查，以供作認定犯罪事實之用，所應具備之資格；此項資格必須證據與待證事實具有自然關聯性，符合法定程式，且未受法律之禁止或排除，始能具備。如證人須依法具結，其證言始具證據能力（前大理院四年非字第十號判決例、最高法院三十四年上字第八二四號判例、現行本法第一百五十八條之三參照）；被告之自白，須非出於不正之方法，始具證據資格（十七年七月二十八日公布之刑事訴訟法第二百八十條第一項、二十四年一月一日修正公布同法第二百七十條第一項、五十六年一月二十八日修正公布後同法第一百五十六條第一項參照）。所謂合法調查，係指事實審法院依刑事訴訟相關法律所規定之審理原則（如直接審理、言詞辯論、公開審判等原則）及法律所定各種證據之調查方式，踐行調查之程序；如對於證人之調查，應依法使其到場，告以具結之義務及偽證之處罰，命其具結，接受當事人詰問或審判長訊問，據實陳述，並由當事人及辯護人等就詰、訊問之結果，互為辯論，使法院形成心證（五十六年一月二十八日修正公布前之刑事訴訟法第一編第十三章（人證）、第二編第一章第三節（第一審審判）及該次修正公布後同法第一編第十二章第一節（證據通則）、第二節（人證）及第二編第一章第三節（第一審審判）等規定參照）。

依上述說明，被告詰問證人之權利既係訴訟上之防禦權，又屬憲法正當法律程序所保障之權利。此等憲法上權利之制度性保障，有助於公平審判（本院釋字第四四二號、第四八二號、第五一二號解釋參照）及發見真實之實現，以達成刑事訴訟之目的。為確保被告對證人之詰問權，證人（含其他具證人適格之人）於審判中，應依人證之法定程序，到場具結陳述，並接受被告之詰問，其陳述始得作為認定被告犯罪事實之判斷依據。至於被告以外之人（含證人、共同被告等）於審判外之陳述，依法律特別規定得作為證據者（刑事訴訟法第一百五十九條第一項參照），除客觀上不能受詰問者外，於審判中，仍應依法踐行詰問程序。刑事訴訟為發見真實，並保障人權，除法律另有規定者外，不問何人，於他人之案件，有為證人之義務。刑事審判上之共同被告，係為訴訟經濟等原因，由檢察官或自訴人合併或追加起訴，或由法院合併審判所形成，其間各別被告及犯罪事實仍獨立存在，故共同被告對其他共同被告之案件而言，為被告以外之第三人，本質上屬於證人，其於該案件審判中或審判外之陳述，是否得作為其他共同被告之不利證據，自應適用上開法則，不能因案件合併之關係而影響其他共同被告原享有之上開憲法上權利。至於十七年七月二十八日公布之刑事訴訟法第一百零六條第三款、二十四年一月一日及三十四年十二月十六日修正公布之同法第一百七十三條第一項第三款、五十六年一月二十八日修正公布之同法第一百八十六條第三款雖均規定：「證人與本案有共犯關係或嫌疑者，不得令其具結」，考其立法目的，無非在於避免與被告本人有共犯關係或嫌疑之證人，為被告本人案件作證時，因具結陳述而自陷於罪或涉入偽證罪；惟以未經具結之他人陳述逕採為被告之不利證據，不僅有害於真實發現，更有害於被告詰問證人之權利的有效行使，故已於九十二年二月六日刪除；但於刪除前，法院為發現案件之真實，保障被告對證人之詰問權，仍應依人證之法定程序，對該共犯證人加以調查。又共同被告就其自己之案件，因仍具被告身分，而享有一般被告應有之憲法權利，如自由陳述權等。當被告與共同被告行使權利而有衝突時，應儘可能求其兩全，不得為保護一方之權利，而恣意犧牲或侵害他方之權利。被告於其本人案件之審判，固享有對具證人適格之共同被告詰問之權利，然此權利並不影響共同被告自由陳述權之行使，如該共同被告恐因陳述致自己受刑事追訴或處罰者，自有權拒絕陳述。刑事訴訟法賦予證人（含具證人適格之共同被告）恐因陳述受追訴或處罰之拒絕證言權（十七年七月二十八日公布之刑事訴訟法第一百條、二十四年一月一日修正公布同法第一百六十八條、五十六年一月二十八日修正公布同法第一百八十一條參照），乃有效兼顧被告與證人（含具證人適格之共同被告）權利之制度設計。再刑事訴訟法雖規定被告有數人時，得命其對質，被告亦得請求對質（十七年七月二十八日公布之刑事訴訟法第六十一條、二十四年一月一日及五十六年一月二十八日修正公布同法第九十七條參照）；惟此種對質，僅係由數共同被告就同一或相關連事項之陳述有不同或矛盾時，使其等同時在場，分別輪流對疑點加以訊問或互相質問解答釋疑，既毋庸具結擔保所述確實，實效自不如詰問，無從取代詰問權之功能。如僅因共同被告已與其他共同被告互為對質，即將其陳述採為其他共同被告之不利證據，非但混淆詰問權與對質權之本質差異，更將有害於被告訴訟上之充分防禦權及法院發見真實之實現。

最高法院三十一年上字第二四二三號判例稱「共同被告所為不利於己之供述，固得採為其他共同被告犯罪之證據，惟此項不利之供述，依刑事訴訟法第二百七十條第二項之規定，仍應調查其他必要之證據，以察其是否與事實相符，自難專憑此項供述，為其他共同被告犯罪事實之認定。」四十六年台上字第四一九號判例稱「共同被告不利於己之陳述，固得採為其他共同被告犯罪之證據，惟此項不利之陳述，須無瑕疵可指，而就其他方面調查，又與事實相符，始得採為其他共同被告犯罪事實之認定。」其既稱共同被告不利於己之陳述得採為其他共同被告犯罪（事實認定）之證據，惟依當時有效施行中之刑事訴訟法第二百七十條第二項（按即嗣後五十六年修正公布之同法第一百五十六條第二項）規定，仍應調查其他必要證據等語，顯係將共同被告不利於己之陳述，虛擬為被告本人（即上開判例所稱其他共同被告）之自白，逕以該共同被告之陳述作為其他共同被告之不利證據，對其他共同被告案件而言，既不分該項陳述係於審判中或審判外所為，且否定共同被告於其他共同被告案件之證人適格，排除共同被告立於證人地位而為陳述之法定程序之適用，與當時有效施行中之二十四年一月一日修正公布之刑事訴訟法第二百七十三條規定牴觸，並已不當剝奪其他共同被告對該實具證人適格之共同被告詰問之權利，核與首開憲法意旨不符。該二判例及其他相同意旨之判例（如最高法院二十年上字第一八七五號、三十八年穗特覆字第二九號、四十七年台上字第一五七八號等），與上開解釋意旨不符部分，應不再援用。

理由書

如前所述，刑事審判基於憲法正當法律程序原則，對於犯罪事實之認定，採證據裁判及自白任意性等原則（本院釋字第三八四號解釋參照）。刑事訴訟法爰規定嚴格證明法則，必須具證據能力之證據，經合法調查，使法院形成該等證據已足證明被告犯罪之確信心證，始能判決被告有罪（十七年七月二十八日公布之刑事訴訟法第二百八十二條、第三百十五條、二十四年一月一日修正公布同法第二百六十八條、第二百九十一條、五十六年一月二十八日修正公布同法第一百五十四條、第一百五十五條第二項、第二百九十九條第一項、現行同法第一百五十四條第二項、第一百五十五條第二項、第二百九十九條第一項參照）。被告之任意性自白，雖亦得為證據，但為避免過分偏重自白，有害於真實發見及人權保障，刑事訴訟法乃規定：被告之自白，不得作為有罪判決之唯一證據，仍應調查其他必要之證據，以察其是否與事實相符（五十六年一月二十八日修正公布之刑事訴訟法第一百五十六條第二項參照；十七年七月二十八日公布之刑事訴訟法第二百八十條第二項及二十四年一月一日修正公布同法第二百七十條第二項均規定：「被告雖經自白，仍應調查其他必要之證據，以察其是否與事實相符。」）基於上開嚴格證明法則及對自白證明力之限制規定，所謂「其他必要之證據」，自亦須具備證據能力，經合法調查，且就證明力之程度，非謂自白為主要證據，其證明力當然較為強大，其他必要之證據為次要或補充性之證據，證明力當然相對薄弱，而應依其他必要證據之質量，與自白相互印證，綜合判斷，足以確信自白犯罪事實之真實性者，始足當之。最高法院三十年上字第三〇三八號、七十三年台上字第五六三八號及七十四年台覆字第一〇號三判例，依序稱「所謂必要之證據，自係指與犯罪事實有關係者而言，如僅以無關重要之點，遽然推翻被告之自白，則其判決即難謂為適法。」「被告之自白固不得作為認定犯罪之唯一證據，而須以補強證據證明其確與事實相符，然茲所謂之補強證據，並非以證明犯罪構成要件之全部事實為必要，倘其得以佐證自白之犯罪非屬虛構，能予保障所自白事實之真實性，即已充分。又得據以佐證者，雖非直接可以推斷該被告之實施犯罪，但以此項證據與被告之自白為綜合判斷，若足以認定犯罪事實者，仍不得謂其非屬補強證據。」「刑事訴訟法第一百五十六條第二項規定，被告雖經自白，仍應調查其他必要之證據，以察其是否與事實相符。立法目的乃欲以補強證據擔保自白之真實性；亦即以補強證據之存在，藉之限制自白在證據上之價值。而所謂補強證據，則指除該自白本身外，其他足資以證明自白之犯罪事實確具有相當程度真實性之證據而言。雖其所補強者，非以事實之全部為必要，但亦須因補強證據與自白之相互利用，而足使犯罪事實獲得確信者，始足當之。」旨在闡釋「其他必要之證據」之意涵、性質、證明範圍及程度，暨其與自白之相互關係，且強調該等證據須能擔保自白之真實性，俾自白之犯罪事實臻於確信無疑，核其及其他判例（如最高法院十八年上字第一〇八七號、二十九年上字第一六四八號、四十六年台上字第一七〇號、第八〇九號等）相同意旨部分，與前揭憲法意旨，尚無牴觸。

法務部審核死刑案件執行實施要點，並非本案確定終局判決所適用之法令，聲請人就該要點聲請解釋部分，核與司法院大法官審理案件法第五條第一項第二款規定不符，依同條第三項之規定，應不受理。

大法官會議主席　大法官　翁岳生
大法官　城仲模
賴英照
余雪明
曾有田
廖義男
楊仁壽
彭鳳至
林子儀
許宗力
許玉秀

相關法條

憲法第八條第一項、第十六條；司法院釋字第一五四號、第二七一號、第三七四號、第三八四號、第三九六號、第三九九號、第四四二號、第四八二號、第五一二號、第五六九號解釋；司法院大法官審理案件法第五條第一項第二款、第三項；刑事訴訟法第一百五十四條第二項、第一百五十五條第二項、第一百五十六條第二項、第一百五十八條之三、第一百五十九條第一項、第一百六十六條、第一百六十六條之一至之七、第一百六十七條、第一百六十七條之一至之七、第二百九十九條第一項（九十二年二月六日修正公布及增訂）；刑事訴訟法第九十七條、第一百五十四條、第一百五十五條第二項、第一百五十六條、第一百五十九條、第一百六十六條、第一百八十一條、第一百八十六條第三款、第二百九十九條第一項（五十六年一月二十八日修正公布）；刑事訴訟法第一百七十三條第一項第三款（三十四年十二月十六日修正公布）；刑事訴訟法第九十七條、第一百六十八條、第一百七十三條第一項第三款、第二百六十八條、第二百七十條、第二百七十三條、第二百九十一條（二十四年一月一日修正公布）；刑事訴訟法第六十一條、第一百條、第一百零六條第三款、第二百八十條、第二百八十二條、第二百八十六條、第三百十五條（十七年七月二十八日公布）；法務部審核死刑案件執行實施要點；最高法院七十四年台覆字第一〇號、七十三年台上字第五六三八號、四十七年台上字第一五七八號、四十六年台上字第八〇九號、四十六年台上字第四一九號、四十六年台上字第一七〇號、三十八年穗特覆第二九號、三十四年上字第八二四號、三十一年上字第二四二三號、三十年上字第三〇三八號、二十九年上字第一六四八號、二十年上字第一八七五號、十八年上字第一〇八七號判例。

島嶼新書

25

1.368坪的等待

——徐自強的無罪之路

作者——李濠仲
總編輯——莊瑞琳
編輯協力——黃怡禎
美術設計——廖韡
排版——宸遠彩藝

社長——郭重興
發行人兼出版總監——曾大福
出版——衛城出版
發行——遠足文化事業股份有限公司
地址——二三一四一 新北市新店區民權路一〇八－二號九樓
電話——〇二－二二一八一四一七
傳真——〇二－八六六七一〇六五
客服專線——〇八〇〇－二二一〇二九
法律顧問——華洋法律事務所 蘇文生律師
印刷——盈昌印刷有限公司
初版——二〇一六年十二月
定價——三五〇元

國家圖書館出版品預行編目資料

1.368坪的等待 —— 徐自強的無罪之路／李濠仲作.
－初版.－新北市：衛城出版：遠足文化發行，2016.12
面；　公分.－(島嶼新書；25)
ISBN　978-986-93518-5-0（平裝）

1.司法制度　2.人權

589　　　105021889

填寫本書線上回函

ACRO POLIS 衛城

EMAIL　acropolis@bookrep.com.tw
BLOG　www.acropolis.pixnet.net/blog
FACEBOOK　http://zh-tw.facebook.com/acropolispublish

● 親愛的讀者你好，非常感謝你購買衛城出版品。
我們非常需要你的意見，請於回函中告訴我們你對此書的意見，
我們會針對你的意見加強改進。

若不方便郵寄回函，歡迎傳真回函給我們。傳真電話 —— 02-2218-1142

或上網搜尋「衛城出版FACEBOOK」
http://www.facebook.com/acropolispublish

● 讀者資料

你的性別是 □ 男性 □ 女性 □ 其他

你的職業是 ______________ 你的最高學歷是 ______________

年齡 □ 20 歲以下 □ 21-30 歲 □ 31-40 歲 □ 41-50 歲 □ 51-60 歲 □ 61 歲以上

若你願意留下 e-mail，我們將優先寄送 ______________ 衛城出版相關活動訊息與優惠活動

● 購書資料

● 請問你是從哪裡得知本書出版訊息？（可複選）
□ 實體書店 □ 網路書店 □ 報紙 □ 電視 □ 網路 □ 廣播 □ 雜誌 □ 朋友介紹
□ 參加講座活動 □ 其他 ________

● 是在哪裡購買的呢？（單選）
□ 實體連鎖書店 □ 網路書店 □ 獨立書店 □ 傳統書店 □ 團購 □ 其他 ________

● 讓你燃起購買慾的主要原因是？（可複選）
□ 對此類主題感興趣
□ 參加講座後，覺得好像不賴
□ 覺得書籍設計好美，看起來好有質感！
□ 價格優惠吸引我
□ 議題好熱，好像很多人都在看，我也想知道裡面在寫什麼
□ 其實我沒有買書啦！這是送（借）的
□ 其他 ________

● 如果你覺得這本書還不錯，那它的優點是？（可複選）
□ 內容主題具參考價值 □ 文筆流暢 □ 書籍整體設計優美 □ 價格實在 □ 其他 ________

● 如果你覺得這本書讓你好失望，請務必告訴我們它的缺點（可複選）
□ 內容與想像中不符 □ 文筆不流暢 □ 印刷品質差 □ 版面設計影響閱讀 □ 價格偏高 □ 其他 ________

● 大都經由哪些管道得到書籍出版訊息？（可複選）
□ 實體書店 □ 網路書店 □ 報紙 □ 電視 □ 網路 □ 廣播 □ 親友介紹 □ 圖書館 □ 其他 ________

● 習慣購書的地方是？（可複選）
□ 實體連鎖書店 □ 網路書店 □ 獨立書店 □ 傳統書店 □ 學校團購 □ 其他 ________

● 如果你發現書中錯字或是內文有任何需要改進之處，請不吝給我們指教，我們將於再版時更正錯誤

請沿虛線剪下

廣　告　回　信
臺灣北區郵政管理局登記證
第 1 4 4 3 7 號

請直接投郵•郵資由本公司支付

23141
新北市新店區民權路108-2號9樓

衛城出版 收

● 請沿虛線對折裝訂後寄回，謝謝！

ACROPOLIS 衛城出版

島嶼新書